# REVISTA

**THIRD EDITION** Conversación sin barreras

José A. Blanco

**VISTA**
HIGHER LEARNING

Boston, Massachusetts

**Publisher:** José A. Blanco

**Vice President & Editorial Director:** Beth Kramer

**Managing Editor:** Sarah Kenney

**Project Manager:** Gabriela Ferland

**Developmental Editor:** Armando Brito

**Design and Production Team:** Polo Barrera, María Eugenia Castaño, Oscar Diez, Rachel Distler, Nick Ventullo

Printed in Canada.

Student Text ISBN: 978-1-60007-856-9
Instructor's Annotated Edition ISBN: 978-1-60007-859-0

Library of Congress Control Number: 2008931108

2 3 4 5 6 7 8 9 TC 13 12 11 10

Maestro® and Maestro® Language Learning System and design are registered trademarks of Vista Higher Learning, Inc.

## Getting the Conversation Going with REVISTA

**Bienvenido a REVISTA**, **Third Edition,** the most innovative and exciting college Spanish conversation program available. With **REVISTA,** you will find it easier and more stimulating to participate in lively conversations in your Spanish class as you explore a broad range of topics corresponding to each lesson's engaging theme. Most importantly, with **REVISTA** you will find yourself feeling freer than ever before to speak Spanish.

Speaking Spanish is key to improving your language skills. **REVISTA** offers abundant opportunities for you and your classmates to engage in conversations on a number of captivating topics of an interdisciplinary nature. Your Spanish will improve as you put it to use to express ideas and opinions that are important to you. The themes, readings, films, and exercises of **REVISTA**, along with its unique magazine-like presentation, were specifically chosen to generate controversy and capture your interest and imagination. After all, people express themselves most genuinely when they feel strong emotions.

When you speak to your friends and family outside the Spanish classroom, you probably don't think about whether your sentences are grammatically correct. Instead, you speak fluidly in order to get your message across. Why should expressing yourself in Spanish be any different? Participate as much as possible, without worrying about whether your Spanish is "perfect," and remember that we all have opinions, so don't let the fear of making grammar mistakes stand in your way of voicing your ideas. Although you will be reviewing grammar in the **Estructuras** section of every lesson, it should not be your primary concern when you speak. Enhance your conversations by applying the same strategies to Spanish that you do to English to enjoy the conversation. In other words, ask follow-up questions or ask someone to repeat what he or she has said.

To make progress in Spanish, however, you must also be exposed to the other language skills. These include listening, writing, reading, and socio-cultural competence. With **REVISTA,** you will practice these skills often as you improve your conversational Spanish. Every lesson opens with a **Cortometraje**, an enthralling short film by an influential and contemporary filmmaker from a Spanish-speaking country. **REVISTA** also provides a wealth of readings of various genres and by renowned literary figures, and every lesson ends with a written **Composición** and a **Tertulia** debate that tie up what you have learned and discussed throughout the lesson. **REVISTA** reinforces each film and reading with comprehension checks and communicative activities in a wide range of formats, all intended to encourage you to bring your experiences into the conversation and voice your opinions. Furthermore, **REVISTA** will expose you to the cultural diversity of Spanish-speaking countries. Finally, navigating **REVISTA** will prove effortless, thanks to its highly structured, innovative graphic design.

Communicating in a foreign language is a risk that takes courage, and sometimes even the most outspoken students feel vulnerable. Try to overcome your fears of speaking Spanish, and remember that only through active participation will your communication improve. Most importantly, remember to relax and enjoy the experience of communicating in Spanish.

We hope that **REVISTA** will help you get the conversation going!

| | CORTOMETRAJE | ESTRUCTURAS | LECTURAS |
|---|---|---|---|

| TIRA CÓMICA | COMPOSICIÓN | TERTULIA |
|---|---|---|

| TIRA CÓMICA | COMPOSICIÓN | TERTULIA |
|---|---|---|

# CORTOMETRAJE

## features award-winning and engaging short films by contemporary Hispanic filmmakers.

**Preparación** Pre-viewing exercises set the stage for the short film and provide key background information, thereby facilitating comprehension and enjoyment.

**Vocabulario** This feature provides the words and expressions necessary to help you talk about the **cortometraje**, along with exercises in which you will use them actively.

**Escenas** An introduction to the short film's plot consisting of captioned film photos prepares you visually for the film and introduces some of the lines and expressions you will encounter.

NEW

**Cortos** Two new short films have been added to the Third Edition; all short films are available for viewing on the **REVISTA, Third Edition, Supersite** (revista.vhlcentral.com).

**Nota cultural** This cultural note explains the historical context and aspects of everyday life in the Spanish-speaking world that are central to the short film.

**Análisis** Post-viewing activities check comprehension and allow you to discover broader themes and connections. In this section especially, you should allow yourself to voice your thoughts and let your Spanish flow unimpeded.

# ESTRUCTURAS

## succinctly review and practice grammar points tied to major language functions.

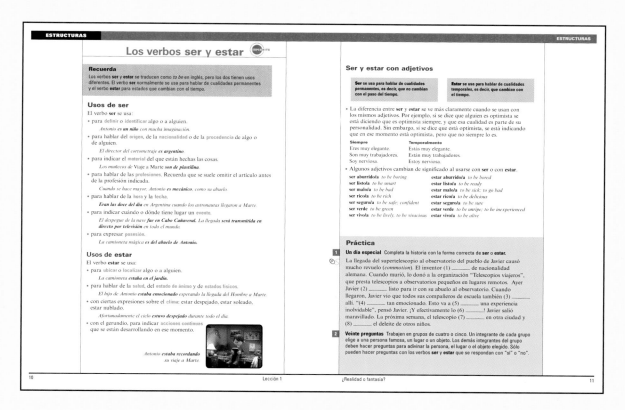

**Reference** An appendix at the end of the book provides additional support for verb forms and conjugations.

**Recuerda** A reminder gives a quick framework for the grammar point and its functions.

**Visual support** Video stills from the lesson's short film are incorporated into the grammar explanation so you can see the grammar point in meaningful and relevant contexts.

**Práctica** Directed exercises and open-ended communicative activities help you internalize the grammar point in a range of contexts related to the lesson theme and in a variety of configurations (individual, pair, and group work).

**Supersite** A mouse icon lets you know when an activity is available with auto-grading on the **REVISTA 3/e Supersite** (revista.vhlcentral.com). A Supersite icon lets you know when additional material is available.

# LECTURAS

## provide a wealth of selections in varied genres and serve as a springboard for conversation.

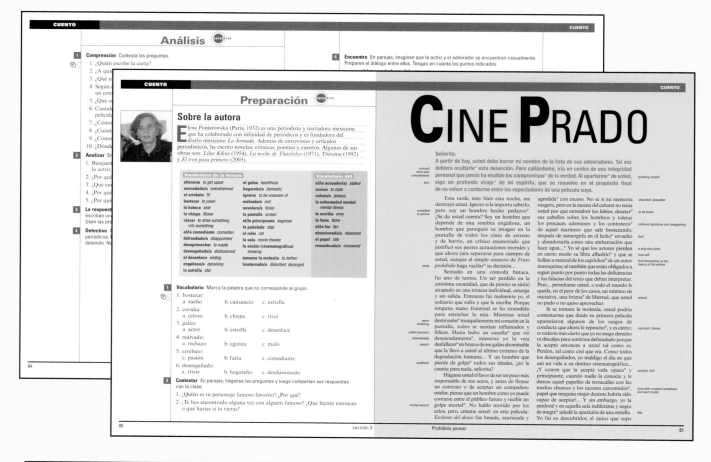

**Preparación** Helpful lists highlight vocabulary from each reading, as well as words that might prove useful in discussing it. Diverse activities then allow you to practice the vocabulary within the context of the reading's topic.

**Sobre el autor** A brief biography presents key facts about the author, as well as a historical and cultural context for the reading.

**Análisis** Post-reading exercises check your understanding and motivate you to discuss the topic of the reading, express your opinions, and explore how it relates to your own experiences.

**Supersite** Mouse and Supersite icons let you know that content from the book and additional content are available on the **REVISTA 3/e Supersite** (revista.vhlcentral.com).

**Design** Each literary and cultural reading is presented, along with glosses of unfamiliar words, in the attention-grabbing visual style you would expect from a magazine.

**Lecturas** The Third Edition offers new readings and authors to expose you to different takes on the lesson themes.

# TIRA CÓMICA

## features comic strips that offer clever, thought-provoking insights into the lesson themes.

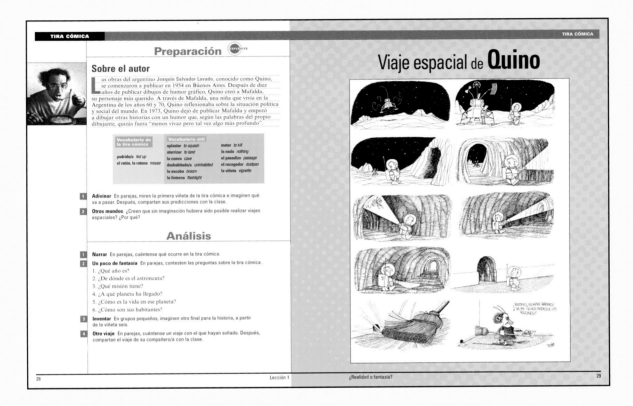

**Preparación** Lists spotlight key vocabulary from the comic strip, as well as words and expressions useful for discussing it. Preliminary exercises give you the opportunity to reflect on important aspects and the context of the comic strip.

**Análisis** In these activities, you will work in pairs and groups to react to the comic strip and to consider how its message applies on both personal and universal levels.

# COMPOSICIÓN and TERTULIA

## pull the entire lesson together with a structured writing task and a lively discussion.

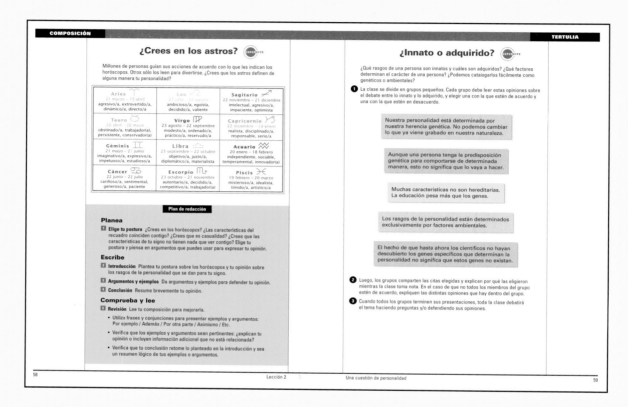

**Plan de redacción** A structured writing task allows you to synthesize the vocabulary and grammar of the lesson while using your critical thinking skills.

**Finale** This final activity assembles you and your classmates for debate and discussion.

# REVISTA Film Collection

The **REVISTA** Film Collection contains short films by contemporary Hispanic filmmakers that are supported in the **Cortometraje** section of each lesson. These films offer entertaining and thought-provoking opportunities to build your listening comprehension skills and your cultural knowledge of the Spanish-speaking world.

## Film Synopses

Lección 1: ***Viaje a Marte*** de Juan Pablo Zaramella (Argentina; 16 minutes)
*Viaje a Marte* is an animated stop-motion ("claymation") short film. It has won over forty awards in different festivals around the world. The short tells the story of Antonio, a young boy, who is fascinated with space travel. In view of the child's passion, his grandfather decides to take him on a special excursion.

Lección 2: ***Diez minutos*** de Alberto Ruiz Rojo (Spain; 16 minutes)
Winner of over 85 awards around the world, including the GOYA, *Diez minutos* tells the story of Enrique, desperate to get a phone number for a call made from his cell phone. Nuria is a phone company customer service agent who never breaks the rules. Will Enrique be able to persuade her to help him?

Lección 3: ***Nada que perder*** de Rafa Russo (Spain; 21 minutes)
A chance encounter in a taxi between the driver and an aspiring actress is full of hope and possibility. When they meet again months later, how much has changed?

Lección 4: ***El ojo en la nuca*** de Rodrigo Plá (Uruguay/Mexico; 25 minutes)
It has just been decided that the military personnel who tortured and killed Uruguayan citizens will be granted immunity. Pablo, however, knows of one archaic law that is still on the books that will allow him to avenge his father.

**NEW** Lección 5: ***Dime lo que sientes*** de Iria Gómez (Mexico; 25 minutes)
This Ariel-winning short tells the story of Micaela, a heart-broken letter writer who has a way with words, as she tries to make her way in Mexico City and regain her trust in love.

**NEW** Lección 6: ***My backyard was a Mountain*** de Adam Schlachter (Puerto Rico/US, 24 minutes)
Adán is excited to move to New York with his parents, until he realizes he has to leave his pet goat behind in Puerto Rico. As he and his friend Denise look for a new home for Chivo, Adán begins to realize that this move to New York is more than just an exciting chance to ride on a plane.

## Third Edition Features

**REVISTA's** trademark is compelling, authentic films and readings that stimulate meaningful communication. The Third Edition maintains this trademark while refreshing and updating some of the content. Here is a list of some features you will find with **REVISTA, Third Edition**.

- New short films—one from Mexico and one from Puerto Rico/US—refresh and improve the very successful **Cortometraje** section.

- New readings enhance **REVISTA's** robust and diverse **Lecturas** section.

- Revised writing and debate strands (**Composición** and **Tertulia**) emphasize critical thinking and draws on students' interdisciplinary knowledge.

- An enhanced end matter provides additional grammatical support.

- A comprehensive package complements the student text, providing both students and instructors with a wide range of support.

  - The **REVISTA, Third Edition,** Instructor's Annotated Edition provides over-printed answers to all discrete-item activities, as well as presentation and expansion suggestions for films, readings, and activities.

  - The **REVISTA Film Collection DVD** offers all six short films with options for subtitles in both Spanish and English.

  - The **REVISTA Supersite** (revista.vhlcentral.com), powered by **Maestro**®, offers an array of supporting materials for students and instructors. The student passcode is free with each purchase of a new student text. See the next page for more information on the Supersite.

# SUPERSITE FEATURES

The **REVISTA, Third Edition,** Supersite is fully integrated with the student textbook and is designed to make the student learning experience easier and more enriching. Icons signal to you when material is available on the Supersite.

## For Students (free with the purchase of a new Student Text)

 • Activities directly from the textbook, with feedback and automatic scoring. At least two activities from the book are available online for each film and reading.

 • Additional grammar activities and more comprehension practice

• Streaming video of the **REVISTA, Third Edition,** Film Collection. Films are available with subtitles in Spanish and English.

• Dramatic recordings of literary pieces. One reading is recorded for each lesson (six recordings total).

 • Oxford Spanish Mini Dictionary

• And much more...

## For Instructors

• Full access to the student site

• A robust gradebook and learning management system

• Lesson Plans

• A complete Testing Program (password protected)

• And much more...

The **REVISTA, Third Edition,** Supersite is powered by the **MAESTRO**® Language learning system.

# Using REVISTA to Promote Communication in Spanish

People are naturally predisposed to communication through spoken language. Indeed, we can find almost any reason at all to talk. Sometimes we talk when we feel comfortable or uncomfortable in a given context. We also talk to express emotions, such as joy or anger. Regardless of the circumstances, one thing is always true: indifference seldom stimulates genuine communication.

As instructors of Spanish, why should we expect anything different from our students when they participate in class? It isn't realistic to expect that our students will generate Spanish without motivation to do so. That motivation should not be any different from what motivates them to speak their native language outside the Spanish classroom. **REVISTA** was designed to serve as the basis for active classroom participation and meaningful communication. For conversation to blossom in a Spanish classroom, then, it is imperative that discussion topics focus on the students and what they bring to the classroom; in other words, their experiences, their opinions, their plans, and their dreams.

Students' views should be the focus of virtually any discussion in order to ensure language output. **REVISTA** offers appealing content and vibrant page layout, both designed to put students in a position where indifference, and consequently silence, are unlikely. You will find that the films, readings, and discussions in **REVISTA**, along with its unique magazine-like presentation, pique students' interest, capture their imagination, and arouse a genuine desire to speak.

Of course, students cannot forgo practice in any of the linguistic skills that comprise well-rounded communication. These skills include listening, writing, reading, and socio-cultural competence. Every lesson of **REVISTA** opens with an award-winning **Cortometraje**, a riveting short film, each by a different contemporary Hispanic filmmaker. These **cortos** are excellent vehicles for students to listen to spoken Spanish of several varieties. **REVISTA** also provides a wealth of reading selections of various genres (**Ensayo, Obra de teatro, Cuento, Artículo, Entrevista,** and **Tira cómica,** among others), all of which are meant to stimulate students' curiosity and stir their emotions with the ultimate goal of awakening a strong desire to express themselves in class. Furthermore, every lesson includes a **Composición** section in which students express themselves in writing on a topic closely tied to the lesson's theme. Finally, all of the linguistic skills are presented in contexts that expose students to the cultural diversity of Spanish-speaking countries and their current issues and steer students clear of the stereotypes that plague these countries' images.

Spontaneous conversation also flows unhindered. When students are outside the Spanish classroom, seldom does anyone stop them to correct their grammar. The Spanish classroom should be no different. The best way for the instructor to promote communication is by keeping grammar correction to a minimum, so that students can express their ideas fluidly. If grammatical accuracy becomes a serious concern, the instructor can take notes on the general mistakes students are making. Afterwards, the instructor can make these lists available to students periodically as reminders. In no case should these corrections be the focus of any class period, nor should the instructor use them in a reprimanding spirit. Nothing puts students off more from expressing themselves in a foreign language than the fear of feeling embarrassed for their efforts to communicate. Communicating in a foreign language is a risk that makes even the most outspoken students feel vulnerable. A conversation course, therefore, should avoid all obstacles to communication. Remind your students to work to overcome any fears they may have of speaking Spanish with less than 100% grammatical accuracy.

What, then, should the instructor's role be in the Spanish conversation classroom? The instructor should serve as facilitator, ensuring that the conversations maintain their momentum and intervening momentarily whenever that momentum wavers. The instructor in a conversation class should never conduct a lecture on any topic nor should he or she dominate any discussion. The instructor should make sure not to influence the students' opinions, so that what they express is always their own thinking. Instead, the instructor should provide support and answer questions when they arise. You may also want to provide students with conversational techniques to help their Spanish sound more fluent. Speakers in their native language exploit techniques, such as using rejoinders and asking follow-up questions, to follow a conversation. Likewise, your Spanish conversation students will also improve their fluency and comprehension in Spanish when they become aware that, just as they would in their native language, they can take advantage of a variety of conversational strategies. The instructor's final role is that of coach, encouraging students to participate as much as possible and reminding them that we all have ideas and no one should be afraid to voice them.

Oral practice should take place primarily among the students. It is from this mutual interaction with their peers that they will maximize speaking opportunities. Encourage students to assist each other, answering each other's questions whenever possible. The instructor as facilitator should see to it that no student dominates any discussion. This situation is easily avoided if the instructor actively encourages students to change the types of groups in which they work. To maximize students' availability to their peers as well as to ensure a successful communicative progression, students should start off the class period working in pairs, advance to larger groups, and finally to discussions involving the entire class. Allow them to assemble the bigger picture after practice with its component parts. The **Tertulia** sections that round off every **REVISTA** lesson are designed to tie up everything the class learned and discussed.

We hope that you and your students will enjoy the experience of communicating in Spanish and that **REVISTA** will support and enhance that experience. As an instructor, you can trust that your efforts to stimulate ongoing, lively discussion will make for confident, satisfied language learners who will ultimately feel better prepared to communicate in Spanish. And **REVISTA** will pave the way.

## ACKNOWLEDGEMENTS

**REVISTA, Third Edition,** is the direct result of reviews and input from students and instructors using the Second Edition. Accordingly, we gratefully acknowledge those who shared their suggestions, recommendations, and ideas as we prepared this Third Edition. Their ideas played a critical role in helping us to fine-tune all sections of every lesson.

### Reviewers

**Raquel Aguilu de Murphy**
Marquette University, WI

**Josep Alba-Salas**
College of the Holy Cross, MA

**Daniel Althoff**
Southeastern Oklahoma State
University, OK

**Marco Antolin**
Millersville University, PA

**Rosalind Arthur**
Clark Atlanta University, GA

**Mary Baldridge**
Carson-Newman College, TN

**Alvaro Bernal**
University of Pittsburgh at
Johnstown, PA

**José Bilbao-Henry**
George Washington
University, DC

**Alan Brown**
University of Kentucky, KY

**Ruth L. Budd**
Longwood University, VA

**Elizabeth Calvera**
Virginia Tech, VA

**Elsa Castillo**
California State University at
Fresno, CA

**Daria Cohen**
Rider University, NJ

**Mary E. Condon**
Park Center Sr. High
School, MN

**Glynis Cowell**
University of North Carolina at
Chapel Hill, NC

**Sarah Devers**
Saint Bernard's School, MN

**Kent L. Dickson**
California Polytechnic
University, CA

**María Elva Echenique**
University of Portland, OR

**Carol Englander**
Gann Academy, MA

**Mayra Faddul**
Loyola Academy, IL

**Carmen Ferrero**
Moravian College, PA

**María Fidalgo-Eick**
Grand Valley State
University, MI

**David B. Fiero**
Western Washington
University, WA

**Marcial Flores**
Northeastern University, MA

**Helen Freear-Papio**
College of the Holy Cross, MA

**Mary E. Frieden**
Central Methodist
University, MO

**Paola Judith Frumin**
Shoshana S. Cardin
School, MD

**Francisco Gago**
College of the Holy Cross, MA

**Fermín García**
College of Saint Mary, NE

**Próspero N. García**
University of Massachusetts
at Amherst, MA

**José Antonio González**
Western Illinois University, IL

**Mamadou Gueye**
Sidwell Friends School, VA

**Rachel Haywood Ferreira**
Iowa State University, IA

**Todd Hernández**
Marquette University, WI

**María C. Herrera**
University of Wisconsin,
Oshkosh, WI

**Natalie Karnik**
Loyola University, IL

**Celeste Kostopulos-Cooperman**
Suffolk University, MA

**Kathy Leonard**
Iowa State University, IA

**Leticia P. López**
San Diego Mesa College, CA

**Enrique Márquez**
Florida Gulf Coast
  University, FL

**Khamla Dhouti Martínez**
California State Univeristy,
  San Bernardino, CA

**Carlos Martínez Davis**
New York University, NY

**Dolores Mercado**
University of Central
  Missouri, MO

**Sandra D. Merrill**
University of Central
  Missouri, MO

**Geoffrey Mitchell**
Maryville College, TN

**Eliezer Oyola**
Evangel University, MO

**Graciela Pérez**
Biola University, CA

**Martha Pérez**
Kirkwood Community
  College, IA

**Lisa Petrov**
Muskingum College, OH

**Martin Pflug**
University of Wisconsin
  Superior, WI

**J. R. Pico**
Indiana University, Kokomo, IN

**April Post**
Elon University, NC

**Lourdes Ramírez-Crusellas**
Keene State College, NH

**Richard Raschio**
University of Saint
  Thomas, MN

**Caterina Reitano**
University of Manitoba,
  Manitoba

**Isaac Rosler**
Dowling College, NY

**Miguel R. Ruiz-Avilés,**
Austin Peay State
  University, TN

**Lola Santamaría**
Davidson College, NC

**Gabriela Segal**
Arcadia University, PA

**Parker Shaw**
University of Utah, UT

**Paula Straile-Costa**
Ramapo College of New
  Jersey, NJ

**Irena Stefanova**
Santa Clara University, CA

**Rita Tejada**
Luther College, IA

**Benjamin Torrico**
Kansas State University, KS

**Ana Urrutia-Jordana**
University of San
  Francisco, CA

**Florencia Wilkinson**
Chestnut Hill College, GA

# REVISTA

**THIRD EDITION**

**Conversación sin barreras**

# ¿Realidad o fantasía?

**S**i algo distingue al hombre del resto de los seres es la capacidad que tiene no sólo para observar y analizar la realidad, sino también para imaginar.

La imaginación, aparte de servirnos de entretenimiento, es uno de los instrumentos que utilizamos para comprender, interpretar y modificar la realidad. Por eso es difícil, en ocasiones, diferenciar lo real de lo imaginario.

**¿Existen los ángeles, los fantasmas, los extraterrestres?**

**¿Está predeterminado nuestro destino?**

**¿Es posible adivinar el futuro?**

4

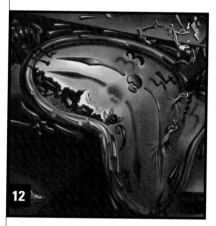

12

21

# Preparación

## Vocabulario del corto

| | |
|---|---|
| **apasionante** *exciting; thrilling* | **grúa** *tow truck* |
| **astronauta** *astronaut* | **hito** *milestone* |
| **atacar** *to attack* | **Marte** *Mars* |
| **camioneta** *pickup truck* | **monstruo** *monster* |
| **capítulo** *chapter* | **nave** *(space)ship* |
| **cohete** *rocket* | **perder(se)** *to miss (out)* |
| **concebir** *to conceive* | **platillo volador** *flying saucer* |
| **despegue** *launch, lift-off* | **recuerdo** *souvenir* |
| **entrenamiento** *training* | **riguroso/a** *thorough, rigorous* |
| **escándalo** *racket* | **velocidad** *speed* |
| **garra** *claw* | |

## Vocabulario útil

**acontecimiento** *event*
**aterrizaje** *landing*
**burlarse de** *to make fun of*
**casco** *helmet*
**choque** *crash*
**decepción** *disappointment*
**extraterrestre** *alien*
**jugar a ser** *to play make-believe*
**marciano** *Martian*
**soñar con** *to dream of*
**sueño** *dream*

### EXPRESIONES

**Es un poco a trasmano.** *It's a little out of the way.*
**Los autos se siguen quedando.** *Cars still break down.*
**¡Qué humor!** *What a mood!*
**Ya están por llegar.** *They are about to land.*

**1** **Viaje interplanetario** Completa el correo electrónico.

Para: Laura    De: Merche    Asunto: Viaje interplanetario

Estimada amiga Laura,
Te escribo desde la nave espacial Sirena. Por fin decidí cumplir mi (1) _____ y realizar este viaje interplanetario. El (2) _____ del cohete fue muy (3) _____. ¡Qué emoción! Se encendieron los motores y en pocos segundos casi alcanzamos la (4) _____ de la luz. Salimos de la base espacial de Barcelona ayer al mediodía y en sólo seis horas experimentaremos el primer (5) _____, ni más ni menos que en ¡Júpiter! Estaremos en ese planeta gigante cuatro días y luego iremos de planeta en planeta en otro (6) _____ todavía más rápido que éste. Todos los miembros de la tripulación (*crew*) son amabilísimos y muy competentes. El proceso de selección es muy (7) _____ y el capitán pasó por cinco años durísimos de (8) _____. Ayer por la noche, vimos *Viaje a la Tierra,* una película sobre un niño (9) _____, específicamente marciano, que (10) _____ con viajar a la Tierra. A mí no me gustó mucho. Había unos (11) _____ feísimos con unas (12) _____ larguísimas que corrían furiosos y rugían (*roared*) y los terrícolas (*earthlings*) atacaban sin miedo (*fearlessly*). Es interesante pensar que hace diez años las (13) _____ espaciales sólo nos permitían llegar a la luna. Sin duda este viaje es un auténtico (14) _____ en mi vida personal.
Saludos desde las estrellas,
Merche

**2** **Juegos de niños** En parejas, conversen sobre estas preguntas.

1. ¿Cómo te divertías cuando eras niño/a? ¿A qué jugabas? ¿Con quién?

2. ¿Mirabas mucho la televisión? ¿Cuáles eran tus programas preferidos?

3. ¿Qué era lo que más te aburría? ¿Qué era lo que más te entusiasmaba?

4. ¿Qué hacías para combatir (*fight*) el aburrimiento?

5. ¿Te contaban tus padres o tus abuelos historias de cuando ellos eran niños?

6. ¿Cómo estaba decorada tu habitación? ¿Qué objetos guardas de tu infancia?

7. ¿Qué importancia tuvo la imaginación en tu infancia? ¿Qué importancia tiene ahora?

8. ¿Alguien te pidió o aconsejó que te comportaras como un adulto? ¿Quién: tus padres, tus maestros, tus amigos?

**3** **Viaje a través de la fantasía** En grupos de tres, túrnense para relatar una anécdota de su infancia relacionada con el mundo de la fantasía. Pueden pensar en uno de los personajes de la lista u otro que conocen. ¿Se la contaron a alguien? ¿Les creyeron? ¿Cómo se sintieron? Añadan todos los detalles que consideren importantes.

- *Bogeyman* **el cuco**
- *Santa Claus* **Papá Noel**
- *Tooth Fairy* **el ratón Pérez**
- *Imaginary Friend* **un(a) amigo/a imaginario/a**

**4** **Hito histórico** En grupos de tres, hablen sobre algún acontecimiento que tuvo lugar cuando ustedes eran pequeños/as y que cambió el curso (*course*) de sus vidas o de la historia. ¿Lo recuerdan con claridad?

- ¿Cuántos años tenían? ¿Dónde y con quién(es) estaban?
- ¿Qué tipo de acontecimiento fue? ¿Cuándo y dónde ocurrió?
- ¿Quiénes eran los protagonistas? ¿Cómo supieron la noticia?

**5** **Anticipar** En parejas, observen los fotogramas e imaginen de qué va a tratar este cortometraje. Consideren los interrogantes, el vocabulario y el título del cortometraje para hacer sus previsiones.

- ¿Quién es el protagonista de esta historia?
- ¿Adónde quiere ir? ¿Adónde va? ¿Quién lo lleva? ¿Cómo?
- ¿Es una historia para niños, para mayores o para ambos?
- ¿Dirían que es un corto de ciencia ficción?

# ESCENAS

 SUPERSITE

Para ver este corto, visita
**revista.vhlcentral.com**

**Antonio niño** Abuelo, quiero ir a Marte.
**Abuelo** ¿Eh?
**Antonio niño** Cuando sea grande, voy a ir yo en un cohete a Marte.
**Abuelo** ¿Un cohete? ¿Y para qué vamos a esperar? Yo te puedo llevar ahora.

**Antonio niño** Abuelo, yo vi en la tele que iban en platillos voladores y en cohetes.
**Abuelo** Con grúa también se puede llegar. Ya vas a ver. Ésta es una camioneta especial. Cuando levante velocidad…. ffffff… ¡a Marte!

**Maestra** Y así fue como el hombre llegó a la Luna, y algún día, [...] también llegará a Marte y otros planetas.
**Antonio niño** Señorita, señorita, yo ya estuve en Marte. Me llevó mi abuelo cuando era chico. ¡En serio! ¡En serio!

**Locutor** ¡Un nuevo hito en la historia de la Humanidad! Otro salto[1] gigante desde que el Hombre puso por primera vez un pie en la Luna. Porque hoy cuatro embajadores de nuestro planeta llegarán a Marte.

**Hijo de Antonio** Mamá, papá, ¡vengan que ya están por llegar! ¿Viste, pa[2]? Esta noche el Hombre llega a Marte.
**Antonio adulto** ¡Y, sí! Algún día tenían que llegar, ¿no?
**Esposa de Antonio** Ay Antonio, ¡qué humor! Vos cuando eras chico, ¿no querías ser astronauta?

**Locutora** Los mensajes de nuestros oyentes[3]…
**Oyente** Sí… El Hombre está llegando a Marte, pero las calles están todas rotas.
**Antonio adulto** Hola, sí, sí, soy yo, el de la grúa… Sí… Recién pasé por el molino[4]… Hola, sí… y bueno… a la derecha… ¿Hola?… Sí… Disculpe… ¿Qué loma[5]?…

[1]*jump* [2]*dad* [3]*listeners* [4]*mill* [5]*hill*

## EN PANTALLA

**¿Quién lo dijo?** Indica quién dijo estas frase.

1. ¡Baja un poco ese televisor! (Madre de Antonio/ Abuelo de Antonio)

2. Señora, ¿esto es Marte? (Abuelo de Antonio/Antonio)

3. ¡Escuchen un poquitito! (Antonio/Maestra)

4. Una travesía extraordinaria… (Esposa de Antonio/Locutor)

5. ¡Te vas a perder la llegada! (Hijo de Antonio/ Esposa de Antonio)

6. ¡Bienvenidos! (Señora del kiosko/ Astronautas)

# Análisis

**1** **Comprensión** Contesta las preguntas.

1. ¿Qué está haciendo Antonio al principio del corto?

2. ¿Cuál es su sueño? ¿A quién se lo dice?

3. ¿Quién lo lleva a Marte? ¿Cómo?

4. ¿Qué hace Antonio de camino a (*on his way to*) Marte?

5. ¿Por qué se burlan de él sus compañeros de clase?

6. ¿Qué hace Antonio cuando regresa a casa de la escuela?

7. ¿En qué etapa de su vida está Antonio cuando anuncian que el Hombre está a punto de llegar a Marte? ¿Qué tiene que hacer el protagonista en ese momento?

8. ¿Dónde está Antonio cuando la llegada del Hombre a Marte es transmitida por televisión? ¿Dónde están su hijo y su esposa?

**2** **Interpretación** Contesten las preguntas en parejas.

1. ¿Por qué Antonio quiere ir a Marte cuando es niño?

2. ¿Por qué Antonio esconde el casco debajo de la cama? ¿Cómo se siente?

3. Cuando Antonio se hace adulto, ¿se considera una persona exitosa?

4. ¿Pierde el entusiasmo de la infancia y la capacidad de soñar?

5. ¿Por qué Antonio nunca le contó a su esposa su viaje fantástico de la infancia?

6. ¿Creen que el hijo de Antonio está imaginando que su papá está en la tele?

7. ¿A qué "problema" se refiere el astronauta?

8. ¿Cómo interpretan el final de la historia?

**3** **Contextos** En grupos de tres, digan quién dice cada cita, en qué momento y a quién se la dice. Después compartan con la clase sus opiniones sobre el significado de estas afirmaciones en la historia.

1. "Cuando sea grande, voy a ir yo en un cohete a Marte."

2. "Yo vi en la tele que iban en platillos voladores y en cohetes."

3. "Y con grúa también se puede llegar. Ésta es una camioneta especial."

4. "Sí, ¡bienvenido!"

5. "¡Qué humor! Vos cuando eras chico, ¿no querías ser astronauta?"

6. "Sí, el hombre está llegando a Marte, pero las calles están todas rotas."

7. "*Houston, we have a problem.*"

**4** **La pregunta central** ¿Creen que Antonio realmente fue a Marte? En grupos de tres, discutan esta pregunta. Cada uno/a debe dar su opinión. Después, compartan sus opiniones con la clase.

**5** **Poderosa imaginación** En grupos de tres, digan si están de acuerdo con estas afirmaciones. Intenten relacionarlas con el argumento del cortometraje.

> "La imaginación nos llevará a menudo a mundos que no existieron nunca, pero sin ella no podemos llegar a ninguna parte." *Carl Sagan*

> "La imaginación sirve para viajar y cuesta menos." *George William Curtis*

> "El que tiene imaginación, con qué facilidad saca de la nada un mundo." *Gustavo Adolfo Bécquer*

> "La imaginación es más importante que el conocimiento." *Albert Einstein*

> "Todo lo que una persona puede imaginar, otras pueden hacerlo realidad." *Jules Verne*

**6** **Sueños de infancia** Dividan la clase en tres grupos.
1. Hagan una lista de las profesiones que soñaban estudiar cuando eran niños.
2. Razonen qué elementos y características tienen en común todas esas profesiones.
3. Intercambien su lista con la de otro grupo y razonen qué elementos y características tienen en común las profesiones. ¿Tienen las tres listas alguna profesión en común?
4. Ahora juntos, inicien un coloquio (*talk*) y amplíen sus opiniones sobre las listas que escribieron. ¿Cuántos de ustedes todavía persiguen su sueño de infancia? ¿Cuántos lo han abandonado? ¿Por qué?
5. ¿Creen que a todos los niños y niñas de distintas generaciones les gusta lo mismo? ¿Pierden la capacidad de imaginar cuando son mayores?

**7** **Situaciones** En parejas, elijan una de las situaciones e improvisen un diálogo. Utilicen al menos seis palabras de la lista. Cuando estén listos, represéntenlo delante de la clase.

**PALABRAS**

| | | |
|---|---|---|
| acontecimiento | cohete | hito |
| astronauta | concebir | nave |
| aterrizaje | decepción | platillo volador |
| burlarse | despegue | recuerdo |
| monstruo | entrenamiento | velocidad |

**A**
Un niño le cuenta a un amiguito de la escuela que cuando era más pequeño su abuelo lo llevó a Marte en una camioneta. Su amiguito se burla de él. El niño insiste en que es verdad; el otro insiste en que es mentira.

**B**
Dos amigos discuten acaloradamente (*heatedly*). Uno está convencido de que existe vida en otros planetas. El otro está convencido de que eso es imposible. Cada uno razona y expone sus teorías de manera persuasiva.

# Los verbos ser y estar

**Recuerda**

Los verbos **ser** y **estar** se traducen como *to be* en inglés, pero los dos tienen usos diferentes. El verbo **ser** normalmente se usa para hablar de cualidades permanentes y el verbo **estar** para estados que cambian con el tiempo.

## Usos de ser

El verbo **ser** se usa:

- para definir o identificar algo o a alguien.

  *Antonio **es un niño** con mucha imaginación.*

- para hablar del origen, de la nacionalidad o de la procedencia de algo o de alguien.

  *El director del cortometraje **es argentino**.*

- para indicar el material del que están hechas las cosas.

  *Los muñecos de* Viaje a Marte **son de plastilina**.

- para hablar de las profesiones. Recuerda que se suele omitir el artículo antes de la profesión indicada.

  *Cuando se hace mayor, Antonio **es mecánico**, como su abuelo.*

- para hablar de la hora y la fecha.

  ***Eran las doce del día** en Argentina cuando los astronautas llegaron a Marte.*

- para indicar cuándo o dónde tiene lugar un evento.

  *El despegue de la nave **fue en Cabo Cañaveral**. La llegada **será transmitida en directo por televisión** en todo el mundo.*

- para expresar posesión.

  *La camioneta mágica **es del abuelo de Antonio**.*

## Usos de estar

El verbo **estar** se usa:

- para ubicar o localizar algo o a alguien.

  *La camioneta **estaba en el jardín.***

- para hablar de la salud, del estado de ánimo y de estados físicos.

  *El hijo de Antonio **estaba emocionado** esperando la llegada del Hombre a Marte.*

- con ciertas expresiones sobre el clima: estar despejado, estar soleado, estar nublado.

  *Afortunadamente el cielo **estuvo despejado** durante todo el día.*

- con el gerundio, para indicar acciones continuas que se están desarrollando en ese momento.

*Antonio **estaba recordando** su viaje a Marte.*

# Ser y estar con adjetivos

**Ser** se usa para hablar de cualidades permanentes, es decir, que no cambian con el paso del tiempo.

**Estar** se usa para hablar de cualidades temporales, es decir, que cambian con el tiempo.

• La diferencia entre **ser** y **estar** se ve más claramente cuando se usan con los mismos adjetivos. Por ejemplo, si se dice que alguien es optimista se está diciendo que es optimista siempre, y que esa cualidad es parte de su personalidad. Sin embargo, si se dice que está optimista, se está indicando que en ese momento está optimista, pero que no siempre lo es.

| Siempre | Temporalmente |
|---|---|
| Eres muy elegante. | Estás muy elegante. |
| Son muy trabajadores. | Están muy trabajadores. |
| Soy nerviosa. | Estoy nerviosa. |

• Algunos adjetivos cambian de significado al usarse con **ser** o con **estar**.

| | |
|---|---|
| **ser aburrido/a** *to be boring* | **estar aburrido/a** *to be bored* |
| **ser listo/a** *to be smart* | **estar listo/a** *to be ready* |
| **ser malo/a** *to be bad* | **estar malo/a** *to be sick; to go bad* |
| **ser rico/a** *to be rich* | **estar rico/a** *to be delicious* |
| **ser seguro/a** *to be safe; confident* | **estar seguro/a** *to be sure* |
| **ser verde** *to be green* | **estar verde** *to be unripe; to be inexperienced* |
| **ser vivo/a** *to be lively, to be vivacious* | **estar vivo/a** *to be alive* |

## Práctica

**1** **Un día especial** Completa la historia con la forma correcta de **ser** o **estar**.

La llegada del supertelescopio al observatorio del pueblo de Javier causó mucho revuelo (*commotion*). El inventor (1) _____ de nacionalidad alemana. Cuando murió, lo donó a la organización "Telescopios viajeros", que presta telescopios a observatorios pequeños en lugares remotos. Ayer Javier (2) _____ listo para ir con su abuelo al observatorio. Cuando llegaron, Javier vio que todos sus compañeros de escuela también (3) _____ allí. "(4) _____ tan emocionado. Esto va a (5) _____ una experiencia inolvidable", pensó Javier. ¡Y efectivamente lo (6) _____! Javier salió maravillado. La próxima semana, el telescopio (7) _____ en otra ciudad y (8) _____ el deleite de otros niños.

**2** **Veinte preguntas** Trabajen en grupos de cuatro o cinco. Un integrante de cada grupo elige a una persona famosa, un lugar o un objeto. Los demás integrantes del grupo deben hacer preguntas para adivinar la persona, el lugar o el objeto elegido. Sólo pueden hacer preguntas con los verbos **ser** y **estar** que se respondan con "sí" o "no".

# Preparación

## Sobre el autor

**E**duardo Hughes Galeano (Montevideo, Uruguay, 1940) comenzó trabajando en diferentes periódicos como *El Sol*, *Marcha* y *Época*. En 1973 tuvo que irse a vivir a Argentina por razones políticas. Fundó la revista *Crisis* durante su exilio en ese país. Posteriormente, vivió en España hasta 1985, año en que regresó a Uruguay. Sus libros están marcados por la realidad político-social latinoamericana, que se refleja en su gusto por la narración histórica, la crónica y los artículos periodísticos. El relato *"Celebración de la fantasía"* pertenece a *El libro de los abrazos*, publicado en 1994.

| Vocabulario de la lectura | Vocabulario útil |
|---|---|
| **atrasar** *to run behind/slow* | **conmovido/a** *(emotionally) moved* |
| **bichos** *stuff, things (lit. bugs)* | **el encuentro** *meeting* |
| **correrse la voz** *to spread news* | **enterarse** *to find out* |
| **de buenas a primeras** *suddenly* | **imaginario/a** *imaginary* |
| **exigir** *to demand* | **la inocencia** *innocence* |
| **el fantasma** *ghost* | **la magia** *magic* |
| **la muñeca** *wrist* | **la pobreza** *poverty* |
| **rodear** *to surround* | |
| **el suelo** *ground* | |

**1** **Vocabulario** Completa el crucigrama.

**Horizontales**

3. Cuando la policía quiere detener a un ladrón, hace esto para que no se escape.
5. De _____ a primeras
6. Animales pequeñísimos

**Verticales**

1. Cuando dos amigos se ven por casualidad y toman un café.
2. Nuestros pies lo tocan casi todo el tiempo.
4. Lo que une la mano con el brazo.

**2** **De niño** En parejas, háganse las siguientes preguntas.

1. Cuando eras niño/a, ¿tenías más imaginación que ahora?
2. ¿Qué cosas creías que eran ciertas y luego descubriste que no lo eran?
3. ¿Crees que es bueno tener mucha imaginación? ¿Por qué?

# Celebración de la fantasía

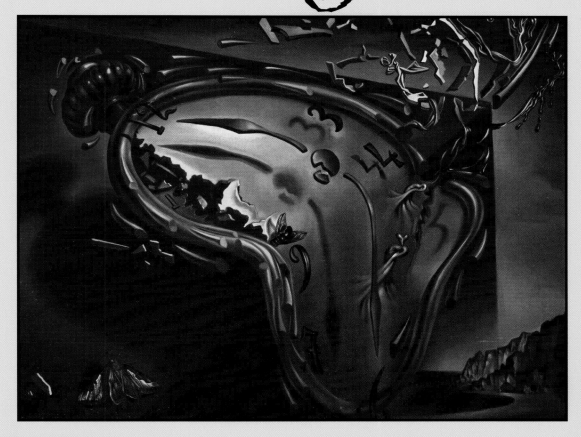

Fue a la entrada del pueblo de Ollantaytambo, cerca del Cuzco. Yo me había despedido de un grupo de turistas y estaba solo, mirando de lejos las ruinas de piedra, cuando un niño del lugar, enclenque°, haraposo°, se acercó a pedirme que le regalara una lapicera°. No podía darle la lapicera que tenía, porque la estaba usando en no sé qué aburridas anotaciones, pero le ofrecí dibujarle un cerdito° en la mano.

Súbitamente, se corrió la voz. De buenas a primeras me encontré rodeado de un enjambre° de niños que exigían,

weak

ragged

pen

little pig

swarm

a grito pelado°, que yo les dibujara bichos en sus manitas cuarteadas de mugre° y frío, pieles de cuero quemado,° había quien quería un cóndor y quien una serpiente, otros preferían loritos o lechuzas° y no faltaban los que pedían un fantasma o un dragón.

Y entonces, en medio de aquel alboroto°, un desamparadito° que no alzaba° más de un metro del suelo, me mostró un reloj dibujado con tinta negra en su muñeca:

—*Me lo mandó un tío mío, que vive en Lima* —dijo.

—*¿Y anda bien?* —le pregunté.

—*Atrasa un poco* —reconoció. ∎

at the top of their lungs

chapped by dirt/burnt leather skins

little parrots or owls

disturbance /defenseless kid

who didn't reach

# Análisis

**1** **Comprensión** Contesta las preguntas.

1. ¿Dónde estaba el narrador?

2. ¿Qué quería el primer niño?

3. ¿Por qué el narrador no podía dársela?

4. ¿Por qué los niños rodearon al narrador?

5. ¿Qué querían los niños?

6. ¿Qué tenía el niño en la muñeca?

7. Según el niño, ¿quién le regaló el reloj?

8. ¿Andaba bien el reloj?

**2** **Ampliación** En parejas, contesten las preguntas y compartan sus opiniones con la clase.

1. ¿Cómo son los niños de la historia?

2. ¿Qué importancia tiene la descripción de los niños en la historia?

3. Relacionen el título de este relato con el breve diálogo con el que termina. Razonen su respuesta.

4. En una entrevista, Eduardo Galeano afirmó que "es a través de las pequeñas cosas que puede acercarse uno a las grandes". Expliquen el significado de esta afirmación y su relación con el relato.

**3** **Personajes** En parejas, contesten las siguientes preguntas.

1. ¿Cuáles son los personajes favoritos de la imaginación infantil (*children's*)? Hagan una breve lista.

2. ¿Qué tipo de personajes son importantes en la imaginación de los adultos? Preparen una lista.

3. ¿Qué diferencias hay entre las dos listas? ¿Por qué?

4. ¿Qué aportan (*bring*) estos personajes de ficción a nuestras vidas? Razonen sus respuestas.

**4** **Los juguetes** En parejas, lean estas opiniones sobre los juguetes. ¿Están de acuerdo? ¿Les parecen exageradas? ¿Por qué? Defiendan sus opiniones con ejemplos de su infancia o de la infancia de sus padres y abuelos.

> Los juguetes muy realistas coartan (*inhibit*) la imaginación de los niños.

> La tecnología permite el desarrollo de juguetes más educativos e interactivos.

> Los videojuegos son directamente responsables del aumento de la obesidad entre niños pequeños.

> Los niños no necesitan juguetes. Cualquier objeto sirve para jugar.

> Deberían prohibirse las armas de juguete porque promueven la violencia.

**5** **Ensalada de cuentos** En parejas, escriban un cuento basado en las siguientes ilustraciones. Usen los verbos **ser** y **estar**. Después, compartan su cuento con la clase.

el dragón

el fantasma

el reloj

**6** **Imaginar** Trabajen en grupos de tres para imaginar cómo sería la vida si en lugar de ir de niños a viejos, fuéramos de viejos a niños. Consideren estas sugerencias.

- Cómo serían nuestros primeros años de vida
- En qué cambiarían los años universitarios
- A qué edad se elegiría pareja
- A qué edad se tendrían hijos
- Cómo sería la relación entre padres e hijos

**7** **Situaciones** En parejas, elijan una de las situaciones e improvisen un diálogo. Utilicen al menos seis palabras o expresiones de la lista. Cuando estén listos, represéntenlo delante de la clase.

| PALABRAS | | |
|---|---|---|
| acontecimiento | de buenas a primeras | fantasma |
| atacar | decepción | imaginario/a |
| burlarse | encuentro | inocencia |
| conmovido/a | enterarse | magia |
| correrse la voz | exigir | rodear |

**A**

Dos amigos están acampando un fin de semana. Uno de ellos es una persona extremadamente práctica. El otro, desde que se golpeó la cabeza hace un tiempo, por momentos está convencido de que es un superhéroe. Tienen que planificar las actividades del primer día de campamento.

**B**

Dos amigos están discutiendo sobre política. Uno de ellos piensa que el presidente tiene que ser imaginativo. El otro dice que tiene que ser práctico. Los dos tienen que defender sus opiniones.

# Preparación

| **Vocabulario de la lectura** | | **Vocabulario útil** |
| --- | --- | --- |

**Vocabulario de la lectura**

**advertir** *to warn*
**las células madre** *stem cells*
**clonar** *to clone*
**curar** *to cure*
**el embrión** *embryo*
**en peligro de extinción** *at risk of extinction*
**la enfermedad** *illness, disease*
**el/la escéptico/a** *skeptic*
**la eugenesia** *eugenics*
**genético/a** *genetic*

**inaudito** *unheard of, unprecedented*
**la infertilidad** *infertility*
**el órgano** *organ*
**prometedor** *promising*
**el riesgo** *the risk*
**el ser humano** *human being*
**el tejido** *tissue*
**temer** *to fear*
**terapéutico/a** *therapeutic*

**Vocabulario útil**

**ADN** *DNA*
**asombroso** *amazing, astounding*
**el avance científico** *scientific breakthrough*
**la bioética** *bioethics*
**el derecho** *right*
**el descubrimiento** *discovery*
**la manipulación genética** *genetic modification*
**oponerse** *to oppose*
**la polémica** *polemic, heated debate*
**prohibir** *to prohibit*
**(no) ser ético** *to be (not) ethical*

**1** **Vocabulario** Conecta las palabras con la definición adecuada. Sobran dos palabras.

1. _____ la infertilidad
2. _____ terapéutico
3. _____ la polémica
4. _____ la eugenesia
5. _____ temer
6. _____ clonar
7. _____ escéptico
8. _____ el riesgo
9. _____ prohibir
10. _____ no ético

a. tener miedo
b. que no está convencido de algo
c. que ayuda a curar una enfermedad
d. no poder tener hijos
e. incorrecto desde un punto de vista moral
f. impedir que algo ocurra
g. posible consecuencia adversa
h. discusión muy intensa

**2** **La ciencia** En parejas, contesten las preguntas y expliquen sus respuestas.

1. ¿Hay barreras naturales que la ciencia no debe sobrepasar? ¿Qué dilemas morales nos presenta la ciencia actual?
2. ¿De qué manera afectan la ciencia y la tecnología tu vida diaria?
3. ¿Cuál es la invención más útil de los últimos cien años? ¿Cuál es la más perjudicial?
4. ¿Las películas de ciencia ficción advierten de verdaderos riesgos o exageran? Den ejemplos.
5. ¿Quién debe estar a cargo de decidir si un procedimiento médico es legal o no? ¿Los políticos? ¿Los ciudadanos? ¿Los científicos? ¿La religión?

**3** **La clonación** Si fuera posible hoy, ¿estarían a favor o en contra de la clonación de seres humanos? En grupos de tres, preparen una lista de los beneficios y otra de los peligros relacionados con la clonación.

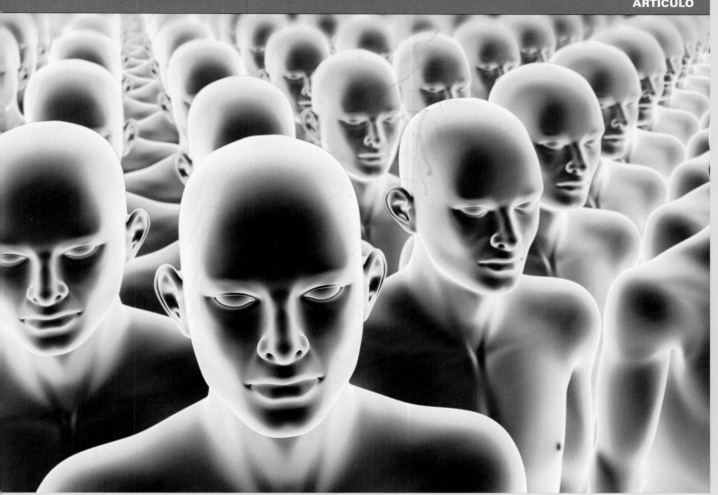

# LA CLONACIÓN:
## un porvenir prometedor

¿Sabías que el científico sueco que fundó el Premio Nobel de la Paz fue también el inventor de la dinamita? ¿O que Einstein, un gran pacifista, desarrolló° las teorías que permitieron construir la bomba atómica? La investigación científica puede usarse para bien o para mal: el dilema es cómo decidir si los beneficios de un avance tecnológico compensan sus posibles riesgos.

Hoy en día, uno de los campos más prometedores de la ciencia médica es la clonación. Imagínate (dicen los que están a favor) un mundo en el que la gente vive cientos de años, reemplazando sus órganos y tejidos a medida que se gastan. Un mundo milagroso, sin cáncer ni diabetes, en el cual podemos salvar a todas las especies en peligro de extinción e incluso revivir

developed

animales ya desaparecidos. ¿Y qué tal si pudiéramos formar todo un equipo de Michael Jordans?

Suena como ciencia ficción, pero la clonación está avanzando a pasos agigantados. En los últimos veinte años se han clonado ovejas, ratones, conejos°, e incluso embriones humanos, ya sea con fines reproductivos (para crear nuevos organismos) o terapéuticos (para crear células y tejidos). Uno de los principales usos de embriones clonados es la producción de células madre, un tipo especial de célula capaz de regenerarse° y reparar tejidos y por lo tanto, quizá, de ayudar a curar enfermedades como el cáncer, la diabetes y el mal de Parkinson.

*rabbits*

*regenerate itself*

Clonar un organismo significa producir una copia genética idéntica. Esto puede lograrse° de dos maneras. Una es tomar un óvulo° recién fertilizado y dividirlo en dos, como ocurre naturalmente cuando una mujer tiene gemelos°. La otra se llama transferencia nuclear: consiste en reemplazar el núcleo de un óvulo por el de una célula del organismo a ser clonado, estimulando luego al óvulo para que se desarrolle como embrión. Éste es el método que empleó el científico escocés Ian Wilmut para clonar a la oveja Dolly en 1997.

*be achieved*

*ovule*

*twins*

Es digno de notarse que quienes se oponen a la clonación nos advierten de terribles riesgos. Temen un futuro con clones desechables°, criados para cosechar° sus órganos, o con ejércitos

*disposable*

*harvest*

de soldados "subhumanos". Dicen que la clonación no es más que un proyecto de eugenesia y, por lo tanto, una nueva forma de discriminación. Tanto la ONU° como la iglesia católica se han declarado en contra de todo tipo de clonación genética. Actualmente, treinta y cinco países han aprobado leyes en contra de la clonación reproductiva y en algunos casos también terapéutica. En cuanto a la investigación con células madre, los escépticos consideran que la destrucción del embrión, incluso en sus fases más tempranas, representa una forma de homicidio. Otras naciones han optado por no restringir la investigación. En Estados Unidos, la decisión ha quedado hasta ahora en manos de cada estado.

*United Nations*

Los riesgos no son despreciables°, pero la promesa médica de la clonación podría brindarle al ser humano un control inaudito sobre su destino. Aún ignoramos° si la clonación será el umbral° de una utopía genética, o una terrible caja de Pandora. Lo que está claro es que la clonación ya es más realidad que fantasía. Muchos científicos creen que, dada la tecnología actual, es probable que en algún laboratorio, en algún lugar del mundo, alguien ya esté clonando embriones humanos. La pregunta ahora no parece ser cómo impedir que ocurra, sino cómo asegurarnos que esta nueva tecnología se emplee en forma humana y responsable. ■

*are not insignifica*

*we don't know*

*threshold*

# Análisis

**1** **Comprensión** Corrige la información falsa en cada declaración.

1. Los científicos siempre anticipan los posibles efectos de sus descubrimientos.

2. Un clon es físicamente idéntico al organismo del que proviene.

3. En la naturaleza no hay clones.

4. La ONU está a favor de la clonación terapéutica.

5. La clonación cura el mal de Parkinson.

6. La clonación no es un tema que genera polémica.

**2** **Ampliación** En parejas, háganse las preguntas.

1. ¿Cómo crees que se sentiría un clon humano al saber que es la copia de otro ser humano? ¿Le importaría?

2. Si pudieras clonar a cualquier persona o animal, ¿a quién o a cuál clonarías?

3. Si se pudiera alterar el código genético de un embrión para que tuviera ciertas características. ¿En qué casos te parecería justificable?

4. Si la clonación puede salvarle la vida a alguien, ¿se le debe negar la opción?

**3** **Opiniones** En parejas, comenten si están de acuerdo o no con estas citas.

> "No veo ninguna diferencia esencial entre clonar y producir hermanos y hermanas de la forma habitual." *Stephen Hawking*

> "Clonar seres humanos con la tecnología hoy disponible es una irresponsabilidad." *Instituto de Bioética*

> "En efecto, se suele decir que 'no es ético' clonar seres humanos, aunque nunca se defina qué es lo que se entiende por ético en dicho contexto." *Daniel Salvo*

> "La clonación podría ser buena o mala. Probablemente sea ambas cosas." *Richard Dawkins*

**4** **Clones en el cine** Discutan en grupos de tres. Las películas de ciencia ficción que se mencionan ¿les parecen realistas? ¿Convendría prestar atención a lo que dicen?

1. *Los niños del Brasil* (1978). Un científico nazi crea 94 clones de Hitler y los hace criar en situaciones similares a las de la infancia del dictador alemán, con la esperanza de revivir al Tercer Reich.

2. *Parque jurásico* (1993). Un biólogo logra revivir a los dinosaurios a partir del material genético de estos animales, pero el experimento se vuelve incontrolable.

3. *Star Wars: El ataque de los clones* (2002). Para librar las guerras del futuro se crea todo un ejército de clones a partir del ADN de un gran guerrero.

4. *La isla* (2005). Una lejana isla está habitada por clones. Ellos viven sin saber que su única función es ser sacrificados para proveerle órganos a sus "dueños", es decir a las personas de las que fueron clonados.

**5**   **Comunica tus ideas**   En grupos de tres, diseñen una campaña de publicidad a favor o en contra de la clonación. Hagan un póster con una ilustración y un lema (*motto*) que comunique su mensaje en forma clara y convincente.

**6**   **Cuestiones científicas**   En parejas, discutan estas oraciones. Apoyen su punto de vista con ejemplos concretos.

1. En su esfuerzo por mejorar sus condiciones de vida, el hombre crea tecnologías destructivas o que escapan a su control.
2. La religión y la ciencia siempre estarán en conflicto.
3. La clonación no es más que una empresa lucrativa que aparenta (*feigns*) promover la investigación científica.

**7**   **Quién lo hubiera pensado**   Imagina que estás viviendo en el año 2076 y la clonación se ha vuelto común y corriente. Elige el/los enunciado(s) que mejor describan tu opinión y discútelo(s) con un(a) compañero/a.

1. Casi no hay enfermedades, la calidad de vida es mejor y la gente vive más años.
2. Soy un ciudadano de segunda categoría, esclavizado por una raza de clones perfectos.
3. Mi clon es mi mejor amigo.
4. Si tienes suficiente dinero puedes ser inmortal.
5. Mi clon vive en Marte, así que casi no cuenta.

**8**   **Más genética**   La manipulación genética podría cambiar el futuro. Dividan la clase en dos grupos. Un grupo debe pensar en argumentos a favor de cada posibilidad y el otro en contra. Luego debatan cada tema entre todos.

1. La capacidad de seleccionar los atributos que queremos en nuestros hijos/as.
2. La capacidad de prolongar la vida del hombre por cientos de años.
3. La capacidad de evitar la extinción de especies animales.

**9**   **Situaciones**   En parejas, elijan una situación e improvisen un diálogo. Utilicen al menos seis palabras o expresiones de la lista. Cuando estén listos, represéntenlo ante la clase.

| PALABRAS | | |
|---|---|---|
| advertir | genético/a | riesgos |
| células madre | manipulación genética | (no) ser ético |
| derecho | oponerse | ser humano |
| embrión | polémica | temer |
| eugenesia | prohibir | terapéutico/a |

**A**
Fuiste con un científico para que te clonara. Al principio te encantó el clon, pero luego empezó a decepcionarte. Ahora vuelves con el científico para quejarte, y él responde a tus quejas.

**B**
Eres el padre de un niño que murió y le pides a un científico que clone a tu hijo. El científico no piensa que sea una buena idea e intenta convencerte de su opinión.

# Preparación

## Sobre el autor

**L**uis R. Santos (Santiago de los Caballeros, República Dominicana, 1954). Realizó sus estudios en el Instituto Superior de Agricultura, donde estudió agronomía, y luego en la Universidad Nordestana. En su carrera como escritor, ha trabajado como columnista para los diarios dominicanos *Hoy, El Siglo* y *El Nacional.* Ha sido premiado por sus cuentos en la Alianza Cibaeña y en Casa de Teatro. Varios de estos cuentos han sido incluidos en antologías nacionales e internacionales. Entre sus obras se destacan *Noche de mala luna,* serie de cuentos publicada en 1993, *En el umbral del infierno,* novela de 1996 y *Tienes que matar al perro,* cuentos publicados en 1998.

### Vocabulario de la lectura

**animar** *to cheer up*
**arrebatar** *to snatch*
**la amargura** *bitterness*
**el aspecto** *appearance*
**la cicatriz** *scar*
**descuidado/a** *careless*
**dilatar** *to prolong*
**disiparse** *to clear*
**hendido/a** *cleft, split*

**insólito/a** *unusual*
**lentitud** *slowness*
**moribundo/a** *dying*
**el presagio** *omen*
**el relámpago** *lightening*
**temer** *to fear*
**la tormenta** *storm*
**la venganza** *revenge*

### Vocabulario útil

**anunciar** *to foreshadow*
**la aparición (de un fantasma)** *apparition (of a ghost)*
**asustarse** *to become frightened*
**escéptico/a** *skeptical*
**inmortal** *immortal*
**el miedo** *fear*
**la sangre** *blood*
**el sueño** *dream*

**1** **Definiciones** Conecta las palabras con la definición adecuada.

_____ 1. presagio    a. se dice de un acontecimiento poco frecuente e inexplicable

_____ 2. temer    b. marca que permanece en la piel después de tener una herida

_____ 3. arrebatar    c. tener miedo

_____ 4. cicatriz    d. quitar algo a alguien de un modo violento

_____ 5. insólito    e. señal que anuncia algo que va a suceder

_____ 6. anunciar    f. indicar de manera directa o indirecta que algo va a suceder

**2** **Diálogo** En parejas, improvisen un breve diálogo entre un taxista extraño y un pasajero. Usen palabras de la lista. Después, represéntenlo delante de la clase.

**3** **Historias del más allá** En parejas, háganse las preguntas y luego compartan sus respuestas con la clase.

1. ¿Han leído, visto u oído alguna vez una historia de fantasmas? Relaten el argumento.

2. ¿Creen en los fenómenos paranormales? Razonen sus respuestas.

3. ¿Les gustan las historias fantásticas? ¿Por qué?

4. Si no les gustan las historias fantásticas, ¿qué tipo de historias prefieren?

| PALABRAS | |
|---|---|
| amargura | insólito/a |
| aspecto | miedo |
| asustarse | presagio |
| cicatriz | temer |
| inmortal | tormenta |

# El otro
## círculo

> **"** *Dilatar la vida de los hombres es dilatar su agonía y multiplicar el número de sus muertes.* **"**
>
> Jorge Luis Borges

*erased*

*happened*

H ay fechas que bajo ningunas circunstancias pueden ser borradas° de la memoria. Era un 24 de diciembre de 1986 y los hechos que acaecieron° durante aquella noche, dramáticos, insólitos e inexplicables, contribuyeron de forma notable a su imborrabilidad.

*collapsed*
*pondering*

*sudden*

Mientras la ciudad se preparaba para iniciar los festejos tradicionales de Navidad yo estaba allí derrumbado°, cavilando° sobre lo más importante que había acontecido y que acontecería por muchos años: la muerte repentina° de mi esposa. Se murió así, sin que se pudiera hacer algo; yo, que había salvado tantas vidas, me sentí en extremo frustrado al no poder contribuir en lo más mínimo con la sobrevivencia de mi joven mujer. Eso había sucedido apenas una semana atrás. Pero tres meses antes la vida me había hecho uno de esos tantos regalitos con los que muchas veces obsequia a la gente: la muerte de mi madre en un accidente.

[ **Cuando escuché estas expresiones, sentí que algo me unía a aquel desconocido.** ]

*I was overwhelmed by*

Para esos días me embargaba° la sensación de que todo lo que tenía lo había perdido, que no había muchos motivos para seguir en este mundo. Ni siquiera mi brillante profesión de médico, que, sin jactancias°, era una carrera en rápido crecimiento, con un nombre hecho y respetado, me parecía importante. Sólo me interesaba encontrar una respuesta al ensañamiento° de la vida (o de la muerte) en mi contra. Porque si yo vivía constantemente arrebatándole vidas a la muerte, ¿por qué no pude arrebatarle, por lo menos, la de mi esposa? ¿Sería una conspiración? ¿Una absurda venganza?

*boasting*

*mercilessness*

Lo más injusto de todo fue el instante en que sucedió la tragedia, exactamente después de haber pasado el período de

prueba, ese lapso de adaptación doloroso, esa incómoda transición que se vive al pasar de soltero a hombre casado. Yo, que era un hombre empedernido° con mi soltería°, que decía que no cambiaba mi libertad por ninguna mujer, aunque baste decir que° mi libertad consistía en llegar diariamente a las tres de la madrugada a casa, y acostarme con tres mujeres distintas por semana. Pero ya me había olvidado de mi "libertad" y acostumbrado muy bien a la cálida° rutina del matrimonio, a esa placidez monótona del hogar y, precisamente, después de todo eso, ella comete el abuso de morirse.

*hardened*
*bachelorhood*

*suffice it to say*

*cozy*

Sumido° en esas pesarosas° meditaciones me sobresaltó° el estruendo° de una descarga° eléctrica en lo alto de la atmósfera, señal que anunciaba, con certeza, una inminente tormenta. Acto seguido°, a las 11:00 P.M. sonó el teléfono.

*Immersed/sorrowful*
*startled*
*din, crash*
*discharge*

*Right after*

—Doctor Espinosa, venga seguido, se me muere mi padre —me comunicó una voz femenina y temblorosa.

—Es difícil salir esta noche —respondí.

—Es una emergencia, por amor de Dios, venga rápido, doctor.

—No tengo auto disponible, excúseme, llame a otro médico...

—Llame un taxi, doctor Espinosa, se lo ruego°, por favor.

*I'm begging you*

Yo estaba consciente de que lo del transporte no era más que un pretexto. Los recuerdos me pesaban demasiado aquella noche y no quería salir de mi refugio. No obstante, los ruegos de mi interlocutora y su tono suplicante terminaron por convencerme. Le pregunté la forma en que había averiguado° mi número telefónico y me dijo que había sido su padre moribundo quien se lo había susurrado°. No encontré

*had found*

*whispered*

*information*

nada extraño en aquel dato°, pues, mi nombre estaba en la guía médica. Anoté

*I got upset/annoyed, put out*

la dirección y me disgusté°, contrariado°,

*to go, to get*

al comprobar que para trasladarme° hasta aquel sector sería preciso atravesar la ciudad de extremo a extremo, y mucho más desagradable se hacía dicha travesía en una noche tan lluviosa como aquella.

Llamé un taxi y mientras aguardaba su arribo encendí un cigarrillo más. Fumar era de lo poco que me atraía entonces; veía, a través del humo, disiparse un poco mi amargura. La lluvia dejó de ser lluvia y se convirtió en tormenta. Las descargas eléctricas terminaron por interrumpir el servicio eléctrico. La claridad de las luces de los relámpagos inundaba por instantes

*room*

el recinto° oscurecido; era una luz inusual, como cargada de presagios.

Escuché el toque en la puerta,

*I sat up/case*

me incorporé° y tomé el maletín° que contenía el instrumental médico necesario para estos casos.

—Buenas noches, doctor Espinosa —me saludó el taxista.

—Buenas noches, señor. ¿Cómo sabe que soy el doctor Espinosa?

—La operadora me informó: vaya a esta dirección y recoja al doctor Espinosa.

—Bueno —dije —es a esta dirección hacia donde nos dirigimos.

—Y lo difícil que es trasladarse a esa

*flooded*

zona; las calles deben estar inundadas° con toda el agua caída —concluyó el taxista.

Avanzábamos con lentitud, pues seguía precipitándose una lluvia pesada

*furious*

y rabiosa°. A poco se detuvo el auto.

—Perdóneme un segundo, doctor, se

*windshield wipers*

desconectó el limpiavidrios° —me informó el taxista.

—Okay, pero dése prisa, que es una emergencia.

—¡Ah!, una emergencia —dijo mi acompañante—, la gente siempre tiene una emergencia cuando cree que va a

*I bet*

morir. Apuesto° que fue el enfermo quien dijo: "Díganle que es una emergencia,

para que venga rápido". Y quizás lo que tiene es un simple dolorcito de estómago. Lo que sucede es que los hombres le tememos demasiado a la muerte.

—Es posible que así sea; y usted, ¿no le teme?

—¡Qué le voy a temer! Total, temiéndole o no temiéndole… fíjese, fíjese bien en esta cicatriz que tengo en la frente, mire mi boca, mi labio inferior, específicamente, está hecho una mierda. Eso fue un fatal accidente que tuve; me abrieron la cabeza para operarme; me vi en un hilito° y nunca sentí temor; es más, hasta pienso que hubiera sido mejor morir, mire qué aspecto tengo. Mucha gente me rechaza°, y hace una mueca° fea cuando me ve.

*I felt like I was hanging on by just thread*

*rejects*

*sneer*

—Pero el aspecto exterior no es lo importante —le dije, para animarlo.

—Sí, doctor, pero ese rechazo continuo a un ser humano, por el simple hecho de tener el rostro° desfigurado, le va creando a uno una coraza°, un resentimiento contra todos, un estado de amargura permanente que da al traste con lo poquito bueno que pueda uno tener, y ése es mi caso, doctor; la gente, con su desdén y desprecio, me ha transformado. Así que la muerte, a veces, es la mejor solución.

*face*

*shell*

—Pero usted puede recomponerse ese aspecto, con una cirugía° de ésas que se hacen los artistas; es más, yo prometo ayudarlo.

*surgery*

—Ya es demasiado tarde, doctor.

Después de escuchar aquellas sentencias seguimos nuestra lenta marcha; había mermado° la tormenta y sólo una llovizna° menuda se precipitaba haraganamente°. Encendí un cigarrillo y reanudé° el diálogo.

*died down*
*drizzle*
*lazily*
*I resumed*

—¿Por qué dice usted que es demasiado tarde? —le pregunté.

—No desespere, doctor, más tarde lo sabrá —me respondió.

Ahí mismo escuché cuando el taxista exclamó:

—¡Qué joder! Creo que se pinchó una goma°, bajaré a verificar.

*a tire went flat*

En ese instante, un relámpago alumbró la faz° del taxista y pude ver el aspecto un tanto monstruoso de ésta, con su marcada cicatriz en la frente y el labio inferior hendido; sentí una profunda conmiseración por aquel desgraciado° ser.

—Parece que todo está en contra del enfermo —comentó el taxista—. Ahora perderemos de veinte a veinticinco minutos más.

—Ojalá lo encontremos vivo —apunté—, según la persona que me habló por teléfono era grave el asunto.

Se tomó dieciocho minutos, exactamente, para sustituir el neumático averiado°.

—La verdad es que usted es un gran tipo, doctor.

—¿Por qué?

—Imagínese, salir de su casa a las 11 de la noche, un 24 de diciembre, bajo lluvia y dejando a su esposa sola en casa.

—Es el deber, aunque a veces a uno le dan ganas de mandar el deber a la porra°.

—Así es, doctor; yo, últimamente, al deber lo he agarrado por las greñas° y lo he arrojado a la basura, y hasta a Dios lo he mandado al carajo.

Cuando escuché estas expresiones, sentí que algo me unía a aquel desconocido. Tuve una especie de acercamiento, solidaridad o empatía con alguien que me había punzado° allá, en lo más hondo con sus palabras. Porque yo también había estado, últimamente, en un cuestionamiento permanente de Dios a raíz de las muertes de mi madre y mi esposa. ¿Me merezco esto, Dios?, le he preguntado. No te conformas con una, sino que me quitas a las dos, le he increpado°. ¿O tú no eres más que un engaño? ¿Un fraude, un truco, una invención? ¡Dime! ¡Háblame! ¡Respóndeme!

—Falta poco para que lleguemos —interrumpió él mis oscuros pensamientos.

—Por suerte —le dije—. Quiero que me recojas luego de concluida la consulta.

—Será un gusto, doctor.

Unos instantes después, el motor del auto detuvo la marcha.

—Otra y van tres —protestó el taxista.

—¿Qué pasa ahora?

—Se terminó la gasolina.

—No faltaba más.

—No se preocupe, ya casi llegamos, la lluvia ha cesado, usted puede llegar a pie, la Duarte es en la próxima esquina.

—De acuerdo, pero trate de conseguir combustible para el regreso y no sea tan descuidado.

—Está bien, doctor, pero recuerde que llegan momentos en que ya nada resuelve nada.

Ésas últimas palabras me intrigaron, no lo niego.

Caminé de prisa, ahora bajo un viento fresco y húmedo. Llegué a la esquina, busqué en un bolsillo el papel donde estaba anotada la dirección y vi escrito: "Calle Duarte #106". Fui identificando los números hasta que llegué a la casa con la numeración buscada. La puerta estaba abierta, había mucho movimiento en la sala, alguien lloraba en un rincón°.

Me recibió una joven con el rostro compungido°, que me dijo: "Doctor, llega usted tarde, hace apenas cinco minutos que el enfermo falleció°".

De inmediato, entré al cuarto donde estaba el muerto y, efectivamente, yacía° sobre la cama un hombre con una horrible cicatriz en la frente y el labio inferior hendido. ■

*face*

*wretched*

*damaged tire*

*pay no attention to duty*

*hair*

*punched*

*I railed*

*corner*

*sad*

*passed away*

*lay*

¿Realidad o fantasía?

# Análisis

**1** **Comprensión** Contesta las preguntas.

1. ¿Qué evento importante marcó la vida del doctor antes de la noche del 24 de diciembre de 1986?

2. ¿Qué le sucedió al doctor tres meses antes de la muerte de su esposa?

3. ¿Por qué estaba frustrado el doctor después de la muerte de su esposa?

4. ¿Por qué le pareció injusto el momento en que ocurrió la tragedia?

5. ¿Cómo era la vida del doctor cuando era soltero?

6. ¿Quién llamó al doctor por teléfono? ¿Qué le pidió esa persona?

7. ¿Cómo había conseguido la mujer el número de teléfono del doctor?

8. ¿Qué tiempo hacía esa noche?

9. Cuando el doctor viajaba en el taxi, ¿qué complicaciones tuvo para llegar?

10. ¿Cuál era el aspecto del taxista a causa del accidente que tuvo?

11. ¿Qué pensaba el taxista sobre la muerte?

12. ¿Con qué se encontró el doctor Espinosa al llegar a la casa del moribundo?

**2** **Ampliación** En parejas, contesten las preguntas.

1 ¿Por qué el taxista tiene tantos inconvenientes para llevar al doctor a su destino?

2. ¿Por qué el moribundo quería que fuera el doctor Espinosa y no otro el que lo fuera a visitar?

3. ¿Creen que el taxista va a recoger al doctor a la casa del paciente para llevarlo de regreso a su casa?

4. ¿Por qué creen que el cuento se llama "El otro círculo"?

5. ¿Qué indicios (*signs*) se dan a lo largo de la historia que nos permiten saber que algo extraño va a ocurrir?

6. El doctor está deprimido por la muerte de su madre en un accidente; el taxista, por su parte, está deprimido por haber sobrevivido a un cruel accidente. ¿Creen que el punto de vista del doctor cambia después de su encuentro con el taxista?

7. ¿Creen que la historia tiene una moraleja (*moral*)? ¿Cuál es?

**3** **Analizar** En grupos de cuatro, digan qué personaje dice cada cita, en qué circunstancias y expliquen la importancia que tienen en el desenlace (*ending*) de la historia. Después, entre todos, digan qué tienen en común el doctor y el taxista.

1. Si yo vivía constantemente arrebatándole vidas a la muerte, ¿por qué no pude arrebatarle, por lo menos, la de mi esposa?

2. Lo que sucede es que los hombres le tememos demasiado a la muerte.

3. No desespere, más tarde lo sabrá.

4. De acuerdo, pero trate de conseguir combustible para el regreso y no sea tan descuidado.

5. Está bien, pero recuerde que llegan momentos en que ya nada resuelve nada.

**4** **Interpretar** En grupos de cuatro, expliquen por qué el relato comienza con la cita de Jorge Luis Borges. ¿Qué relevancia tiene esta idea en el contexto del cuento? ¿Alguno de los personajes de la historia estaría de acuerdo con Borges? ¿Quién(es)? Den ejemplos del texto.

**5** **Adivinar** En grupos pequeños, elijan una película o novela fantástica. Cada miembro del grupo tiene que contar algo de lo que pasa en la historia y el resto de la clase tiene que adivinar de qué película o novela se trata.

**6** **Clichés** Las "historias de miedo" suelen compartir en general una estructura y unos elementos típicos que se pueden considerar clichés.

**A** En parejas, conversen sobre estas preguntas.

- ¿Qué convenciones o clichés observaron en "El otro círculo", (por ejemplo, el hecho de que es de noche)? Hagan una lista.
- ¿Qué otras convenciones o clichés han observado en novelas, cuentos y películas de este género?

**B** Compartan y discutan los clichés que identificaron en la parte A con los otros grupos. ¿Qué técnicas consideran más efectivas?

**7** **Situaciones** En parejas, elijan una de las situaciones e improvisen un diálogo basado en ella. Usen al menos seis palabras de la lista. Cuando lo terminen, represéntenlo delante de la clase.

| PALABRAS | | |
|---|---|---|
| aparición | cicatriz | sangre |
| arrebatar | inmortal | sueño |
| aspecto | insólito/a | temer |
| asustarse | miedo | venganza |

**A**
Un fantasma se le aparece a una persona escéptica y la tiene que convencer de que es real. La persona no le cree y discuten.

**B**
Es el día de bodas de una pareja de enamorados. El novio tiene que confesarle a su amada que es un vampiro. Él quiere que ella se convierta en vampiro, pero ella se resiste.

# Preparación

## Sobre el autor

Las obras del argentino **Joaquín Salvador Lavado**, conocido como Quino, se comenzaron a publicar en 1954 en Buenos Aires. Después de diez años de publicar dibujos de humor gráfico, Quino creó a Mafalda, su personaje más querido. A través de Mafalda, una niña que vivía en la Argentina de los años 60 y 70, Quino reflexionaba sobre la situación política y social del mundo. En 1973, Quino dejó de publicar Mafalda y empezó a dibujar otras historias con un humor que, según las palabras del propio dibujante, quizás fuera "menos vivaz pero tal vez algo más profundo".

| Vocabulario de la tira cómica | Vocabulario útil | |
|---|---|---|
| | **aplastar** *to squash* | **matar** *to kill* |
| | **aterrizar** *to land* | **la nada** *nothing* |
| **podrido/a** *fed up* | **la cueva** *cave* | **el pasadizo** *passage* |
| **el ratón, la ratona** *mouse* | **deshabitado/a** *uninhabited* | **el recogedor** *dustpan* |
| | **la escoba** *broom* | **la viñeta** *vignette* |
| | **la linterna** *flashlight* | |

**1** **Adivinar** En parejas, miren la primera viñeta de la tira cómica e imaginen qué va a pasar. Después, compartan sus predicciones con la clase.

**2** **Otros mundos** ¿Creen que sin imaginación hubiera sido posible realizar viajes espaciales? ¿Por qué?

# Análisis

**1** **Narrar** En parejas, cuéntense qué ocurre en la tira cómica.

**2** **Un poco de fantasía** En parejas, contesten las preguntas sobre la tira cómica.

1. ¿Qué año es?
2. ¿De dónde es el astronauta?
3. ¿Qué misión tiene?
4. ¿A qué planeta ha llegado?
5. ¿Cómo es la vida en ese planeta?
6. ¿Cómo son sus habitantes?

**3** **Inventar** En grupos pequeños, imaginen otro final para la historia, a partir de la viñeta seis.

**4** **Otro viaje** En parejas, cuéntense un viaje con el que hayan soñado. Después, compartan el viaje de su compañero/a con la clase.

# Viaje espacial de **Quino**

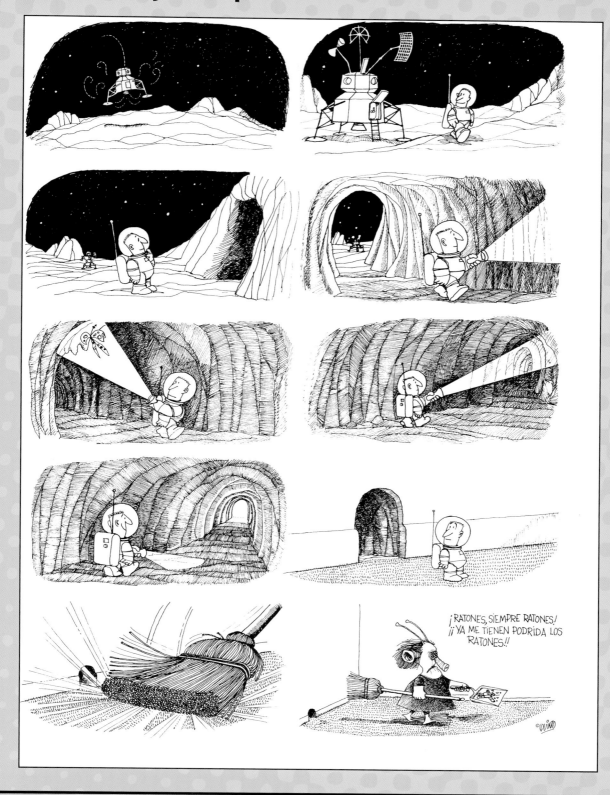

# ¿(Para)normal y (sobre)natural?

A veces, los periódicos presentan noticias extrañas. Algunos creen que esas noticias relatan hechos paranormales o sobrenaturales. Otros piensan que hablan de farsas o de acontecimientos que tienen una explicación lógica o científica. ¿Cuál es tu posición? ¿Cómo presentarías una de estas noticias al público?

## El Mundo

**Buscan establecer relación entre ovnis y la sequía (*drought*)**

**Excursionistas sorprendidos por hombre lobo (*wolf-man*)**

**¿Abuela muerta salva a su nieta de ahogarse?**

### Plan de redacción

### Planea

**1** **Elige el tema y tu posición** Lee los tres titulares del periódico. Debes escribir el artículo periodístico correspondiente a uno de ellos. ¿Sobre cuál de los tres prefieres escribir? ¿Existe una explicación lógica o se trata de un hecho sobrenatural o paranormal? ¿Existen antecedentes de hechos similares?

### Escribe

**2** **Introducción** Presenta a los protagonistas y describe los hechos.

**3** **Desarrollo** Explica lo sucedido, incluyendo antecedentes y citas de especialistas.

**4** **Conclusión** Resume brevemente tu postura y saca conclusiones.

### Comprueba y lee

**5** **Revisión** Lee tu artículo periodístico para mejorarlo.

- Asegúrate de que el estilo corresponda a un artículo periodístico.

- Si es necesario, cambia el titular para dar indicios de cuál es tu postura en el artículo.

**6** **Lee** Lee el artículo a tus compañeros de clase. Ellos tomarán notas y luego te harán preguntas.

# La ciencia ficción  hecha realidad

Imaginen que se hacen realidad los avances científicos antes imaginables sólo en las historias de ciencia ficción. ¿Cuáles pueden ser las consecuencias?

**1** La clase se divide en grupos pequeños. Cada grupo debe leer la lista de avances científicos y elegir dos: uno que les parezca positivo y otro que les parezca negativo. Consideren estas preguntas:

- ¿Cuáles avances de la lista son positivos? ¿Qué utilidad pueden tener? ¿Cómo los aplicarían? ¿Debe haber ciertas limitaciones en el uso?

- ¿Qué avances pueden tener consecuencias negativas o peligrosas? Den ejemplos.

> Los nuevos adelantos en el campo de la genética permiten a los padres elegir el color de pelo de sus hijos.

> Se ha descubierto cómo resucitar especies prehistóricas como los dinosaurios.

> Existe una máquina del tiempo que permite viajar tanto al pasado como al futuro.

> Un científico ha desarrollado un dispositivo (*device*) que puede leer los pensamientos de las personas.

> Un nuevo proceso de rejuvenecimiento ayudará a prolongar el promedio de expectativa de vida hasta los 110 años.

> Muy pronto será posible implantar chips en el cerebro que permitirán la comunicación entre las personas.

**2** Los grupos comparten los avances elegidos y explican por qué los eligieron mientras la clase toma nota. En el caso de que no todos los miembros del grupo estén de acuerdo, expliquen las distintas opiniones.

**3** Cuando todos los grupos terminen sus presentaciones, toda la clase debate el tema haciendo preguntas y/o defendiendo sus opiniones.

# Una cuestión de personalidad

¿Qué es la personalidad? Se suele definir como el conjunto de características que distinguen a un individuo de otro. Estos rasgos y conductas determinan la manera que tiene un individuo de relacionarse con los demás y de enfrentarse al mundo.

**¿Cómo eres?**

**¿Corresponde tu comportamiento con tu personalidad?**

**¿Cuál es la personalidad ideal?**

34

42

56

# Preparación

**Vocabulario del corto**

**el anuncio (de televisión)** *(TV) commercial*
**atropellar** *to run over*
**el cajón** *drawer*
**el capricho** *whim*
**la consulta** *question*
**el DNI (Documento Nacional de Identidad)** *ID*
**facilitar** *to provide*

**la factura** *bill*
**hueco/a** *hollow*
**el (teléfono) móvil (Esp.)** *cell (phone)*
**el ordenador (Esp.)** *computer*
**superar** *to exceed*
**suplicar** *to plead*
**el/la usuario/a** *customer*
**vaciar** *to empty*

**Vocabulario útil**

**la (in)comprensión** *(lack of) understanding*
**comportarse** *to behave*
**conmover** *to move (emotionally)*
**los datos personales** *personal information*
**desesperar(se)** *to become exasperated*
**desistir** *to give up*
**la esperanza** *hope*
**intransigente** *unyielding*
**luchar por** *to fight for*

**EXPRESIONES**

**Ahora te la paso.** *Hold on. (on the phone)*
**Dar de baja.** *To cancel (a service).*
**Figúrate qué ambientazo.** *Imagine the mood.*
**Indicarle que…** *I must inform you that…*
**¿Me pones con un supervisor?** *Can I speak with a supervisor?*
**No constar.** *To be unavailable; To not appear.*
**Saltarse una norma.** *To break a rule.*

**1** **Verbo incorrecto** Indica el verbo menos lógico para usar en una oración con la palabra dada. Después, escribe una oración con cada palabra y uno de los dos verbos correctos.

1. factura:
   a. pagar        b. vaciar        c. recibir
2. consulta:
   a. desistir      b. responder      c. hacer
3. servicio:
   a. ofrecer       b. comprender     c. dar de baja
4. norma:
   a. respetar      b. saltarse       c. atropellar
5. información:
   a. facilitar     b. solicitar      c. atropellar
6. cajón:
   a. llenar        b. conmover       c. vaciar

**2** **Rebelde con causa** Trabajen en grupos de tres. Cada uno/a debe compartir una experiencia en la cual no pudo convencer a otra persona de que le hiciera un favor.

- ¿Con quién hablaron?
- ¿Qué favor le pidieron?
- ¿Obtuvieron la ayuda que necesitaban?
- ¿Cómo reaccionaron? ¿Se desesperaron?
- ¿Desistieron o insistieron?
- ¿Qué elementos persuasivos emplearon para conseguir lo que querían?
- ¿Cómo se sintieron cuando la conversación terminó?

**3** **La paradoja de la comunicación** Trabajen en grupos de tres y digan si están de acuerdo con estas afirmaciones. Razonen sus respuestas.

1. Hablando se entiende la gente.
2. A veces, el silencio mejora la comunicación.
3. Es más fácil comunicarse con un ordenador que con una persona.
4. La personalidad de los individuos juega un papel importante en la comunicación.
5. Las nuevas tecnologías afectan de manera negativa las relaciones personales.

**4** **Anticipar** En parejas, observen los fotogramas e imaginen qué va a ocurrir en el cortometraje. Consideren las siguientes preguntas.

- ¿Qué relación hay entre los dos personajes principales de esta historia?
- ¿Dónde está él? ¿Dónde está ella?
- ¿En qué época se desarrolla esta historia?
- ¿Quién llama a quién? ¿Cuál es el propósito de la llamada?
- ¿Tienen dificultades de comunicación? ¿Cómo consiguen comunicarse al final?
- ¿De qué género es este corto?
- ¿Por qué puede llamarse *Diez minutos*?
- ¿Creen que tiene un final feliz? ¿Tiene moraleja (*moral*)?

**FICHA** **Personajes** Nuria y Enrique   **Duración** 15 minutos   **País** España

# ESCENAS

SUPERSITE

Para ver este corto, visita
revista.vhlcentral.com

**Nuria** Airfone, buenas noches, mi nombre es Nuria. ¿En qué puedo ayudarle?
**Enrique** Vamos a ver, es muy sencillo. A las 19:35 de esta tarde se ha hecho una llamada desde este teléfono. Quería saber a qué número se ha realizado[1].

**Nuria** Don Enrique, indicarle que puede usted comprobar[2] en su teléfono las diez últimas llamadas realizadas.
**Enrique** Ya, eso ya lo sé, pero el problema es que no hay manera de que salga el número[3] porque ya he hecho más de diez llamadas.

**Enrique** Lo que le estoy pidiendo no es ningún capricho, es una información muy importante para mí. ¿Me entiende? Mire, mi novia me ha dejado, se ha ido esta tarde… Usted habrá estado enamorada alguna vez, ¿no?
**Nuria** No nos está autorizado dar ningún tipo de información personal.

**Enrique** Si usted me facilita ese teléfono, yo podré llamarla y hablar con ella. ¿Entiende lo importante que es para mí esa llamada?
**Nuria** Don Enrique, indicarle no obstante[4] que esa información no nos consta… Si usted desea hacerme otra consulta, yo le contestaré con mucho agrado[5].

**Enrique** ¿No puede comprender usted lo que es la desesperación?, ¿lo que es la impotencia humana? ¿Dónde vamos a ir a parar si no nos echamos una mano[6] cuando lo necesitamos? Nuria, imagínese que fuese al revés[7].

**Enrique** No, bueno, si tienes un cóker[8] definitivamente eres una buena persona. Ha costado saberlo[9], pero al final se sabe que eres una buena persona. Nuria, ¿tú sabes el teléfono, verdad? La llamada de las 19:35, la tienes ahí delante, ¿verdad?

[1] *(the call) was made* [2] *check* [3] *the number will not appear* [4] *nevertheless* [5] *gladly* [6] *help each other out* [7] *the other way around* [8] *cocker spaniel* [9] *It took effort to find out*

## Nota CULTURAL

El uso del teléfono celular en España está tan extendido que cada vez son más los jóvenes que prefieren tener sólo móvil. Aparte de la comodidad, existen ventajas económicas. Por ejemplo, se pueden mandar mensajes de texto, que son mucho más baratos que las llamadas. Una curiosidad de la numeración de teléfonos en España es que enseguida se puede saber si un número pertenece a un teléfono fijo o a un teléfono móvil: los fijos empiezan siempre por nueve y los móviles siempre por seis. Esta información es muy importante, ya que una llamada de un teléfono fijo a un celular es más cara que una llamada a otro teléfono fijo.

## EN PANTALLA

**Ordenar** Ordena estas acciones según las vas viendo.

___ a. Enrique localiza a su novia.

___ b. Enrique está desesperado.

___ c. Enrique se enfada.

___ d. Nuria se conmueve.

___ e. Nuria se niega a ayudarle.

___ f. Nuria está contenta.

# Análisis

**1**  **Comprensión**  Contesta las preguntas.

1. ¿Quién es Nuria? ¿Quién es Enrique?

2. ¿Qué información solicita Enrique?

3. ¿Por qué Enrique no puede comprobar esa información él mismo?

4. ¿Por qué esa información es tan importante para él?

5. ¿Por qué necesita esa información **"YA"**?

6. ¿De quién es el número de teléfono que solicita Enrique? ¿Por qué no llama directamente a su novia?

7. ¿Con qué dos razones le explica la operadora que no le puede facilitar esa información?

8. ¿Qué reflexión hace Enrique sobre las normas?

9. ¿Por qué al final la operadora calla cuando quiere decir que "sí"?

**2**  **Interpretación**  Contesten las preguntas en parejas y razonen sus respuestas.

1. ¿Por qué se frustra Enrique?

2. ¿Por qué crees que la operadora se niega a facilitarle esa información si la sabe?

3. ¿Cómo interpreta Enrique el silencio de la operadora?

**3**  **Personajes secundarios**  En el corto se hace referencia a tres personajes que nunca aparecen en pantalla. Trabajen en parejas para:

1. identificar quiénes son.

2. explicar cuál es su relación con Enrique.

3. determinar qué importancia tiene cada uno de ellos en el desarrollo de la historia.

**4**  **Reflexión**  En grupos de tres contesten las preguntas y expliquen sus respuestas. Vuelvan a ver el corto si es necesario.

1. ¿Por qué las personas que trabajan en los servicios de atención al cliente están entrenadas para hablar como si fueran ordenadores?

2. ¿Por qué estos empleados no están autorizados a facilitar información personal?

**5**  **Momento clave**  Enrique: Lean la cita y contesten en grupos de tres. Ilustren sus respuestas con ejemplos del corto.

> Pero vamos a ver, ¿estoy hablando con un ordenador o estoy hablando con una persona?

1. ¿Cuál es la importancia de esta pregunta en esta historia?

2. ¿Cómo demuestra Enrique que ella es una persona? Da tres ejemplos.

3. ¿Por qué él pone tanto énfasis en esta distinción?

**6**  **¿Y tú?**  Piensa en cómo habrías reaccionado tú en la situación de Enrique. ¿Y en la de Nuria? Luego explícales a tus compañeros lo que hubieras hecho igual que ellos y lo que hubieras hecho diferente. Comparen sus reacciones.

**7** **Perfil de personalidad** En grupos de tres analicen la personalidad de los protagonistas de este cortometraje basándose en lo que aprendieron de ellos en el filme. Consideren estas preguntas.

¿Qué tipo de persona es Enrique? ¿Por qué quiere recuperar (*get back*) a su novia? ¿Es una buena persona? ¿Dudaste en algún momento de sus intenciones?

¿Qué tipo de persona es Nuria? ¿Es feliz en su trabajo? ¿Disfruta del "poder" que le otorgan (*confer*) las normas de su empresa?

**8** **Un encuentro** En parejas, imaginen que un año después de hablar por teléfono, el destino hace que Enrique y Nuria se conozcan personalmente. Improvisen una escena. Consideren estos interrogantes y añadan otros detalles.

- ¿Dónde se encuentran? ¿Cómo se reconocen? ¿Están solos o acompañados?
- ¿Dónde trabaja ella? ¿Dónde vive él? ¿De qué hablan? ¿Qué hacen?

**9** **Crítica cinematográfica** En parejas, contesten las preguntas. Luego, usen sus respuestas como guía para presentar su opinión sobre el cortometraje al resto de la clase.

1. ¿Qué es lo qué más les llamó la atención de este corto?
2. ¿Qué sentimientos provoca la historia en el público a medida que avanza el tiempo? ¿De qué manera logra esto el director?
3. ¿Qué sugiere el desenlace (*ending*) de la historia?
4. ¿Transmite el director su mensaje con éxito? ¿Por qué?

**10** **Situaciones** En parejas, elijan una de las situaciones e improvisen un diálogo. Utilicen al menos seis palabras o expresiones de la lista. Cuando estén listos, represéntenlo delante de la clase.

| PALABRAS | | |
|---|---|---|
| capricho | facilitar | ordenador |
| comportarse | factura | saltarse una norma |
| consulta | indicarle que | superar |
| dar de baja | no nos consta | suplicar |

**A**
Un(a) compañero/a de trabajo quiere faltar al trabajo el jueves y el viernes para irse de viaje, pero no quiere tomarse vacaciones. Quiere que esos dos días tú le digas a tu jefe/a que él/ella acaba de llamar para decir que un pariente está muy enfermo. Tú no quieres ser cómplice.

**B**
Eres un usuario/a desesperado/a que llama al servicio de atención al cliente de una compañía de teléfonos móviles para solicitar una información vital. El/La operador(a) que te atiende te entiende y quiere ayudarte, pero las normas de la empresa se lo impiden. Tú intentas convencerlo/la con argumentos convincentes.

*Diez minutos* es el cortometraje más premiado en 2005 y en la historia del corto en España. Además del **Goya** (premio cinematográfico más prestigioso de España) al Mejor Cortometraje de Ficción, ha acumulado más de ochenta y cinco premios en festivales nacionales e internacionales.

# El pretérito y el imperfecto

**Recuerda**

En español, tanto el pretérito como el imperfecto se utilizan para hablar del pasado, pero cada uno tiene usos diferentes. Sus funciones se pueden resumir así: el pretérito se usa para narrar las acciones y el imperfecto para describir las escenas y los individuos que participan en esas acciones.

## Usos del **pretérito**

- Se usa para expresar **el principio y el final de una acción**.

  *Enrique **empezó** a desesperarse.*

- Las acciones con principio y fin, es decir las **acciones completas**, se expresan con el pretérito.

*Marta **hizo** una llamada desde el móvil de Enrique.*

- El pretérito también se utiliza para narrar una **serie de acciones**.

  *La novia de Enrique **vació** los cajones, **cogió** sus cosas, **cerró** las maletas y **se fue**.*

## Usos del **imperfecto**

- El imperfecto se utiliza para describir **una acción sin principio ni final**.

  *Todos **adorábamos** a nuestro perrito.*

- Se usa también para expresar **acciones habituales** en el pasado.

  *Cuando **éramos** niños, nuestros padres siempre nos **llevaban** a la escuela.*

- Con el imperfecto, se describen los **estados mentales, físicos y emocionales**.

  ***Estaba** cansado. **Necesitaba** ese número y no **sabía** qué más decir para conseguirlo.*

- Se utiliza también para **decir la hora y para describir la escena** en la que ocurrieron los hechos.

***Eran** las siete y treinta y cinco de la tarde y Marta **se preparaba** para marcharse.*

## Diferencias entre **el pretérito y el imperfecto**

> El imperfecto se usa para describir la información de trasfondo (*background*), es decir cómo eran las escenas y los individuos que participaron en los sucesos. Por otra parte, el pretérito se usa para contar los sucesos de la narración que tuvieron lugar contra aquel trasfondo. Se usa para hablar de los hechos: lo que pasó.

- Todos los verbos en imperfecto de este párrafo describen las circunstancias en las que se desarrolla la acción. Contestan las preguntas **¿qué hora era?, ¿cómo estaba el personaje?, ¿cómo se sentía?,** etc.

    *Eran las diez de la noche. Enrique **estaba** muy nervioso porque al día siguiente su novia **salía** para Nueva York a trabajar. **Quería** hablar con ella pero **no sabía** cómo localizarla. **Se sentía** muy solo.*

- Todos los verbos en pretérito del siguiente párrafo nos informan del desarrollo de los sucesos, nos describen acciones completas y dan una idea de movimiento. Contestan la pregunta **¿qué ocurrió?**

    *Cuando ya era muy tarde, Enrique **decidió** llamar al servicio de atención al cliente. **Pidió** un número de teléfono, pero la operadora **se negó** a dárselo. Parecía un caso perdido hasta que finalmente la operadora **cedió** (gave in).*

- Cuando una acción sin principio ni final, expresada en el imperfecto, es interrumpida por otra, la acción que ocurre rápidamente o por sorpresa requiere el pretérito.

    *Ella **estaba escuchando** la historia cuando, de repente, **empezó** a llorar.*

## Práctica

**1**

**Un final feliz** Completa la historia con el pretérito o el imperfecto de los verbos que se dan entre paréntesis.

Nuria (1) _____ (trabajar) por la noche en el servicio de atención al cliente de Airfone. Ella (2) _____ (ser) una empleada muy responsable y siempre (3) _____ (respetar) todas las normas de la empresa. Una noche, un cliente llamado Enrique (4) _____ (comunicarse) con Nuria y le (5) _____ (hacer) un pedido inusual. Él le (6) _____ (explicar) a Nuria que (7) _____ (necesitar) el número de teléfono de su novia, que lo había abandonado. (8) _____ (ser) un asunto de vida o muerte. Al principio, Nuria (9) _____ (negarse) a dárselo. Enrique (10) _____ (estar) frustrado pero no (11) _____ (desistir). Para explicarle cómo (12) _____ (sentirse), él le (13) _____ (contar) una historia que la (14) _____ (conmover). Nuria, emocionada, (15) _____ (ayudar) a Enrique. Enrique enseguida (16) _____ (llamar) a su novia y ella (17) _____ (decidir) volver con él.

**2** **Justificaciones** Enrique y Marta rompieron la relación y cada uno justifica su punto de vista. En grupos de cuatro, una pareja escribe el de Enrique y la otra el de Marta. Luego lean las dos versiones en voz alta, y la clase decidirá quién da los mejores argumentos: Enrique o Marta. Usen el pretérito y el imperfecto de los verbos **decir**, **poder**, **querer**, **ser** y otros.

# Preparación

| | | |
|---|---|---|
| **Vocabulario de la lectura** | | **Vocabulario útil** |
| **la ambición** *ambition* | **la ecuación** *equation* | **la amabilidad** *kindness* |
| **asequible** *attainable* | **entristecerse** *to become sad* | **duradero/a** *lasting* |
| **la autoestima** *self-esteem* | **la estupidez** *stupidity* | **el entusiasmo** *enthusiasm* |
| **el bienestar** *well-being* | **la expectativa** *expectation* | **evadirse** *to escape* |
| **la clave** *key* | **el/la investigador(a)** *researcher* | **la generosidad** *generosity* |
| **la depresión** *depression* | **la meta** *goal* | **la humildad** *humility* |
| **el descubrimiento** *discovery* | **el olvido** *oblivion* | **la infelicidad** *unhappiness* |
| **desgraciado/a** *unhappy, unfortunate* | **la seguridad** *safety* | **la integridad** *integrity* |
| | **sumar** *to add* | **la lealtad** *loyalty* |

**1**  **Vocabulario** Completa el correo electrónico con las palabras adecuadas.

> De: Carmen <Carmen@micorreo.com>
> Para: Jorge <Jorge@micorreo.com>
> Asunto: el Departamento de Psicología
>
> Querido Jorge:
>
> ¡Estoy tan contenta! Mis (1) _____ no eran exageradas como muchos pensaban. Voy a trabajar con la mejor (2) _____ del Departamento de Psicología.
>
> Mi (3) _____ es trabajar con ella para encontrar una cura definitiva para la (4) _____.
>
> Estoy segura de que juntas haremos (5) _____ importantes que favorecerán el (6) _____ de las personas. Espero hablar contigo pronto para darte más detalles.
>
> Besos,
>
> Carmen

**2 La felicidad** En parejas, contesten las preguntas.

1. ¿Son ustedes felices? ¿Conocen a alguien que sea feliz? ¿Cuál es su secreto?
2. ¿Cuáles son las tres prioridades básicas en su vida?
3. ¿Es la felicidad hereditaria o creen que se aprende a ser feliz?
4. ¿Creen que cada nueva generación es siempre más feliz que la anterior?
5. ¿Es la felicidad una ciencia exacta? ¿Creen que hay fórmulas para ser feliz?
6. ¿Tienen ustedes una fórmula para ser felices? ¿Cuál es?
7. ¿Creen que existen sociedades más felices que otras?

**3 El decálogo de la felicidad** En parejas, escriban, por orden de importancia, las diez cosas que los hacen más felices. Después, compartan su lista con la clase y expliquen por qué la ordenaron de ese modo. ¿Existe consenso sobre las claves de la felicidad o las opiniones son muy distintas?

# Las cuatro fórmulas científicas de

# la felicidad

**Felicidad = Características personales**
**+ 5 (Necesidades básicas)**
**+ 3 (Necesidades adicionales)**

**D**ecía la canción: "Tres cosas hay en la vida: salud, dinero y amor", pero hoy sabemos, gracias a las últimas investigaciones, que estos tres términos no son más que uno de los componentes de la felicidad. ¿Cuáles son los otros componentes? Las características personales como el optimismo, la flexibilidad, la extroversión; las necesidades básicas, que incluyen: la salud, el dinero, el amor y la seguridad personal; y, para terminar, las necesidades adicionales: la autoestima, las expectativas, las relaciones profundas y las ambiciones.

Si crees en las estadísticas, claro. Y si te fías° de la lectura que hacen de ellas los investigadores británicos Carol Rothwell y Pete Cohen, una psicóloga y un "asesor° de estilos de vida°", que afirman que han encontrado la ecuación de la felicidad. Para obtenerla, encuestaron° a mil voluntarios, y de sus respuestas concluyeron que el nivel de felicidad de una persona tiene los siguientes ingredientes, y en las siguientes proporciones (casi culinarias): La felicidad es igual al conjunto° de características de la persona sumadas a° las necesidades básicas (multiplicadas por cinco) sumadas a las necesidades adicionales (multiplicadas por tres).

*trust*

*advisor*
*lifestyles*

*surveyed*

*whole*
*plus*

## El tipo y el equipo de fútbol

*It's as simple as that*

Así de fácil°. Para los autores, su "descubrimiento" tiene el mérito de "ser la primera ecuación que permite a las personas poner cifras° a su estado emocional". No todos están de acuerdo. El autor del libro *La felicidad*, José Manuel Rodríguez Delgado, se muestra así de tajante°: "Es una estupidez: ninguna ecuación matemática podrá

*figures*

*categorical, cutting*

[ **¿Existe alguna "receta"?
Sean optimistas, nos dicen.** ]

*that of providing*

*data*

definir la felicidad". Quizá el mérito de esa investigación sea el de aportar° algunos datos° estadísticos. Gracias a ellos, sabemos que hombres y mujeres obtienen de forma diferente su felicidad —por ejemplo, ellos, del triunfo deportivo, de su equipo, claro; y ellas, de... ¡adelgazar!° Otros estudios apuntan° que lo más indicado para ser feliz es ser mujer y mayor de 30, que la inflación nos entristece° y la democracia nos alegra.

*to lose weight*

*note*

*saddens*

"Qué voy a hacerle, soy feliz", confesaba avergonzado° Pablo Neruda[1]. La felicidad ha tenido a menudo mala prensa, como si el desgraciado fuera más lúcido, más digno de estudio. La psicología ha sido durante mucho tiempo una ciencia de la enfermedad que ha ignorado un aspecto del ser humano más frecuente de lo que se pensaba.

*ashamed*

Como apuntan los psicólogos María Dolores Avia y Carmelo Vázquez en su obra *Optimismo inteligente,* "la investigación tiene una deuda pendiente° con emociones importantísimas". Una deuda que se está saldando° gracias a la llamada "psicología positiva", que analiza las emociones gratificantes, que define la salud no como ausencia de enfermedad, sino como estado de bienestar.

*an unpaid debt*

*is being paid off*

## Los placeres terrenales

Pero, ¿qué es la felicidad desde el punto de vista psicológico? Los expertos han dudado entre dos ideas. Una, la felicidad concebida° como orientación hacia objetivos que uno valora° , no su satisfacción plena, porque la falta de las cosas deseadas es elemento indispensable de la felicidad, y otra, la más sencilla: felicidad como hedonismo. Y la han relacionado con tres sistemas de conducta: el biológico (las necesidades más terrenales)°,el social y el psicológico (autorrealización)°.¿Qué significa? Pues bien, que ante un manjar°, y con buena compañía, sentimos felicidad porque se satisfacen tanto placeres sensoriales (comer, reír) como otros más elevados (buenas relaciones sociales). Unos sin otros no dan felicidad.

*concei*
*values*

*worldly,*
*self-awaren*
*good m*

## Menos felices, más enfermos

¿Existe alguna "receta"? Sean optimistas, nos dicen. Tenemos que convencernos de que con serlo obtendremos beneficios para nuestra salud. Un estudio afirma que los pesimistas de un grupo de estudiantes pasaron 8,6 días enfermos al mes como media°; los optimistas, sólo 3,7. En su mayor parte fueron infecciones, males vinculados con° el sistema inmunitario.

*on aver*

*related*

Pero los psicólogos apuntan más claves. Metas asequibles, no obsesionarse con uno mismo, abrirse al mundo... Y nos recuerdan que el olvido es una característica de la memoria, no un defecto. El olvido selectivo afecta positiva —normalmente— o negativamente —en casos de depresión. Las personas felices no viven menos tragedias, sino que su memoria no se "regodea°" con ellas. En las mundanas palabras de Rita Hayworth[2]: "Los dos atributos que marcaron mi felicidad son: una buena salud y una mala memoria". ■

*takes gr*
*delight*

[1]**Pablo Neruda** (1904–1973) célebre poeta chileno  [2]**Rita Hayworth** (1918–1987) famosa actriz norteamericana

# Análisis

**1** **Comprensión** Contesta las preguntas.

1. Según Carol Rothwell y Pete Cohen, ¿cuáles son algunos componentes de la felicidad?

2. ¿Qué opina José Manuel Rodríguez Delgado de la ecuación de la felicidad?

3. Según el artículo, ¿qué hace felices a las mujeres y qué hace felices a los hombres?

4. Según algunos estudios, ¿qué es lo más indicado para ser feliz?

5. ¿Qué analiza la psicología positiva?

6. Desde el punto de vista psicológico, ¿cuáles son las dos ideas de la felicidad?

7. ¿Por qué somos felices cenando en un restaurante con buena compañía?

8. ¿Qué beneficio nos da el ser optimistas?

**2** **Nosotros creemos...** En parejas, contesten las preguntas.

1. ¿Qué opinan de lo que dijo la actriz Rita Hayworth? ¿Creen que la mala memoria ayuda a ser feliz? Den ejemplos.

2. ¿Qué es más importante para ustedes: la salud, el amor o el dinero? ¿Por qué?

3. ¿Es posible ser feliz hoy día? ¿Qué debemos hacer para ser más felices?

**3** **Hombres y mujeres** ¿Qué opinan de que las mujeres sean felices cuando adelgazan y los hombres cuando su equipo deportivo gana? ¿Están de acuerdo? Trabajen en grupos pequeños y razonen sus respuestas.

**4** **La búsqueda de la felicidad** En grupos pequeños, hablen de los medios que utilizamos hoy día para encontrar la felicidad y contesten las preguntas de la tabla. Cuando hayan terminado, compartan sus opiniones con la clase. ¿Están todos de acuerdo?

| ¿Dónde buscamos la felicidad? |
| --- |
| ¿Funcionan esos métodos? ¿Por qué? |
| ¿Creen que es necesario evadirse de la realidad para ser feliz? |

**5** **¡Qué feliz fui!** Comparte con un(a) compañero/a un momento en el que fuiste muy feliz. Incluye esta información.

• ¿Cuándo fue?

• ¿Dónde estabas?

• ¿Estabas solo/a?

• ¿Qué te hizo feliz?

• ¿Serías feliz ahora en las mismas circunstancias?

• ¿Cuánto tiempo duró ese momento?

• ¿Qué aprendiste de esa experiencia?

**6** **La felicidad de los otros** En grupos pequeños, seleccionen un personaje famoso, de la vida real o de ficción, y denle cinco consejos para ser más feliz.

**7** **Titulares** Trabajen en grupos pequeños para dar su opinión sobre los titulares. Anoten sus opiniones y después compártanlas con la clase. ¡Intenten llegar a un acuerdo!

> Hay que ser mayor de 30 años para saber lo que es la felicidad.

> Los hombres son más felices que las mujeres.

> Cada persona debe descubrir su propio camino hacia la felicidad.

**8** **Situaciones** En parejas, elijan una de las situaciones e improvisen un diálogo. Utilicen al menos seis palabras o expresiones de la lista. Cuando estén listos, represéntenlo delante de la clase.

| PALABRAS | | |
|---|---|---|
| autoestima | entusiasmo | generosidad |
| bienestar | estupidez | infelicidad |
| depresión | evadirse | integridad |
| duradero/a | expectativa | meta |

**A**
Dos amigos/as están hablando de cómo van a ser sus vidas en el futuro. Uno/a de ellos/as es muy pesimista y piensa que la felicidad no existe. La otra persona es muy optimista y cree que la felicidad puede construirse activamente.

**B**
Un(a) psicólogo/a y su paciente tienen diferentes opiniones sobre la felicidad. El/La psicólogo/a está seguro/a de que el/la paciente puede ser feliz si quiere. El/La paciente piensa que eso no es posible.

# Preparación

## Sobre el autor

**A**lberto Chimal (Toluca, 1970) escribe obras de teatro, ensayos y cuentos en los que demuestra su originalidad y amor por lo fantástico. La obra de este escritor mexicano ha recibido numerosos reconocimientos, entre ellos, el prestigioso Premio Nacional de Cuento San Luis Potosí, en 2004, por su libro *Éstos son los días*. "El juego más antiguo" pertenece a su colección de cuentos titulada *El país de los hablistas*.

### Vocabulario de la lectura

**arrastrar** *to drag along*
**bruja** *witch*
**combatir** *to fight*
**conocerse** *to know each other/oneself*
**el cruce** *crossroads*
**empeñarse en** *to insist*
**el furor** *fury*

**el hechizo** *spell*
**poderoso/a** *powerful*
**repeler** *to repel, resist*
**superar(se)** *to overcome*
**transformar(se)** *to transform (oneself)*
**vacilar** *to hesitate*
**volverse** *to become*

### Vocabulario útil

**comprenderse** *to understand each other*
**la empatía** *empathy*
**la lucha** *fight*
**la maldad** *evil*
**reconciliarse** *to reconcile*
**el rencor** *rancor*
**tregua** *truce*

---

**1**

**Completar** Completa las oraciones con la opción correcta.

1. El general no supo cómo _____ el ataque del enemigo.
   a. arrastrar       b. vacilar       c. repeler

2. La única manera de romper el _____ era dándole un beso a la bestia.
   a. conflicto       b. hechizo       c. poder

3. A pesar de _____ en aprender a tejer, nunca logró hacer ni una bufanda (*scarf*).
   a. volverse       b. empeñarse       c. conocerse

4. El poderoso brujo no lo pensó dos veces: destruyó todo sin _____.
   a. reaccionar       b. vacilar       c. transformar

5. La _____ entre los dos ejércitos duró sólo unas horas.
   a. empatía       b. lucha       c. bruja

6. El matrimonio nunca se reconcilió; hasta su muerte, ellos guardaron _____.
   a. el rencor       b. la tregua       c. el hechizo

**2** **Los conflictos** En grupos de tres, contesten las preguntas. Piensen en ejemplos de la vida real para defender sus opiniones.

1. ¿Qué es un conflicto? ¿Qué ingredientes hacen falta para que haya un conflicto entre dos personas o grupos de personas?

2. ¿Les parece que vivimos en una cultura conflictiva? ¿Por qué?

3. ¿Atraen algunas personas el conflicto más que otras? ¿Cómo influye la personalidad en la manera de reaccionar ante el conflicto?

4. Hay conflictos tan prolongados que los enemigos se olvidan de sus causas. ¿El olvido lleva al fin del conflicto o no? ¿Por qué?

# El juego más antiguo

Y pasó que en la tierra de Mundarna, en un cruce de caminos, una tarde de invierno, se encontraron dos brujas. Una se llamaba Antazil, la otra Bondur. Eran expertas en sus artes y sobre todo en el de la transformación, que permite a sus adeptos° mudar de apariencia y de naturaleza. Venían de lugares lejanos, igualmente distantes, y se odiaban.

La causa no es tan importante: los conflictos de los poderosos son los nuestros, igual de terribles o de mezquinos°, por más que ellos se empeñen en pintarlos dignos de más atención, de horror o maravilla, de arrastrar pueblos y naciones. Básteme decir° que habían conversado, por medios mágicos, y decidido: que ninguna podía tolerar más la existencia de la otra, y que allí, lejos de miradas indiscretas, lejos de cualquiera que pudiese sufrir daño, resolverían sus diferencias de una vez.

*practicers* — adeptos°

*petty* — mezquinos°

*Suffice to say* — decir°

Una llegó por el norte, caminando. La otra por el sur. Cuando estuvieron cerca, a unos palmos° de tierra fría la una de la otra, se detuvieron. Se miraron, y no dijeron nada.

Pero Antazil se convirtió en águila, grande y majestuosa, de garras y pico de acero°, y se arrojó° sobre Bondur para sacarle los ojos. Y Bondur se volvió una serpiente constrictora, de piel gruesa y verde, y se enroscó° en el águila para estrangularla. Y Antazil se volvió agua para escapar de la serpiente, y Bondur se volvió tierra para absorber el agua, y Antazil se volvió lombriz° para devorar la tierra. Luego Bondur se volvió pájaro para comerse a la lombriz...

Era el juego más antiguo, como a veces lo llaman, y el que juega pierde cuando no atina a° repeler un ataque, cuando no puede hallar° una nueva forma, cuando demora° demasiado. Pero quien juega casi nunca lo hace más que con palabras, con la imaginación, y en cambio la lombriz se transformó en gato y atacó al pájaro, que se volvió perro y persiguió al gato, que se volvió rabia° e hizo enfermar al perro, que se volvió tiempo, que cura o que mata. La rabia se convirtió en clepsidra° para aprisionar al tiempo; el tiempo se convirtió en piedra para romper la clepsidra, que se convirtió en pico° para romper la piedra, que se volvió hacha° para cortar el mango° del pico...

Así combatieron durante mucho tiempo, con furor cada vez más grande, pues no cambiaba con sus formas. Ninguna bruja superaba a la otra, ninguna estratagema servía, y así Bondur y Antazil fueron animales, plantas, objetos, ideas, categorías, todas las cosas que tienen nombre, y cada vez

más rápido, hasta que los caminos que se cruzaban bajo la batalla, no exagero, pudieron confundirse con los que llevaban al Templo de las Maravillas, el que Yuma de Haydayn mandó hacer cuando fue rey y en el que estaba, en verdad o en imagen, todo: lo creado y no creado, lo inconcebible, para su goce° y el espanto° de su pueblo.

Y hasta que Bondur, furiosa más allá de toda prudencia, se convirtió en hechizo, en magia pura de muerte y ruina. Antazil asumió su verdadera forma y, como bruja, comenzó a disolver el hechizo. Bondur apenas pudo transformarse de nuevo, porque en verdad se disipaba° en el poder de Antazil, pero se convirtió en la espada Finor, la de la Gesta de Alabul, la que corta la piedra y seca la carne y es amiga de la desolación, y se arrojó sobre su enemiga.

Y he aquí que Antazil, cuando la hoja° estaba por atravesarla°, se transformó en Bondur.

Pensó que Bondur vacilaría, al mirarse fuera de su cuerpo, y vaciló, en efecto, pues Finor, la hoja terrible, la que en la Gesta mató sin piedad al mismo Endhra, al Eterno, se detuvo.

Pero luego, para estrangularla con sus propias manos, para hacerla pagar por el horror de verse a sí misma, Bondur se transformó, a su vez, en Antazil.

Y entonces se vieron.

Sí, Antazil con la carne de Bondur, Bondur con la de Antazil, pero también con los pensamientos de la otra, sus recuerdos, sus motivos para la vida y el arte y el combate. Y cada una comprendió a la otra, como nunca había comprendido nada en la existencia, y cuando se miró desde esos otros ojos, desde afuera, en aquel instante, también se conoció. ∎

paces

on claws
and beak/
w herself

coiled
around

rthworm

doesn't
anage to
find
nesitates

rabies

epsydra,
ter clock

pick

ax

handle

pleasure

horror

was diminishing

blade/ to go through her

# Análisis

**1** **Comprensión** Indica si las oraciones son **ciertas** o **falsas**. Corrige las falsas.

1. Bondur y Antazil tenían un talento especial que les permitía cambiar de forma.

2. El conflicto entre las brujas se había originado en un maleficio (*curse*) ancestral.

3. Antes de empezar la batalla tuvieron una larga conversación.

4. Después de luchar un tiempo prolongado, las brujas se cansaron.

5. Cuando Antazil se convierte en Bondur y Bondur en Antazil, cada bruja conoce lo que la otra piensa, sus recuerdos y sus motivos.

**2** **Pónganse en su lugar** En parejas, imaginen que son Bondur y Antazil y respondan.

| Antazil | Bondur |
|---|---|
| 1. ¿Por qué me odiabas, Bondur? | 4. Y tú, Antazil ¿por qué me odiabas? |
| 2. ¿En qué momento vacilaste? | 5. ¿Por qué dejaste de pelear conmigo? |
| 3. ¿Qué lección aprendiste de esta experiencia? | 6. ¿Estás avergonzada? |

**3** **Transformaciones** En grupos de tres, jueguen al juego de las brujas. Inventen una secuencia de dos transformaciones adicionales.

1. Se volvió palo para pegarle al lobo... → El lobo se volvió fuego para quemar al palo... → El palo se volvió agua para extinguir al fuego... → ?

2. Se vuelve oscuridad para confundir al cazador... → El cazador se vuelve linterna para conquistar a la oscuridad... → La oscuridad se vuelve piedra para romper la linterna... → ?

**4** **Analogismos** Este cuento es una alegoría. ¿De qué manera se pueden relacionar los hechos del cuento con situaciones de la vida actual? ¿Qué paralelos se pueden establecer? Conversen en grupos pequeños y luego compartan sus respuestas con la clase.

**5** **Situaciones** En parejas, elijan una situación e improvisen un diálogo. Utilicen al menos seis palabras o expresiones de la lista. Cuando estén listos, represéntenlo ante la clase.

| PALABRAS | | |
|---|---|---|
| comprenderse | tregua | vacilar |
| arrastrar | reconciliarse | superar(se) |
| bruja | lucha | transformar(se) |
| combatir | empatía | volverse |
| conocerse | furor | |

**A**

Mariela llega a casa llorando después del baile de fin de año. Tuvo una experiencia horrible: su peor enemiga llevaba el mismo vestido y tuvieron una pelea. Llama a su mejor amigo/a para contarle lo que pasó y pedirle consejos: ¿Debe vengarse o debe olvidar el incidente?

**B**

En la Navidad de 1914, en plena Guerra Mundial, soldados alemanes e ingleses salen de sus trincheras (*trenches*), se saludan y hasta juegan un partido de fútbol. La confraternidad durará poco: al día siguiente la batalla continuará. Improvisen el diálogo entre un soldado alemán y un soldado inglés esa Navidad.

# Preparación

## Sobre el autor

**M**arco Denevi (1922-1998) fue un brillante cuentista y novelista argentino. A pesar de su carácter retraído (*withdrawn*), la fama lo persiguió (*followed him*). El reconocimiento internacional lo sorprendió en 1960 con el cuento "Ceremonia secreta", que fue llevado al cine de Hollywood. Ocasionalmente se dedicó al teatro y, hacia el final de su vida, al periodismo político. Con un estilo directo y agudo (*sharp*), su obra trasluce (*reveals*) una gran capacidad para la ironía, el pensamiento original y la sorpresa.

### Vocabulario de la lectura

adivinar *to guess*
alimentar *to feed*
aparentar *to feign*
complacer *to please*
complicar *to complicate*
confesar *to confess*
desaparecer *to disappear*

dulcemente *sweetly*
el arma de fuego *firearm*
el disparo *shot*
fingir *to pretend*
permanecer *to remain*
sufrir *to suffer*
tener celos *to be jealous*

### Vocabulario útil

el/la amante *lover*
engañar *to cheat*
extrañar *to miss*
la infidelidad *infidelity*
la pareja *couple; partner*
la rutina diaria *daily routine*
sobrevivir *survive*
sospechar *to suspect*

---

**1**  **Vocabulario** Completa el anuncio con palabras del vocabulario. Haz los cambios que sean necesarios y no uses dos veces la misma palabra.

### ¡Dígale adiós al aburrimiento!

¿Usted y su (1) _____ se quejan de la (2) _____? ¿(3) _____ los días de aventura, pasión y felicidad? ¿Están cansados de (4) _____ que todo está bien? Llegó la hora de (5) _____ su relación con (6) _____ fuertes. La compañía de cruceros *Fin del mundo* tiene la solución ideal. Los llevamos en barco a Tierra del fuego. Allí les entregamos un manual de supervivencia (*survival*), una brújula (*compass*), una cómoda tienda (*tent*) para dormir y agua para (7) _____ diez días. Imagínelo… Deberán (8) _____ allí hasta que vayamos a buscarlos dos semanas más tarde. Muchas empresas ofrecen cruceros y viajes de aventura, pero no se deje (9) _____. *Fin del mundo* es la única compañía que ofrece todo en un solo viaje.

---

**2** **Por la boca muere el pez** En parejas, contesten las preguntas. Después, compartan sus respuestas con la clase.

1. ¿Cuándo fue la última vez que metiste la pata (*put your foot in your mouth*) y hablaste o preguntaste de más? ¿Cómo reaccionaste cuando te diste cuenta?

2. ¿Te gusta hacer preguntas indiscretas? ¿En qué circunstancias? ¿Qué diferencia hay entre ser indiscreto y ser curioso?

3. En una relación de pareja, o de amistad, ¿es aconsejable (*advisable*) decirlo "todo"?

4. ¿Qué pasa en una relación si no hay misterio? ¿Y si hay demasiado misterio? ¿La rutina es siempre mala para una relación? ¿Cuándo puede ser buena? ¿Y mala?

# No hay que complica

**ÉL** Te amo.

**ELLA** Te amo.

*They kiss again.* (*Vuelven a besarse.°*)

**ÉL** Te amo.

**ELLA** Te amo.

(*Vuelven a besarse.*)

**ÉL** Te amo.

**ELLA** Te amo.

(*Él se pone violentamente de pie.*)

*Enough* **ÉL** ¡Basta!° ¡Siempre lo mismo! ¿Por qué cuando te digo que te amo, no contestas, por ejemplo, que amas a otro?

**ELLA** ¿A qué otro?

**ÉL** A nadie. Pero lo dices para que yo tenga celos. Los celos alimentan el amor. Nuestra felicidad es demasiado simple. Hay que complicarlo un poco. ¿Comprendes?

**ELLA** No quería confesártelo porque pensé que sufrirías.

> **Nuestra felicidad es demasiado simple. Hay que complicarlo un poco.**

**ÉL** ¿Qué es lo que adiviné?

*distances herself* (*Ella se levanta, se aleja° unos pasos.*)

**ELLA** Que amo a otro.

(*Él la sigue.*)

**ÉL** Lo dices para complacerme. Porque yo te lo pedí.

**ELLA** No. Amo a otro.

**ÉL** ¿A qué otro?

**ELLA** A otro.

# LA FELICIDAD

*( Un silencio. )*
**ÉL** Entonces, ¿es verdad?
**ELLA** *( Vuelve a sentarse. Dulcemente. )* Sí. Es verdad.
*( Él se pasea. Aparenta un gran furor.° )*  rage
**ÉL** Siento celos. No finjo. Siento celos. Estoy muerto de celos. Quisiera matar a ese otro.
**ELLA** *( Dulcemente )* Está allí.
**ÉL** ¿Dónde?

> Lo dices para complacerme. Porque yo te lo pedí.

**ELLA** Allí, entre los árboles.
**ÉL** Iré en su busca.
**ELLA** Cuidado. Tiene un revólver.
**ÉL** Soy valiente.
*( Él sale. Al quedarse sola, ella ríe. Se escucha el disparo de un arma de fuego. Ella deja de reír. )*
**ELLA** Juan.
*( Silencio. Ella se pone de pie. )*
**ELLA** Juan.
*( Silencio. Ella corre hacia los árboles. )*
**ELLA** Juan.
*( Silencio. Ella desaparece entre los árboles. )*
*( Silencio. La escena permanece vacía. Se oye, lejos, el grito desgarrador° de Ella. )*  bloodcurdling
**ELLA** ¡Juan!
*( Después de unos instantes, desciende silenciosamente el telón.° )*  curtain
**ELLA** Juan.

Para escuchar una grabación de este texto, visita **revista.vhlcentral.com**

# Análisis

**1** **Comprensión** Contesta las preguntas.

1. ¿Cómo comienza esta obra de teatro?

2. ¿Qué le molesta a Él de la felicidad que tiene con Ella?

3. ¿Por qué quiere Él tener celos?

4. ¿Qué quiere Él que Ella comprenda?

5. ¿Qué es lo que quisiera Él que Ella dijera?

6. ¿Qué le confiesa Ella a Él?

7. ¿Por qué no se lo confesó antes?

8. ¿Qué hace ella cuando escucha el disparo?

**2** **Interpretación** En parejas, contesten las preguntas y razonen sus respuestas.

1. ¿Qué tipo de relación tienen Él y Ella? ¿Cómo interpreta Él esa relación? ¿Y Ella?

2. ¿Cómo es el carácter de Él? ¿Y el de Ella?

3. ¿Existe en realidad el "otro" o es una invención de Ella para seguir el juego de Él?

4. ¿Cree Él que es cierto lo que Ella le confiesa?

5. ¿Por qué ríe Ella?

6. ¿Qué sucede entre los árboles?

7. ¿Por qué deja Ella de reír?

8. ¿Por qué crees que Ella lanza un grito desgarrador?

**3** **Ampliación** En grupos de tres, contesten las preguntas.

1. ¿Quién creen que es Juan? ¿Él o el "otro"?

2. ¿Por qué dice Ella que el "otro" tiene un revólver?

3. ¿Qué sucede al final de la obra? ¿Hay más de un final posible?

4. ¿Creen que esta obra de teatro demuestra que "no hay que complicar la felicidad"?

**4** **Imaginación** Entre todos, propongan respuestas para las preguntas.

1. ¿Qué diferencia hay entre la relación que Ella tiene con Él y la supuesta (*alleged*) relación que Ella tiene con el "otro"? ¿Con cuál de los dos es Ella más feliz? ¿Por qué?

2. ¿Cómo es el comportamiento de Ella con Él? ¿Cómo se comporta Ella con el otro?

3. ¿Está el "otro" tan celoso de Él como Él dice estarlo del "otro"?

4. Lo que Él le sugiere a Ella que haga para romper la simplicidad de su relación, ¿por qué no lo hace Él?

**5** **Antes y después** Dividan la clase en grupos de tres.

- La mitad de los grupos prepara una escena anterior a la que presenta la obra; la otra mitad prepara una escena posterior a los hechos que ponen punto final a la obra. Cada grupo está integrado por dos personajes que dialogan y una persona que hace acotaciones (*stage directions*).

- Cuando hayan terminado, cada grupo interpreta su escena delante de la clase.

- Entre todos decidan cuál es la mejor escena anterior y la mejor escena posterior. Teniendo en cuenta estas escenas, ¿cambiarían el título de la obra?

**6** **Citas para pensar** Entre todos lean las citas y digan si están o no de acuerdo. Respalden (*Support*) sus respuestas con experiencias personales o anécdotas que conozcan.

a. "Los celos alimentan el amor." *Él*

b. "El que no tiene celos no está enamorado." *San Agustín*

c. "Una de las ventajas de no ser feliz es que se puede desear la felicidad."
*Miguel de Unamuno*

**7** **¿Eres celoso/a?** Hazle *El cuestionario de los celos* a un(a) compañero/a. Anota sus respuestas. Cuando le digas el resultado, dale al menos un consejo sobre cómo debe actuar en el futuro para ser más feliz con su pareja.

---

### El cuestionario de los celos

1. ¿Te gustaría que tu pareja te confesara todos sus pensamientos?
2. ¿Estás obsesionado/a en adivinar todos sus movimientos?
3. Cuando están juntos en una fiesta, ¿te molesta que hable con otro/a?
4. ¿Tienes celos cuando otro/a trata muy bien a tu pareja?
5. Cuando tu pareja se viste muy bien, ¿crees que es para complacer a otro/a y no a ti?
6. ¿Sufres cuando él/ella sale de vacaciones sin ti?
7. Si un fin de semana no tuvieras noticias de tu pareja, ¿sobrevivirías o morirías de celos?
8. Si descubrieras que tu pareja te engaña con otro/a, ¿intentarías comprenderla?
9. ¿Piensas que tu pareja finge estar enamorada de ti?
10. Si tu pareja te dijera un día que tiene un amante, ¿creerías que es un juego?

**Sí (3 puntos)    A veces/Quizás (2 puntos)    No (1 punto)**

De 10 a 17 puntos: No eres muy celoso/a. Tienes que _____.
De 17 a 25 puntos: Eres un poco celoso/a. Tienes que _____.
De 25 a 30 puntos. Eres demasiado celoso/a. Tienes que _____.

---

**8** **Situaciones** En parejas, elijan una situación e improvisen un diálogo basado en ella. Usen al menos seis palabras de la lista. Cuando estén listos, represéntenlo para la clase.

| PALABRAS | | |
|---|---|---|
| adivinar | confesar | extrañar |
| amante | desaparecer | fingir |
| aparentar | dulcemente | sobrevivir |
| complacer | emoción | sufrir |
| complicar | engañar | tener celos |

**A**
Tú te quejas de que tu novio/a se muere de celos por ti. Siempre te llama por teléfono para saber dónde estás, te pregunta por qué te vistes bien para salir con tus amigas, quiere saber todo lo que haces cuando no estás con él/ ella, etc., etc. Tú te sientes agobiado/a (*smothered*) y quieres que deje de sospechar de ti. Discuten.

**B**
Tú estás molesto/a porque tu novio/a nunca está celoso/a. No le importa que vayas solo/a a una fiesta y te diviertas sin él/ella. No le importa que no lo/la llames durante días y no siente curiosidad de saber lo que haces en tu tiempo libre. Tú crees que si él/ella no tiene celos es porque ya no te quiere como antes. Hablan y cada uno explica lo que piensa.

# Preparación

## Sobre el autor

Ricardo Reyes nació en México D.F. en 1977. Se graduó en diseño gráfico en la Escuela Nacional de Artes Plásticas en 1998 y, desde entonces, ha trabajado en los campos del diseño y la ilustración desarrollando trabajos para el periódico *El Universal* y para las compañías Nivea, Agfa, Make a Team y Dineronet.com, entre otras. Actualmente, Reyes trabaja en su estudio realizando varios proyectos, como cómics, imágenes corporativas y colaboraciones para revistas, los cuales integran el diseño gráfico y la ilustración.

| Vocabulario de la lectura | Vocabulario útil |
|---|---|
| **el/la bombero/a** *firefighter* | **apreciar** *to appreciate* |
| **darse cuenta** *to become aware of something, to realize* | **arrepentirse** *to regret* |
| | **despreciar** *to despise* |
| **desilusionar** *to disappoint* | **la época** *time (period)* |
| **odiar** *to hate* | **(in)maduro** *(im)mature* |
| **saborear** *to savor* | **tolerar** *to tolerate* |
| **tanto** *so much* | **valorar** *to value* |

**1** **Cuando era niño** Contesta las preguntas.

1. ¿Cómo eras cuando eras niño/a?
2. ¿En qué características eres igual y en cuáles has cambiado?
3. Haz una lista de las cosas que eran más fáciles cuando eras niño/a y otra de las que eran más difíciles.

| Más fácil | Más difícil |
|---|---|
| | |
| | |
| | |
| | |

# Análisis

**1** **Su vida** En parejas, lean otra vez la tira cómica y digan cómo era la vida del protagonista cuando era niño y cómo es su vida de adulto.

**2** **Imaginar** Imagina que puedes hablar contigo cuando eras niño/a. ¿Qué te dirías?

**3** **El futuro** En parejas, preparen una lista de preguntas que se harían si pudieran hablar con ustedes mismos con veinte años más. Después, intenten responderlas. Compartan sus preguntas y respuestas con la clase.

# *Yo le diría* de **Ricardo Reyes**

# ¿Crees en los astros?

Millones de personas guían sus acciones de acuerdo con lo que les indican los horóscopos. Otros sólo los leen para divertirse. ¿Crees que los astros definen de alguna manera tu personalidad?

| | | |
|---|---|---|
| **Aries** ♈<br>21 marzo – 19 abril<br>agresivo/a, extrovertido/a,<br>dinámico/a, directo/a | **Leo** ♌<br>23 julio – 22 agosto<br>ambicioso/a, egoísta,<br>decidido/a, valiente | **Sagitario** ♐<br>22 noviembre – 21 diciembre<br>intelectual, agresivo/a,<br>impaciente, optimista |
| **Tauro** ♉<br>20 abril – 20 mayo<br>obstinado/a, trabajador(a),<br>persistente, conservador(a) | **Virgo** ♍<br>23 agosto – 22 septiembre<br>modesto/a, ordenado/a,<br>práctico/a, reservado/a | **Capricornio** ♑<br>22 diciembre – 19 enero<br>realista, disciplinado/a,<br>responsable, serio/a |
| **Géminis** ♊<br>21 mayo – 21 junio<br>imaginativo/a, expresivo/a,<br>impetuoso/a, estudioso/a | **Libra** ♎<br>23 septiembre – 22 octubre<br>objetivo/a, justo/a,<br>diplomático/a, materialista | **Acuario** ♒<br>20 enero – 18 febrero<br>independiente, sociable,<br>temperamental, innovador(a) |
| **Cáncer** ♋<br>22 junio – 22 julio<br>cariñoso/a, sentimental,<br>generoso/a, paciente | **Escorpio** ♏<br>23 octubre – 21 noviembre<br>autoritario/a, decidido/a,<br>competitivo/a, trabajador(a) | **Piscis** ♓<br>19 febrero – 20 marzo<br>misterioso/a, idealista,<br>tímido/a, artístico/a |

## Plan de redacción

### Planea

**1 Elige tu postura** ¿Crees en los horóscopos? ¿Las características del recuadro coinciden contigo? ¿Crees que es casualidad? ¿Crees que las características de tu signo no tienen nada que ver contigo? Elige tu postura y piensa en argumentos que puedes usar para expresar tu opinión.

### Escribe

**2 Introducción** Plantea tu postura sobre los horóscopos y tu opinión sobre los rasgos de la personalidad que se dan para tu signo.

**3 Argumentos y ejemplos** Da argumentos y ejemplos para defender tu opinión.

**4 Conclusión** Resume brevemente tu opinión.

### Comprueba y lee

**5 Revisión** Lee tu composición para mejorarla.

- Utiliza frases y conjunciones para presentar ejemplos y argumentos: Por ejemplo / Además / Por otra parte / Asimismo / Etc.

- Verifica que los ejemplos y argumentos sean pertinentes: ¿explican tu opinión o incluyen información adicional que no está relacionada?

- Verifica que tu conclusión retome lo planteado en la introducción y sea un resumen lógico de tus ejemplos o argumentos.

# ¿Innato o adquirido?

¿Qué rasgos de una persona son innatos y cuáles son adquiridos? ¿Qué factores determinan el carácter de una persona? ¿Podemos catalogarlos fácilmente como genéticos o ambientales?

**1** La clase se divide en grupos pequeños. Cada grupo debe leer estas opiniones sobre el debate entre lo innato y lo adquirido, y elegir una con la que estén de acuerdo y una con la que estén en desacuerdo.

> Nuestra personalidad está determinada por nuestra herencia genética. No podemos cambiar lo que ya viene grabado en nuestra naturaleza.

> Aunque una persona tenga la predisposición genética para comportarse de determinada manera, esto no significa que lo vaya a hacer.

> Muchas características no son hereditarias. La educación pesa más que los genes.

> Los rasgos de la personalidad están determinados exclusivamente por factores ambientales.

> El hecho de que hasta ahora los científicos no hayan descubierto los genes específicos que determinan la personalidad no significa que estos genes no existan.

**2** Luego, los grupos comparten las citas elegidas y explican por qué las eligieron mientras la clase toma nota. En el caso de que no todos los miembros del grupo estén de acuerdo, expliquen las distintas opiniones que hay dentro del grupo.

**3** Cuando todos los grupos terminen sus presentaciones, toda la clase debatirá el tema haciendo preguntas y/o defendiendo sus opiniones.

# 3

# Prohibido pensar

**L**a cultura de masas llega a nuestras vidas a través de la prensa escrita, del cine, de la radio, de la televisión y de Internet. Estos medios nos divierten, nos informan, nos forman y nos transmiten sus valores. Esto les concede un enorme poder: ¿los medios usan este poder adecuadamente?

**¿Quién es dueño de nuestras opiniones? ¿Lo somos nosotros o los medios de comunicación?**

**¿Quién elige nuestros iconos?**

**¿Qué somos: telespectadores o consumidores potenciales?**

62

70

89

# Preparación

SUPERSITE

| Vocabulario del corto | Vocabulario útil | |
|---|---|---|
| **el cásting** *audition* | **animar** *to encourage* | **fiarse de (alguien)** *to trust (someone)* |
| **la cola de conejo** *rabbit's foot* | **aspirante a** *aspiring to* | **fortuito/a** *fortuitous* |
| **ensayar** *to rehearse* | **avergonzado/a** *ashamed; embarrassed* | **la gorra** *cap* |
| **el/la facha** *fascist* | **avergonzarse** *to be ashamed* | **incómodo/a** *uncomfortable; awkward* |
| **tratar a (alguien)** *to treat (someone)* | **de camino a** *on the way to* | **rechazar** *to reject* |
| | **desilusionado/a** *disappointed* | **surgir** *to arise* |
| | **el embotellamiento** *traffic jam* | |

---

### EXPRESIONES

**A por todas.** *Knock 'em dead.*

**Dar calabazas (a un pretendiente).** *To reject (a suitor).*

**Decir algo de carrerilla.** *To reel off spoken lines.*

**En el fondo.** *Deep down.*

**Estar coladito/a por (alguien).** *To have a crush on (someone).*

**Menudas vueltas da el destino.** *Funny how life goes round.*

**Tener para rato.** *To be stuck.*

---

**1** **Vocabulario** Completa este diálogo con palabras y expresiones del vocabulario. Haz los cambios que creas convenientes.

ANA ¡Uy, qué (1) _____! Odio el tráfico. Aquí tenemos para (2) _____.

GABI Tranquila, vamos con tiempo.

ANA Oye, ¿sabes que Juan está (3) _____ la agencia de viajes? Quiere regalarte un viaje romántico. Dale una oportunidad, mujer.

GABI Lo que le voy a dar son calabazas.

ANA ¿Por qué lo (4) _____ tan mal? Él te quiere y es bueno contigo.

GABI Eso crees tú. En realidad, miente mucho, por lo cual no puedo (5) _____ de él. No lo quiero (6) _____.

ANA ¿De veras? No me lo habías contado. Entonces es él quien debe sentirse (7) _____.

GABI Al principio yo pensaba que podíamos ser novios, pero descubrí su verdadero carácter y ahora estoy totalmente (8) _____.

**2** **Supersticiones** En parejas, díganse de qué maneras son ustedes supersticiosos/as. ¿Sirven para algo las supersticiones? Hablen de los temas de la lista y de otros.

• Los amuletos de buena suerte que llevan con ustedes

• Las acciones que realizan "por si acaso"

• Las frases que repiten para sentirse seguros/as

**3** **Comunicación** En parejas, contesten las preguntas.

1. ¿Les gusta hablar con desconocidos/as?

2. ¿Se fían de las personas que no conocen?

3. ¿Creen en el amor a primera vista?

4. ¿Se han enamorado alguna vez de un(a) desconocido/a? ¿Qué pasó?

5. ¿Creen que todo pasa por alguna razón o creen que los sucesos de la vida son totalmente arbitrarios?

6. ¿Se contradicen a veces sus acciones y sus pensamientos? ¿En qué circunstancias?

7. ¿En qué circunstancias suele usarse la expresión "nada que perder"?

8. ¿Tienen algún amuleto de la buena suerte? ¿Cuál es? ¿Les funciona?

**4** **Un encuentro inolvidable** En parejas, cuéntense algún encuentro inolvidable que hayan tenido con otra persona. Expliquen por qué lo recordarán siempre. Incluyan esta información. Después, compartan sus historias con la clase.

- Adónde iban
- Cómo llegaron
- A quién encontraron
- Qué pasó por el camino
- Cómo les afectó el encuentro
- Volvieron a ver o no a esa persona

**5** **Anticipar** En parejas, observen los fotogramas e imaginen qué va a ocurrir en el cortometraje. Consideren estas preguntas, el vocabulario y el título del cortometraje para hacer sus previsiones.

1. ¿Quién es la pasajera del coche?

2. ¿Por qué va sentada detrás y no delante?

3. ¿Qué relación hay entre ella y el conductor?

4. ¿Dónde van cuando es de día? ¿De qué hablan?

5. ¿Dónde van cuando es de noche? ¿De qué hablan?

6. ¿Por qué se titula *Nada que perder?*

PROSOPOPEYA PRODUCCIONES PRESENTA

- Goya al mejor corto de ficción
- Premio al mejor corto español del Festival Internacional de Bilbao
- Premio del público y al mejor actor del Festival Internacional de Orense

# nadaqueperder

**PilarPunzano** y **JorgeBosch** en un cortometraje de **RafaRusso**

dirección de fotografía **Daniel Aranyó** | sonido directo **Eva Valiño** | maquillaje y peluquería **Concha Martí**
ayudante de dirección **Javier Quintas** | montaje **Samuel Martínez** | diseño de producción **Juan Pedro de Gaspar**
montaje de sonido **Fernando Pocostales** | directora de producción **Antonia Juanes** | música **Rafa Russo** y **Mariano Marín**
producido por **Pepe Jordana** | escrito y dirigido por **Rafa Russo**

**FICHA** **Personajes** Nina, Pedro (taxista)   **Duración** 20 minutos   **País** España

# ESCENAS

**SUPER**SITE Para ver este corto, visita revista.vhlcentral.com

**Taxista** ¡Ah! ¿Eres actriz?
**Nina** Bueno, sí, no sé. La verdad es que nunca se me había ocurrido, pero el otro día alguien que controla esto me dijo que yo daría muy bien en cámara y… no sé, pues me he lanzado, y ahora no hay quien me baje del burro[1].

**Taxista** Oye, pues por mí, si quieres ensayar en alto, ¡no te cortes![2] A mí me encanta el cine. Así te vas soltando un poco[3] antes de llegar. Tú imagínate que soy el director que te hace la prueba. Además, aquí tenemos para rato.

**Nina** Bueno, ¿te sitúo? ¡Vale! Estamos al final de la Guerra Civil Española. Yo soy la hija de un intelectual republicano que ha sido capturado por los nacionales. Y en esta escena yo voy a pedirle ayuda a un joven militar fascista para que le perdonen la vida a mi padre.

*(Van ensayando una escena.)*
**Taxista** Por si no te has enterado[4], esto es una guerra, y en una guerra todo es lícito.
**Nina** ¿Como en el amor?
**Taxista** No hay tiempo para hablar de amor.

*Muchos cástings y kilómetros después…*
**Nina** ¿Tú qué miras tanto?
**Taxista** No, no, no… No puedes decirme eso tan fríamente, tan imperturbable. Si en el fondo, en el fondo, sigues enamorada de mí.

*(El taxista la invita a Lisboa.)*
**Taxista** Si no te gusta Lisboa, vamos a otro sitio. Donde tú quieras, yo te llevo. ¿No hay ningún sitio en especial al que siempre has querido ir?
**Nina** Los sitios especiales no están hechos para mí.

[1] *I'm hooked!* [2] *Go ahead!* [3] *That way you'll loosen up.* [4] *In case you're not aware*

## Nota CULTURAL

La Guerra Civil Española (1936-1939) se inició con la sublevación de un sector del ejército que terminó dividido en dos bandos: republicanos y nacionales. Los republicanos eran liberales de distintas ideologías fieles a la II República y opuestos al fascismo. Los nacionales seguían al General Francisco Franco, militar de ideología fascista que, tras ganar la guerra, instauró una dictadura en España que duró hasta su muerte en 1975. Muchos intelectuales opuestos al franquismo tuvieron que exiliarse; muchos otros fueron fusilados.

## EN PANTALLA

**Completar** el párrafo con las palabras correctas.

Nina, una joven
(1) _____ a actriz, está
(2) _____ a un cásting.
Se sube a un taxi que muy pronto se encuentra parado en un (3) _____. El taxista se pone una (4) _____ porque quiere ayudar a Nina a ensayar. Antes de bajarse del coche, el taxista le regala a Nina una (5) _____ para la buena suerte. Un día, Nina vuelve a encontrarse con el mismo taxista, quien está estudiando portugués porque le fascina la ciudad de (6) _____.

# Análisis

**1** **Comprensión** Contesta las preguntas.

1. ¿En qué ciudad ocurre la historia de este cortometraje?
2. ¿Adónde va Nina?
3. ¿Qué trabajos ha hecho Nina como actriz?
4. ¿Cree Nina que le van a dar el papel en la película? ¿Por qué?
5. ¿Qué tipo de personaje es el que más le gusta a ella?
6. ¿Qué hacen Nina y el taxista de camino al *cásting*?
7. ¿Qué papel interpreta Nina? ¿Qué papel interpreta el taxista?
8. ¿Qué le da el taxista a Nina para que tenga buena suerte?
9. ¿Qué le propone el taxista a Nina la segunda vez que se encuentran?
10. ¿Cómo reacciona ella?

**2** **Deducción** En parejas, miren la foto y digan qué importancia tiene este instante en el desarrollo de la historia. ¿Qué creen que sucede entre los dos protagonistas? ¿Qué está pensando Nina? ¿Qué dice su mirada? Den detalles del corto que apoyen sus opiniones.

**3** **Imperturbable** Vuelvan a ver el principio del corto y en parejas intenten analizar el significado del comentario de Nina cuando dice: "¿Tú crees que alguien en la vida real dice 'imperturbable'? Vamos, yo no lo he dicho nunca." ¿Qué nos revela esta queja de su vida? ¿Y de sus conocimientos y experiencias en el séptimo arte?

**4** **¿Decisión o indecisión?** Terminado el viaje, Nina y el taxista se despiden, pero ¿de verdad quieren despedirse? En parejas, escriban un posible diálogo entre ellos si se hubiera dado uno de los siguientes casos.

• El taxista le hubiera dicho al nuevo cliente que no estaba libre.
• Nina hubiera olvidado su teléfono celular en el taxi.

**5** **¿Realidad o ficción?** En el corto, el taxista dice dos veces: "No hay tiempo para hablar de amor ahora." En parejas, sitúen los dos contextos en los que se dice esta frase. Después, discutan cómo se relaciona la historia de Nina y Pedro con la historia de los personajes que interpretan.

**6** **Cómo eran y cómo son** Hagan la siguiente actividad en grupos de tres.

**A** Primero, completen la tabla incluyendo la siguiente información.

- ¿Cómo eran los protagonistas de esta historia cuando se encontraron por primera vez y cómo son cuando el destino los vuelve a unir?
- ¿Cuáles eran sus ilusiones y sueños? ¿Cómo han cambiado?
- ¿Cuál era y cuál es su actitud ante la vida?

| Cómo eran | Cómo son |
|---|---|
| | |
| | |
| | |

**B** Con toda la clase, imaginen las vidas de los protagonistas y digan por qué creen que Nina rechazó la proposición del taxista al final. ¿Qué habrían hecho ustedes en su lugar? ¿Por qué?

**7** **Nada que perder** En grupos pequeños, contesten las preguntas sobre el título del cortometraje. Después, compartan sus opiniones con la clase.

- ¿Cuál es el significado del título en relación con el argumento y el desenlace (*ending*) de la historia?
- ¿Por qué creen que el director eligió este título?
- ¿Qué ganan y/o qué pierden los protagonistas de esta historia?

**8** **Reencuentro** En grupos de tres, representen una discusión entre un(a) taxista enojado/a y un(a) pasajero/a que viajó un día en su taxi. ¿Dónde se confrontan? En un programa de entrevistas, ¡claro! El/La animador(a) intenta descubrir qué pasó aquel día en el taxi y acepta preguntas del público.

**9** **Situaciones** En parejas, elijan una de las situaciones e improvisen un diálogo. Utilicen al menos seis palabras o expresiones de la lista. Cuando estén listos, represéntenlo delante de la clase.

| PALABRAS | | |
|---|---|---|
| a por todas | *cásting* | ensayar |
| aspirante a | cola de conejo | fiarse de |
| atasco | dar calabazas | incómodo/a |
| avergonzado/a | de camino a | tener para rato |
| avergonzarse | en el fondo | tratar |

**A**
Uno/a de ustedes va en autobús a un *cásting*. Hay mucho tráfico y decide ensayar la escena. A su lado hay un(a) chico/a muy simpático/a y empiezan a hablar.

**B**
Un(a) chico/a del/de la que estuviste muy enamorado/a te dio calabazas y, ahora, después de varios años, te dice que quiere casarse contigo.

# Las preposiciones

### Recuerda

En español, si las preposiciones van seguidas de un verbo, éste siempre es en infinitivo.

*La muchacha duda por un momento **entre quedarse** con el taxista y asistir a la cita. Finalmente, sale del taxi **sin pagar**.*

## Verbos seguidos por preposición

Algunos de los verbos que van seguidos por preposición son:

- **Seguidos por a [+ infinitivo]**

| | | |
|---|---|---|
| **acostumbrarse a** | **ayudar a** | **invitar a** |
| *to become accustomed to* | *to help* | *to invite* |
| **aprender a** | **comenzar a** | **ir a** |
| *to learn to* | *to begin* | *to go to* |
| **atreverse a** | **decidirse a** | **negarse a** |
| *to dare to* | *to decide to* | *to refuse to* |

- **Seguidos por de [+ infinitivo]**

| | | |
|---|---|---|
| **acabar de** | **arrepentirse de** | **encargarse de** |
| *to have just* | *to regret* | *to take charge of* |
| **acordarse de** | **cansarse de** | **olvidarse de** |
| *to remember* | *to get tired of* | *to forget* |
| **alegrarse de** | **dejar de** | **tratar de** |
| *to be glad* | *to stop, to fail to* | *to try to* |

- **Seguidos por en [+ infinitivo]**

| | | | |
|---|---|---|---|
| **consistir en** | **insistir en** | **pensar en** | **quedar en** |
| *to consist of* | *to insist on/upon* | *to think about/of* | *to agree on* |

### AYUDA

Las preposiciones más usadas del español son:

**a** *to; at*
**con** *with*
**de** *of; from*
**desde** *from*
**durante** *during*
**en** *in; on*
**entre** *between*
**hacia** *toward*
**hasta** *until*
**para** *for; in order to*
**por** *for*
**según** *according to*
**sin** *without*
**sobre** *on, over*
**tras** *after*

*Ellos se habían conocido un año antes. Cuando la ve, él **se alegra de** verla y **no se cansa de** mirarla. Pero ella no **se atreve a** hablar con él. El taxista, preocupado por la muchacha, **comienza a** hablar de lo bonita que es la ciudad de Lisboa y la **invita a** ir con él. Ella **se niega a** aceptar la invitación. Él **trata de** convencerla, pero ella no quiere cambiar de planes.*

# Por y para

El uso de las preposiciones es similar en inglés y en español, salvo en algunas ocasiones, como *por* y *para*.

- Usos de **por**
- **Movimiento**
  *El taxi va **por** Madrid.*
- **Duración de una acción**
  *Están en el taxi **por** una hora.*
- **Causa o razón de una acción**
  *Él estudiaba portugués **por** ella.*
- **Medios por los que se realiza algo**
  *Habla **por** teléfono.*
- **Intercambio o sustitución**
  *Ella paga **por** el viaje en taxi.*
- **Unidad de medida**
  *El carro va a setenta millas **por** hora.*
- **El agente en la voz pasiva**
  *La escena es ensayada **por** los dos.*

- Usos de **para**
- **Destino**
  *Sale a las tres **para** el cásting.*
- **El destinatario**
  *La cola de conejo es **para** ella.*
- **Contraste con la opinión de otros**
  ***Para** él, ella tiene que poner más emoción en el papel.*
- **Para quién o para qué empresa se trabaja**
  *Pedro trabaja **para** una empresa de taxis.*
- **Meta**
  *Ensaya **para** hacer el papel.*
- **Propósito**
  *Se pone los lentes **para** la prueba.*
- **Fecha específica en el futuro**
  *Nina tiene una prueba **para** el viernes.*

### AYUDA

- Expresiones con **para**

**no estar para bromas** *to be in no mood for jokes*

**no ser para tanto** *not to be so important*

**para colmo** *to top it all off*

**para que sepas** *just so you know*

**para siempre** *forever*

- Expresiones con **por**

**por casualidad** *by chance/accident*

**por fin** *finally*

**por lo general** *in general*

**por lo menos** *at least*

**por lo tanto** *therefore*

**por lo visto** *apparently*

**por otro lado/otra parte** *on the other hand*

**por primera vez** *for the first time*

**por si acaso** *just in case*

**por supuesto** *of course*

## Práctica

**1**

**Ah, el amor** En parejas, completen la carta con las preposiciones **a**, **de**, **en**, **para** y **por**. Después, imaginen qué ocurrió entre Carlos y Mariana, y escriban la respuesta de Carlos, usando las preposiciones que han estudiado.

Querido Carlos:

Pienso mucho (1) _____ ti últimamente. Iba (2) _____ llamarte (3) _____ teléfono (4) _____ contarte algo, pero prefiero hacerlo (5) _____ carta. Me caso con Enrique. El otro día vi (6) _____ casualidad el reloj que me regalaste y me acordé (7) _____ lo bien que lo pasamos tú y yo juntos. Te escribo (8) _____ que sepas que siempre estarás en mi corazón, pero no debemos hablarnos nunca más, (9) _____ Enrique. Debemos aprender (10) _____ vivir separados.

Alégrate (11) _____ mi felicidad y trata (12) _____ ser feliz tú también.

Mariana

### PALABRAS

| cámara de fotos | puerta |
| --- | --- |
| cuchillo | semáforo |
| lentes de sol | teléfono celular |
| llaves | televisión |

**2**

**Definiciones** En parejas, túrnense para elegir un objeto de la lista de la derecha, dar su definición y explicar para qué se usa. Deben usar **por** y **para**.

# Preparación

| Vocabulario de la lectura | | Vocabulario útil |
|---|---|---|
| **alcanzar** *to achieve* | **el internado** *boarding school* | **el estreno** *premiere* |
| **el alivio** *relief* | **interpretar** *to interpret (a role)* | **el/la famoso/a** *famous person* |
| **cimentar** *to establish* | **mascullar** *to mumble* | **el premio** *award* |
| **la consagración** *professional recognition* | **el rechazo** *rejection* | |
| **el desinterés** *lack of interest* | **el reparto** *cast* | |
| **estrenar** *to premiere* | **rodar** *to shoot (a film)* | |
| **el fracaso** *failure* | **vago/a** *lazy* | |

**1** **Entrevista** Completa la entrevista con las palabras adecuadas.

| | | | |
|---|---|---|---|
| alcanza | desinterés | internado | rechazo |
| alivio | estrena | interpretar | reparto |
| cimentó | famosa | masculla | rodando |
| consagración | fracaso | premio | vago |

REPORTERA  ¿Qué hace usted cuando está (1) _____ una película en que va a (2) _____ un papel por el que siente (3) _____?

ACTOR  En esos casos, improviso gestos y conductas que le dan más interés al personaje.

REPORTERA  ¿Cómo maneja (*handle*) usted el (4) _____?

ACTOR  Afortunadamente, no me ocurre mucho, pero al principio de mi carrera actué en una película que no tuvo ningún éxito.

REPORTERA  ¿Y cómo manejó ese (5) _____?

ACTOR  Me animó saber que la culpa no fue del (6) _____. Francamente, el director era un (7) _____ y no hizo bien su trabajo.

REPORTERA  ¿Y cómo se sintió cuando ganó su primer Goya?

ACTOR  Con ese (8) _____ tan prestigioso logré la (9) _____ en mi carrera. Los críticos empezaron a tomarme en serio. Fue un tremendo (10) _____ y por fin pude dejar de preocuparme.

REPORTERA  De verdad (11) _____ su carrera artística. Bueno, ¿y cuándo (12) _____ su próxima película?

ACTOR  Muy pronto. Y creo que con ésta me ganaré otro Goya.

**2** **Famosos de cine** En parejas, contesten estas preguntas.

1. ¿Les gustaría ser actores o actrices famosos/as? Hagan una lista con las cosas positivas y negativas de serlo.

2. ¿Quién es su actor o actriz favorito/a? ¿Por qué?

3. ¿Conocen películas, directores o actores hispanos? ¿Cuáles? ¿Les gustan?

# BENICIO DEL TORO:

# "Soy un vago, pero asumo bien mis
# fracasos y rechazos"

*akes up
again*

**N**o sólo es un rasgo de sus personajes. En la vida real, Benicio del Toro no habla. Masculla. Verbaliza con pereza y nunca retoma° las frases que interrumpe, lo que consigue volver la comunicación a la vez difícil e intrigante. El actor que ha hecho de lo ininteligible un arte estrena *La presa*, un *thriller* militar donde interpreta a un soldado loco y comparte reparto con Tommy Lee Jones. "No me gusta trabajar. Es realmente duro. Cuando te dan un papel tienes que hacerlo de verdad, y yo soy un vago. A veces he sentido alivio por no haber conseguido algunos trabajos. Quizá por eso

*accept* lleve bien mi carrera de actor: porque sé asumir° los fracasos y los rechazos."

No hay que fiarse de las apariencias. En la profesión, Benicio del Toro tiene fama de perfeccionista. Inunda a sus directores de sugerencias, corre riesgos con sus personajes y hace lo posible por encontrarles sustancia. "Su mayor cualidad es su instinto, pero ese instinto se basa en mucha reflexión y una gran dedicación", comenta William Friedkin, que le ha dirigido en *La presa*, donde el actor es un asesino profesional del ejército

*hunters'
throats* que pierde la cabeza y empieza a degollar cazadores° en los bosques de Oregón.

*ay hairs* Benicio del Toro empieza a tener una seria cantidad de canas° que esconde bajo una gorra de béisbol. Se le ha

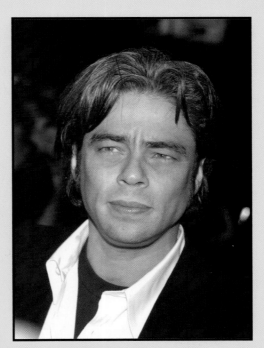

comparado con Marlon Brando y Brad Pitt, en versión latina. "¿Me consideran *sexy*? Pues bueno. No cambia nada en mi vida. Me parece *cool* pero no me importa mucho", comenta con desinterés.

"Pocos actores alcanzan un momento en su carrera en el que pueden controlar su destino profesional. Todo depende de tanta gente —los estudios, los productores, los directores, los responsables de *cásting*— que tomas lo que te dan. La cosa latina, lo de tener la piel oscura, hace que Hollywood me perciba de cierta forma. Si no estás dispuesto a aceptar que es parte de tu trabajo, puedes sentirte muy frustrado. En este sistema siempre hay alguien más importante que tú y no siempre se pueden distinguir los buenos de los malos. (...) Admiro a los que han podido sobrevivir en esta industria tan frágil", ha dicho Del Toro a *Los Angeles Times*.

El actor tiene 36 años y nació en Santurce, Puerto Rico. Dos hechos marcaron su infancia. Su madre murió cuando él tenía nueve años y su padre le envió a un internado en Pensilvania cuando cumplió 13. Del Toro no sabía muy bien lo que quería ser de mayor. Le gustaba pintar pero se matriculó en Empresariales en la Universidad de California, en San Diego. Le duró poco. En contra de la voluntad de su padre, se mudó a Nueva York y empezó a estudiar teatro en la escuela *Circle in the Square* y, luego, con una beca, en el conservatorio de Stella Adler. Empezó de extra en videos de Madonna y en un episodio de *Corrupción en Miami*. En 1989, pensó que le había llegado su gran momento cuando le contrataron para hacer de malo en una película de James Bond.

*cut into pieces in a crusher*

Fue la primera de las falsas oportunidades que marcarían su carrera. *Licencia para matar*, en la que moría despedazado en una trituradora°, resultó ser un fracaso en taquilla. "Cuando hice el James Bond pensé que ya trabajaría regularmente, pero no fue así y el panorama se fue oscureciendo°." Le siguieron una ristra° de papeles secundarios, hasta que en 1995 interpretó a Fred Fenster en *Sospechosos habituales* y empezó a mascullar profesionalmente. "Cuando leí el guión", comentó Del Toro a *The Washington Post*, "la única razón de ser de mi personaje era morir. No decía nada. Tampoco hacía nada que influyera en la historia.

*getting dark*

*string*

Así que pensé: no puedo hacer nada con esto. Y Bryan Singer [el director] y Chris McQuarrie [el guionista] me dejaron improvisar."

Poco después interpretó al compañero de cuarto de Jean-Michel Basquiat en la película sobre el pintor neoyorquino que realizó Julian Schnabel y a un gánster original en *El funeral*, de Abel Ferrara.

Y llegó *Miedo y asco en Las Vegas°*, la arriesgada° adaptación cinematográfica de Terry Gilliam de la mítica novela de Hunter Thompson sobre las aventuras deliciosamente narcóticas del autor y del abogado Gonzo (Del Toro). El actor engordó 20 kilos (le costó tanto adelgazar que luego rechazó el papel de Diego Rivera en *Frida* para evitar pasar otra vez por el mismo calvario°) y su interpretación fue tan convincente que casi le costó la carrera. Muchos en Hollywood pensaron que se había vuelto tan desquiciado° como su personaje. "La gente no quería contratarme porque pensaba que había ganado peso o que tenía un problema con las drogas o el alcohol."

*Fear and Loathing in Las Vegas*

*risky*

*torture*

*crazy*

Estuvo casi dos años sin trabajar. Hasta que por fin le llegó la consagración y el Oscar al mejor actor secundario por su papel de policía mexicano en *Traffic*, película que también cimentó la carrera de su director, Steven Soderbergh.

"El Oscar me ha abierto nuevas puertas. Tengo más oportunidades. No soy Jack Nicholson, pero parece que mi nombre ayuda en las películas." En 2003, Benicio del Toro terminó de rodar en Nuevo México *21 grams*, película dirigida por Alejandro González Iñárritu *(Amores perros)*, con Sean Penn y Naomi Watts. "Me gusta hacer una película al año, es un privilegio, así puedo dedicarme a hacer otras muchas cosas. Pero me falta tiempo." Palabra de vago. ∎

> "El Oscar me ha abierto nuevas puertas. Tengo más oportunidades. No soy Jack Nicholson, pero parece que mi nombre ayuda en las películas."

# Análisis

**1** **Comprensión** Contesta las preguntas.

1. ¿Por qué la conversación con Benicio del Toro es difícil e intrigante?
2. ¿En qué ocasiones el actor ha sentido alivio?
3. ¿De qué tiene fama el actor?
4. ¿Con qué actores se le ha comparado?
5. ¿Dónde nació Benicio del Toro?
6. ¿Qué hizo en contra del deseo de su padre?
7. ¿Con qué película ganó el Oscar?
8. ¿Por qué le gusta hacer una película por año?

**2** **Interpretar** Trabajen en parejas para contestar las preguntas.

1. Benicio del Toro dice que es un vago, entre otras cosas. ¿Por qué creen que se critica tanto a sí mismo?
2. ¿A qué se refiere Benicio del Toro cuando dice que la industria del cine es frágil?
3. ¿Por qué el actor dice que tuvo muchas falsas oportunidades?
4. ¿Es algo bueno o malo que nadie quisiera contratarlo después de su actuación en *Miedo y asco en Las Vegas*? ¿Por qué?
5. ¿Qué quiere decir el actor cuando afirma: "parece que mi nombre ayuda en las películas"?

**3** **Entrevista** En parejas, uno/a de ustedes es un actor o una actriz famoso/a y el/la otro/a es un(a) periodista. Escriban una entrevista y, cuando la hayan terminado, represéntenla delante de la clase.

**4** **Película** En parejas, elijan una película que los/las dos conozcan y cambien algo de su argumento. Usen como referencia estas sugerencias. Después, compártanla con la clase, que tiene que adivinar cuál es.

- añadir un personaje nuevo
- cambiar el final
- cambiar la personalidad de los personajes
- cambiar el escenario
- cambiar el tiempo histórico de la historia

**5** **Fama** En parejas, miren la ilustración e inventen una historia inspirándose en ella. Después, compartan su historia con la clase.

**6** **Un guión** En grupos pequeños, imaginen que son guionistas de Hollywood y que tienen que proponer una breve historia para un guión. No olviden incluir el título de la película y los actores que quisieran utilizar.

**7** **¿Qué es el cine?** En grupos pequeños, hablen del cine. Den su opinión sobre las siguientes afirmaciones y después compartan sus conclusiones con la clase.

> "Algún día el cine americano triunfará y entonces América dominará el mundo." *Sinclair Lewis*

> "Tengo diez mandamientos (*commandments*). Los primeros nueve dicen: ¡No debes aburrir!..." *Billy Wilder*

> "La única forma de tener éxito es que la gente te odie. Así te recordarán." *Joseph von Sternberg*

> "El mejor cine político es no hacer cine." *Marco Ferreri*

> "El cine nunca es arte. Es un trabajo de artesanía, de primer orden a veces, de segundo o tercero lo más." *Luchino Visconti*

**8** **Situaciones** En parejas, elijan una de las situaciones e improvisen un diálogo. Utilicen al menos seis palabras de la lista. Cuando estén listos, represéntenlo delante de la clase.

**PALABRAS**

| | | |
|---|---|---|
| alcanzar | estreno | rechazo |
| alivio | fracaso | reparto |
| consagración | interpretar | rodar |
| desinterés | premio | vago/a |

**A**
El/La director(a) de una película y el actor o la actriz principal se llevan muy mal. El/La director(a) habla con él/ella para convencerlo/a de que cambie su comportamiento.

**B**
Un(a) extra quiere conocer personalmente al/a la protagonista de la película e inventa un plan loco. Al final, consigue hablar con la estrella.

# Preparación

## Sobre la autora

**C**ristina López Schlichting (Madrid, 1965) es periodista de prensa, radio y televisión. Se licenció en Ciencias de la Información en la UCM y empezó su carrera en el periodismo escrito trabajando para el *ABC* y *El Mundo.* Luego pasó a la radio y desde enero de 2002 presenta el popular y polémico programa "La tarde con Cristina" en la cadena COPE. Durante tres horas diarias de lunes a viernes opina sobre temas de actualidad.

| Vocabulario de la lectura | | Vocabulario útil |
|---|---|---|
| **acortar** *to cut short* | **impedir** *to impede, to hinder* | **atrofiar** *to atrophy, to degrade* |
| **afrontar** *to face* | **llamativo/a** *catchy, striking* | **distraer** *to distract; to entertain* |
| **aislado/a** *isolated* | **la preocupación** *concern, worry* | **el/la extremista** *extremist* |
| **carecer** *to lack* | | **indefenso/a** *defenseless* |
| **desterrar** *to exile* | **el/la telespectador(a)** *TV viewer* | **polémico/a** *controversial* |
| **dispararse** *to skyrocket* | **las tonterías** *idiocies* | **la prensa amarillista** *sensationalist press* |
| **el disparate** *nonsense* | | **sedentario/a** *sedentary* |
| **evitar** *to avoid* | | **el/la teleadicto/a** *couch potato* |

**1** **Completar** Completa las afirmaciones con la mejor opción.

1. La prensa _____ se dedica a provocar emociones y generar estados de ánimo a la vez que finge informar.
   a. amarillista       b. llamativa       c. indefensa
2. Se considera _____ a las personas que dependen de la televisión.
   a. subjetivas       b. teleadictas       c. tonterías
3. Hay quienes piensan que consumir ideas prefabricadas _____ la capacidad de pensar.
   a. entretiene       b. se dispara       c. atrofia
4. Es posible que hoy día muchas _____ sean confundidas con noticias.
   a. preocupaciones       b. tonterías       c. telespectadoras

**2** **Hechos y opinión** En parejas, háganse las preguntas y razonen sus respuestas.

1. ¿Qué medios prefieres: los escritos, los hablados o los visuales?
2. ¿En qué medios, canales, emisoras y/o periodistas confías cuando quieres estar bien informado? ¿Qué te motiva a confiar en ellos?
3. A la hora de aprender sobre una realidad que desconoces, ¿qué te interesan más, los hechos o las opiniones?
4. ¿En qué medida es positivo conocer las opiniones de personas con cuya ideología se discrepa? ¿En qué medida es negativo depender de las opiniones de personas cuya ideología se comparte?
5. ¿Cuál dirías que es la mejor fórmula para tener una visión equilibrada de lo que pasa en el mundo?
6. ¿La televisión aísla a las personas o las acerca? ¿En qué sentido las aísla? ¿Cómo y a través de qué programas las acerca?

# Pocholo

# es VIRTUAL

Hace tiempo que vengo observando con preocupación que la gente se cree° la tele. Que cree que lo estrambótico°, arbitrario, excepcional y llamativo, que son norma en la televisión, constituyen la realidad. Las audiencias se disparan cuando aparecen la mujer barbuda° o el perro de tres cabezas. El fenómeno no es nuevo. Siempre han existido las coplas de ciego[1], los cómicos de la legua[2] y los circos ambulantes° que hacían posible lo imposible y por unas horas llenaban la vida de exageración, de disparate. La diferencia es que antaño° a nadie se le ocurría ordenar su vida cotidiana según esos parámetros. La gente se educaba en familias estables, bajo tradiciones seculares y con certezas sólidas. A nadie se le ocurría° romper su matrimonio a la vista de una cara o unas piernas bonitas, abandonar a sus hijos para ver mundo o mentir o darse a la maledicencia° para hacerse rico y famoso. […] En la medida, sin embargo, en que hemos pasado de ser un pueblo con tradiciones, relaciones y habilidades heredadas a ser una masa de telespectadores aislados entre sí, nos hemos hecho vulnerables. Hemos sustituido el paseo, la partida° con los amigos o los juegos en familia por las películas y magazines favoritos. Está demostrado que hasta carecemos de tiempo para el afecto conyugal° por culpa de° nuestra entrega° a la caja mágica. Ella acorta las horas de sueño, impide las conversaciones, dificulta la lectura y hasta sustituye la misa dominical°. El hombre y la mujer actuales están solos. Ante las dificultades no acuden° al amigo, al sacerdote, a sus padres, sino que siguen directamente el ejemplo catódico°. Los pocholos, los cotos, las maricielos[3] se han convertido en los arquetipos. Los que cocinamos los medios sabemos que estos personajes son monstruos atípicos, creados para divertir a las masas, pero los telespectadores creen en ellos cada vez más. […] La gente se casa, se junta, se divorcia y se desjunta° a velocidad de vértigo dejando hijos e hijas por el camino, heridas abiertas para siempre. Y en general se piensa que hacerse rico y/o famoso es realmente el objetivo de la vida. El resultado es una infelicidad cada vez más extendida porque los problemas reales, en lugar de afrontarse, se evitan. Porque la enfermedad, la duda, la pena, que forman parte inevitable e importante de la existencia, se censuran y destierran. Conviene recordar° que la tele no es real. Que se inventa diariamente para entretener. Que la vida se desarrolla fuera de su estrecho armazón° y que los mecanismos que regulan el ritmo apasionante° de la existencia nada tienen que ver con las tonterías catódicas. ∎

*Cristina López Schlichting,* "Pocholo es virtual", *La Razón, 9 de enero de 2004*

*ieves in*

*bizarre*

*ded lady*

*raveling*

*gone by*

*It didn't occur to anyone*

*ive in to gossip*

*game (of s, chess, minoes, etc.)*

*marital ffection/ cause of*

*surrender*

*Sunday Mass*

*turn to*

*cathodic*

*separate*

*We must remember*

*shell*

*enthralling pace*

[1] **coplas de ciego** *Canciones que cantaban los ciegos en las plazas de los pueblos y en las ferias, y la gente las aprendía de memoria. Hoy en día, aún es posible encontrar personas que recuerdan esas canciones, algunas de las cuales se han convertido en poesías. En aquella época los ciegos siempre iban acompañados de un lazarillo (guide for a blind person).* [2] **cómicos de la legua** *Eran cómicos a quienes las autoridades les tenían prohibido actuar en los pueblos y ciudades, y debían mantener una distancia de una legua (3,42 millas).* [3] **los pocholos, los cotos, las maricielos** *Pocholo, Coto y Maricielo son personajes populares en los programas de chismes en la televisión española.*

# Análisis

**1** **Comprensión** Contesta las preguntas.

1. ¿Qué le preocupa a la autora?

2. Según ella, ¿cuándo se disparan las audiencias?

3. ¿Por qué opina que la gente antaño se divertía con los disparates pero no se los creía?

4. ¿Qué problemas asocia con "nuestra entrega a la caja mágica"?

5. ¿Por qué dice que las personas que se creen la realidad virtual son infelices?

6. ¿Qué les recomienda la autora a sus lectores?

**2** **Ampliación** En grupos de tres, contesten las preguntas.

1. ¿Qué opinan de sus argumentos? ¿Con cuáles están de acuerdo? ¿Con cuáles no?

2. ¿Es posible que personas que viven de los medios de comunicación a la vez los critiquen?

3. ¿Es frecuente que los que "cocinan" los medios recurran al (*turn to*) alarmismo para subir los índices de audiencia?

4. ¿El alarmismo es una estrategia válida para subir los índices de audiencia?

**3** **Las distracciones** En español, el verbo **distraer** significa *to distract* y también *to entertain*. Jueguen con esta dualidad y escriban una lista de programas televisivos diseñados para "distraer" a las masas. Consideren los de la lista y añadan otros. ¿En qué sentido distrae cada uno al público?

- noticias
- concursos
- comedias *(sitcoms)*
- deportes
- telenovelas
- telerrealidad
- programas sobre los ricos y famosos

**4** **En general** En grupos de cuatro, contesten las preguntas con respuestas detalladas.

1. ¿Creen que los programas de la actividad 3 disminuyen la capacidad de pensar de los telespectadores?

2. ¿Conocen algún canal y/o emisora que ofrezca programas alternativos a la programación habitual? ¿Conocen algún canal y/o emisora que controle o manipule a la opinión pública?

3. ¿Qué tipo de programas televisivos les interesan? ¿Se consideran telespectadores pasivos o activos?

4. ¿Ha cambiado el papel (*role*) de la televisión a lo largo de la historia? ¿Cómo?

5. ¿La televisión está envejeciendo o se está reinventando continuamente?

6. Sócrates dijo que "La vida que no es examinada críticamente no merece la pena ser vivida". ¿A qué creen que hacía referencia? ¿Están de acuerdo?

**5** **Fuerte impacto** Comenten el impacto que tienen estas palabras y expresiones en el texto: exiliar, entrega, a velocidad de vértigo, familias estables, vulnerables, por culpa de, heridas abiertas para siempre, Conviene recordar que.

**6** **¡Atención! ¡Intervención!** Trabajen en grupos de cuatro. Uno/a de ustedes hace el papel de teleadicto/a empedernido/a (*devout*). Los demás hacen el papel de amigos/as que lo/la confrontan para que admita que tiene un problema grave y busque ayuda. Improvisen una escena cómico–dramática.

**7** **El poder de la información** En grupos pequeños, comenten las ventajas (*advantages*) y desventajas que tiene la transmisión en vivo por televisión de acontecimientos con fuertes connotaciones emocionales. Después, compartan sus opiniones con la clase.

| Por televisión | Ventajas | Desventajas |
|---|---|---|
| Catástrofes naturales | | |
| Crisis humanitarias | | |
| Guerras | | |
| Juicios | | |

**8** **Opiniones** En grupos pequeños, comenten estas afirmaciones. ¿Son ciertas? Después, compartan sus opiniones con el resto de la clase.

> Los medios de comunicación manipulan a la opinión pública.

> La avalancha de información que transmiten los medios de comunicación deteriora el razonamiento individual.

> El cine sólo influye en la moda.

> La televisión perjudica gravemente la salud.

**9** **Situaciones** En parejas, elijan una de las situaciones e improvisen un diálogo basado en ella. Usen al menos seis palabras de la lista. Cuando estén listos, represéntenlo delante de la clase.

**PALABRAS**

| | | |
|---|---|---|
| aislado/a | evitar | llamativo/a |
| atrofiar | impedir | polémico/a |
| distraer | indefenso/a | sedentario/a |

**A**
Uno/a de ustedes expone las ventajas de leer el libro antes de mirar la versión cinematográfica. Su compañero/a expone las ventajas de ver primero la película.

**B**
Dos profesores/as se quejan de que la televisión reduce la habilidad de pensar de sus estudiantes. Uno/a cree que es necesario censurarla, pero el/la otro/a recomienda algo menos radical.

# Preparación

## Sobre la autora

E lena Poniatowska (Paris, 1932) es una periodista y narradora mexicana que ha colaborado con infinidad de periódicos y es fundadora del diario mexicano *La Jornada*. Además de entrevistas y artículos periodísticos, ha escrito novelas, crónicas, poemas y cuentos. Algunas de sus obras son: *Lilus Kikus* (1954), *La noche de Tlatelolco* (1971), *Tinísima* (1992) y *El tren pasa primero* (2005).

### Vocabulario de la lectura

**alterarse** *to get upset*
**anonadado/a** *overwhelmed*
**el arrebato** *fit*
**bostezar** *to yawn*
**la butaca** *seat*
**la chispa** *flicker*
**clavar** *to drive something into something*
**el/la comediante** *comedian*
**defraudado/a** *disappointed*
**desaprovechar** *to waste*
**desengañado/a** *disillusioned*
**el desenlace** *ending*
**engañoso/a** *deceiving*
**la estrella** *star*

**el galán** *heartthrob*
**hogareño/a** *domestic*
**ignorar** *to be unaware of*
**malvado/a** *evil*
**novelero/a** *fickle*
**la pantalla** *screen*
**el/la principiante** *beginner*
**la puñalada** *stab*
**el rollo** *roll*
**la sala** *movie theater*
**la sesión (cinematográfica)** *showing*
**tomarse la molestia** *to bother*
**trastornado/a** *disturbed; deranged*

### Vocabulario útil

**el/la acosador(a)** *stalker*
**acosar** *to stalk*
**celoso/a** *jealous*
**la enfermedad mental** *mental illness*
**la envidia** *envy*
**la fama** *fame*
**el/la fan** *fan*
**obsesionado/a** *obsessed*
**el papel** *role*
**renombrado/a** *renowned*

---

**1** **Vocabulario** Marca la palabra que no corresponde al grupo.

1. bostezar:
   a. sueño       b. cansancio       c. estrella

2. envidia:
   a. celoso       b. chispa       c. rival

3. galán:
   a. actor       b. estrella       c. desenlace

4. malvado:
   a. rechazo       b. egoísta       c. malo

5. arrebato:
   a. pasión       b. furia       c. comediante

6. desengañado:
   a. triste       b. hogareño       c. desilusionado

**2** **Contestar** En parejas, háganse las preguntas y luego compartan sus respuestas con la clase.

1. ¿Quién es tu personaje famoso favorito? ¿Por qué?

2. ¿Te has encontrado alguna vez con alguien famoso? ¿Qué hiciste entonces o qué harías si lo vieras?

# Cine Prado

Señorita:

A partir de hoy, usted debe borrar mi nombre de la lista de sus admiradores. Tal vez debiera ocultarle° esta deserción. Pero callándome, iría en contra de una integridad personal que jamás ha eludido los compromisos° de la verdad. Al apartarme° de usted, sigo un profundo viraje° de mi espíritu, que se resuelve en el propósito final de no volver a contarme entre los espectadores de una película suya.

Esta tarde, más bien esta noche, me destruyó usted. Ignoro si le importa saberlo, pero soy un hombre hecho pedazos°. ¿Se da usted cuenta? Soy un hombre que depende de una sombra engañosa, un hombre que persiguió su imagen en la pantalla de todos los cines de estreno y de barrio, un crítico enamorado que justificó sus peores actuaciones morales y que ahora jura separarse para siempre de usted, aunque el simple anuncio de *Fruto prohibido* haga vacilar° su decisión...

Sentado en una cómoda butaca, fui uno de tantos. Un ser perdido en la anónima oscuridad, que de pronto se sintió atrapado en una tristeza individual, amarga y sin salida. Entonces fui realmente yo, el solitario que sufre y que le escribe. Porque ninguna mano fraternal se ha extendido para estrechar la mía. Mientras usted destrozaba° tranquilamente mi corazón en la pantalla, todos se sentían inflamados y felices. Hasta hubo un canalla° que rió descaradamente°, mientras yo la veía desfallecer° en brazos de ese galán abominable que la llevó a usted al último extremo de la degradación humana... Y un hombre que pierde de golpe° todos sus ideales, ¿no le cuenta para nada, señorita?

Hágame usted el favor de ser un poco más responsable de sus actos, y antes de firmar un contrato o de aceptar un compañero estelar, piense que un hombre como yo puede contarse entre el público futuro y recibir un golpe mortal°. No hablo movido por los celos, pero, créame usted: en esta película: *Esclavas del deseo* fue besada, acariciada y agredida° con exceso. No sé si mi memoria exagera, pero en la escena del cabaret no tenía usted por qué entreabrir los labios, desatar° sus cabellos sobre los hombros y tolerar los procaces ademanes y los contoneos° de aquel marinero que sale bostezando, después de sumergirla en el lecho° revuelto y abandonarla como una embarcación que hace agua...° Yo sé que los actores pierden en cierto modo su libre albedrío° y que se hallan a merced de los caprichos° de un autor masoquista; sé también que están obligados a seguir punto por punto todas las deficiencias y las falacias del texto que deben interpretar. Pero... permítame usted, a todo el mundo le queda, en el peor de los casos, un mínimo de iniciativa, una brizna° de libertad, que usted no pudo o no quiso aprovechar.

Si se tomara la molestia, usted podría contestarme que desde su primera película aparecieron algunos de los rasgos de conducta que ahora le reprocho°, y es cierto; es todavía más cierto que yo no tengo derecho ni disculpa para sentirme defraudado porque la acepté entonces a usted tal como es. Perdón, tal como creí que era. Como todos los desengañados, yo maldigo el día en que uní mi vida a su destino cinematográfico... ¡Y conste que la acepté toda opaca° y principiante, cuando nadie la conocía y le dieron aquel papelito de trotacalles con las medias chuecas y los tacones carcomidos°, papel que ninguna mujer decente habría sido capaz de aceptar!... Y sin embargo, yo la perdoné y en aquella sala indiferente y negra de mugre° saludé la aparición de una estrella. Yo fui su descubridor, el único que supo

*Margin glosses:* conceal from you / commitments · turn · smashed to pieces · sway · were breaking · (person) · shamelessly · swoon · suddenly · wound · isolating myself · attacked, assaulted · to let loose · indecent gestures and swaggering · bed · a ship that sinks · free will · find themselves at the mercy of the whims · strand · reproach, blame · opaque, dull · bum with crooked pantyhose and worn heels · filth

asomarse a su alma, pese a su bolsa arruinada y a sus vueltas de carnero°. Por lo que más quiera, perdóneme este brusco arrebato...

*jumping through hoops*

Se le cayó la máscara, señorita. Me he dado cuenta de la vileza° de su engaño. Usted no es la criatura de delicias, la paloma frágil y tierna° a la que yo estaba acostumbrado, la golondrina de otoñales revuelos°, el rostro perdido entre gorgueras de encaje° que yo soñé, sino una mala mujer hecha y derecha, novelera en el peor sentido de la palabra. De ahora en adelante, muy estimada señorita, usted irá por su camino y yo por el mío...

*vileness*
*tender*
*swallow flying in the autumn*
*lace ruffs*

Siga usted trotando por las calles, que yo ya me caí como una rata en la alcantarilla°. Y conste que lo de "señorita" se lo digo solamente para guardar las apariencias. Tómelo usted, si quiere, como una desesperada ironía.

*sewer*

Porque yo la he visto dar y dejarse dar besos en muchas películas. Pero antes, usted no alojaba° a su dichoso compañero en el espíritu. Besaba usted sencillamente como todas las buenas actrices: como se besa apasionadamente a un muñeco de cartón. Porque, sépalo usted de una vez por todas, la única sensualidad que vale la pena es la que se nos da envuelta en alma, porque el alma envuelve entonces nuestro cuerpo, como la piel de la uva que comprime la pulpa°... Antes, sus escenas de amor no me alteraban, porque siempre había en usted un rasgo de dignidad profanada°, porque yo percibía

*house (verb)*
*compresses the pulp*
*profaned*

siempre un íntimo rechazo, una falla° en el último momento, que rescataba° mi angustia y que me hacía feliz. Pero en *La rabia en el cuerpo* y con los ojos húmedos de amor, usted volvió hacia mí un rostro verdadero, ése que no quiero ver nunca más. Dígalo de una vez, usted está realmente enamorada de ese malvado, de ese comediante de quinta fila°, ¿no es cierto? Por lo menos todas las palabras, todas las promesas que le hizo, eran auténticas, y cada uno de sus ademanes y de sus gestos estaban respaldados por la decisión de su espíritu. ¿Por qué me ha engañado usted como engañan todas las mujeres, a base de máscaras sucesivas y distintas? ¿Por qué no me mostró de una vez el rostro desatado° que ahora me atormenta?

*flaw*
*rescued*
*B-movie*
*wild*

Mi drama es casi metafísico y no le encuentro posible desenlace. Estoy solo en mi angustia... Bueno, debo confesar que mi esposa todo lo comprende y que a veces comparte mi consternación. Estábamos recién casados cuando fuimos a ver inocentemente su primera película, ¿se acuerda usted? Aquella del buzo° atlético y estúpido que se fue al fondo del mar por culpa suya, con todo y escafandra°... Yo salí del cine completamente trastornado, y habría sido una vana pretensión el ocultárselo a mi mujer. Ella, por lo demás, estuvo completamente de mi parte; y hubo de confesar que sus *deshabillés*° son realmente espléndidos. No tuvo inconveniente en acompañarme al cine

*diver*
*diving suit*
*négligée*

*hantment*

otras seis veces, creyendo de buena fe que la rutina iba a romper el encanto°. Pero las cosas fueron empeorando a medida que se estrenaban sus películas. Nuestro presupuesto hogareño tuvo que sufrir importantes modificaciones, a fin de permitirnos frecuentar las pantallas unas tres veces por semana. Está por demás decir que después de cada sesión cinematográfica nos pasábamos el resto de la noche discutiendo... Al fin y al cabo, usted no era más que una sombra indefensa, una silueta de dos dimensiones, sujeta a las deficiencias de la luz. Y mi mujer aceptó buenamente tener como rival a un fantasma cuyas apariciones podían controlarse a

*at will*

voluntad°. Pero no desaprovechaba la oportunidad de reírse a costa de usted y de mí.

*rejoicing*

*mbalance*

Recuerdo su regocijo° aquella noche fatal en que, debido a un desajuste° fotoeléctrico, usted habló durante diez minutos con una voz inhumana, de robot casi, que iba del falsete al bajo profundo... A propósito de su voz,

*ouldn't be sfied with*

sepa usted que me puse a estudiar el francés porque no podía conformarme con° el resumen de los títulos en español, aberrantes

*eless, dull*

y desabridos°. Aprendí a descifrar el sonido melodioso de su voz, pero no pude evitar la comprensión de ciertas palabras atroces, que puestas en sus labios o aplicadas a usted me resultaron intolerables. Deploré aquellos

*iminished by prim anslations*

tiempos en que llegaban a mí atenuadas por pudibundas traducciones°; ahora, las recibo

*slaps in the face*

como bofetadas°.

Lo más grave de todo es que mi mujer me está dando inquietantes muestras de mal humor. Las alusiones a usted, y a su conducta en la pantalla, son cada vez más frecuentes y feroces. Últimamente ha concentrado sus ataques en la ropa interior y dice que

*in vain*

estoy hablándole en balde° a una mujer sin fondo. Y hablando sinceramente, aquí entre nosotros, ¿a qué sale toda esa profusión de infames transparencias de tenebroso acetato°,

*gloomy acetate*

*waste*

ese derroche° de íntimas prendas negras? Si yo lo único que quiero hallar en usted es esa

*le sparkle*

chispita° triste y amarga que hay en sus ojos... Pero volvamos a mi mujer.

*es/mimics*

Hace mohínes° y la imita. Me arremeda°

*mockingly*

también. Repite burlona° algunas de mis quejas más lastimeras: "Los besos que me

duelen en *Qué me duras*, me están ardiendo como quemaduras"... Desechando° toda ocasión de afrontar el problema desde un ángulo puramente sentimental, echa mano de argumentos absurdos pero contundentes°. Alega, nada menos, que usted es irreal y que ella es una mujer concreta. Y a fuerza de demostrármelo está acabando con todas mis ilusiones... No sé qué es lo que va a suceder si resulta cierto lo que aquí se rumorea, eso de que va usted a venir a filmar una película. ¡Por amor de Dios, quédese en su patria, señorita!

*Rejecting*

*convincing*

Sí, no quiero volver a verla, aunque cada vez que la música cede poco a poco y los hechos se van borrando en la pantalla, yo soy un hombre anonadado. Me refiero a esas tres letras crueles que ponen fin a la modesta felicidad de mis noches de amor, a dos pesos la luneta°. Quisiera quedarme a vivir con usted en la película, pero siempre salgo remolcado° del cine por mi mujer, que tiene la mala costumbre de ponerse de pie al primer síntoma de que el último rollo se está acabando... Señorita, la dejo. No le pido siquiera un autógrafo, porque si llegara a mandármelo yo sería tal vez capaz de olvidar su traición imperdonable. Reciba esta carta como el homenaje final de un espíritu arruinado y perdóneme por haberla incluido entre mis sueños. Sí, he soñado con usted más de una noche, y nada tengo que envidiar a esos galanes de ocasión que cobran un sueldo por estrecharla en sus brazos, y que la seducen con palabras prestadas. Créame sinceramente su servidor.

*orchestra seats*

*towed*

P. D.  Se me olvidó decirle que le escribo desde la cárcel. Esta carta no habría llegado nunca a sus manos si yo no tuviera el temor de que le dieran noticias erróneas acerca de mí. Porque los periódicos están abusando aquí de este suceso ridículo: "Ayer por la noche, un desconocido, tal vez loco, tal vez borracho, fue corriendo hasta la pantalla del cine Prado y clavó un cuchillo en el pecho de Françoise Arnoul[1]...". Ya sé que es imposible, señorita, pero yo daría lo que no tengo con tal de que usted conservara en su pecho, para siempre, el recuerdo de esa certera° puñalada. ■

*well-aimed*

[1]**Françoise Arnoul** (1931–): Actriz francesa considerada una *sex symbol* de los años cincuenta. Trabajó como actriz hasta los años noventa y apareció en más de dos docenas de películas.

# Análisis

**1** **Comprensión** Contesta las preguntas.

1. ¿Quién escribe la carta?
2. ¿A quién va dirigida la carta?
3. ¿Qué nueva película va a estrenar la actriz?
4. Según el admirador, ¿en qué tiene que pensar la actriz antes de firmar un contrato?
5. ¿Qué ocurrió en la película *La rabia en el cuerpo* que enojó al admirador?
6. Cuando fueron el admirador y la que ahora es su esposa a ver la primera película de la actriz, ¿qué relación tenían?
7. ¿Cómo reaccionó la esposa al principio?
8. ¿Cuántas veces iban al cine por semana?
9. ¿Cómo muestra la esposa su mal humor hacia la actriz?
10. ¿Dónde está el admirador cuando escribe la carta?

**2** **Analizar** En parejas, contesten las preguntas.

1. Busquen en la carta afirmaciones en las que el personaje le habla a la actriz como si fuera su novia.
2. ¿Por qué creen que su mujer cambió de actitud?
3. ¿Qué enoja al admirador?
4. ¿Por qué está en la cárcel el admirador?
5. ¿Por qué se despide pidiendo que no se olvide de "la certera puñalada"?

**3** **La respuesta** Imaginen que la actriz contesta la carta de su admirador. En parejas, escriban una respuesta breve y, cuando hayan terminado, léanla al resto de la clase. Usen las preposiciones **por** y **para**.

**4** **Detective** Al final del cuento, hay un fragmento de la noticia publicada en los periódicos. En parejas, inventen el interrogatorio (*interrogation*) entre el detective y el detenido. No olviden incluir los datos que el detective necesita conocer.

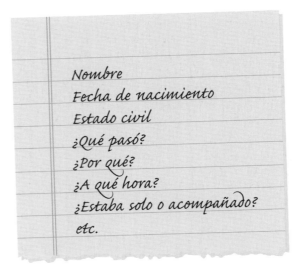

Nombre
Fecha de nacimiento
Estado civil
¿Qué pasó?
¿Por qué?
¿A qué hora?
¿Estaba solo o acompañado?
etc.

**5** **Encuentro** En parejas, imaginen que la actriz y el admirador se encuentran casualmente. Preparen el diálogo entre ellos. Tengan en cuenta los puntos indicados.

- el lugar y la hora del encuentro
- la personalidad de los dos personajes
- los problemas matrimoniales del admirador

**6** **Fama** En parejas, completen el cuestionario. Tomen nota de las respuestas de su compañero/a y luego compártanlas con la clase.

1. ¿Cómo conseguirías ser famoso/a?
2. ¿Qué cualidades te llevarían a la fama?
3. ¿Te gustaría ser famoso/a?
4. ¿Qué famoso/a sería tu modelo?
5. ¿Tu vida sentimental sería mejor o peor?
6. ¿Qué te gustaría más de ser famoso/a?
7. ¿Qué te disgustaría de ser famoso/a?

**7** **¿Leyes especiales?** Las figuras públicas reciben un trato especial para llevar a cabo actividades de todos los días. Las personas comunes no reciben ese trato, pero las figuras públicas se exponen a mayores peligros. En grupos de tres, decidan si deberían existir leyes especiales para la protección de estas figuras, o si se les debería tratar como a todo el mundo. Apoyen su conclusión con argumentos lógicos y ejemplos específicos.

**8** **Situaciones** En parejas, elijan una de las situaciones y escriban un diálogo basado en ella. Usen al menos seis palabras de la lista. Cuando lo terminen, represéntenlo delante de la clase.

**PALABRAS**

| | | |
|---|---|---|
| alterarse | desengañado/a | malvado/a |
| anonadado/a | desenlace | novelero/a |
| bostezar | engañoso/a | pantalla |
| defraudado/a | estrella | tomarse la molestia |
| desaprovechar | hogareño/a | trastornado/a |

**A**
Un(a) admirador(a) y un(a) famoso/a que no quiere ser reconocido/a se quedan atrapados/as en un elevador.

**B**
Un actor y una actriz de una telenovela son novios en la vida real, pero su amor es secreto. Él/Ella quiere dejar la relación y el/la otro/a intenta impedirlo.

# Preparación

## Sobre el autor

**A**ntonio Fraguas de Pablo, "Forges" (Madrid, España, 1942) publicó su primer dibujo a los veintidós años. En 1973 decidió dedicarse exclusivamente al humor gráfico y en 1979 recibió el Premio a la Libertad de Expresión de la Unión de Periodistas. Entre los varios libros que ha publicado destacan *Los Forrenta años*, historia en viñetas de la dictadura de Franco (1976), *La Constitución*, cómics de la Constitución española de 1978 y los de la recopilación *Forges nº 1, 2, 3, 4 y 5*. Es uno de los fundadores de *El Mundo*, diario que abandonó en 1995. Actualmente publica una viñeta diaria en el periódico *El País*.

---

**Vocabulario útil**

| | | |
|---|---|---|
| **la apatía** *apathy, listlessness* | **la inercia** *inertia* | **la pasividad** *passiveness* |
| **el/la guardia urbano** *city police* | **la ironía** *irony* | **la pereza** *laziness* |
| **el humor gráfico** *graphic humor* (comics) | **el letargo** *lethargy* | **perezoso/a** *lazy* |
| **el/la humorista** *humorist, cartoonist* | **el/la librepensador(a)** *freethinker* | **preocupante** *worrying, alarming* |
| | **la multa** *fine* | **la sátira** *satire* |
| | | **la señal** *sign* |

---

**1** **Voces únicas** Contesten las preguntas en grupos de tres.

1. ¿Creen que los medios de comunicación propician (*favor*) el pensamiento homogéneo de las masas?

2. ¿Cómo se enfrentan ustedes al mundo? ¿Con humor? ¿Con indiferencia? ¿Con cinismo? ¿Con pasividad? ¿Con resignación?

3. ¿Tienen la sensación de que el sentido común se desprecia cada vez más? ¿Por qué?

4. ¿Qué escritor(a), humorista, cómico/a, intelectual, filósofo/a, etc., expresa mejor su propia forma de pensar? ¿Aprecian su trabajo? ¿Creen que es necesario? ¿Por qué?

# Análisis

**1** **Interpretar** En grupos de tres, observen las dos viñetas de Forges y lean la introducción que las acompaña. Después, analicen e interpreten su contenido.

1. ¿Qué pone en evidencia el autor?     3. ¿Cómo transmite su mensaje?

2. ¿De qué alerta al lector?     4. ¿Quiénes son los personajes? ¿Cómo son?

**2** **En palabras de Forges** Lean estas citas del propio Forges. En grupos de cuatro analicen su significado y digan si están o no de acuerdo con cada una de ellas.

**A.** "Mientras haya un ser humano que lea, el imperio no podrá ser legal, (...) porque la lectura es la vacuna de las neuronas contra la estupidez."

**B.** "El humor es la síntesis intelectual del ser humano."

# La lectura, la inteligencia y el pensamiento libre son un peligro del que la sociedad debe protegerse.

*What do we have here…*

*on*

# Escribe una crítica de cine

Ahora tienes la oportunidad de escribir tu propia crítica de cine.

**Plan de redacción**

## Planea

**1 Elige la película** Selecciona una película reciente que te haya gustado mucho o que no te haya gustado nada.

**2 Toma nota de los datos** Los datos importantes son la fecha de su estreno, el nombre del director o de la directora, y el nombre de los actores principales con los papeles que interpretan.

## Escribe

**3 Introducción** Escribe una breve introducción con todos los datos, pues tienes que presentar la película. También debes explicar por qué la viste y si pensabas que te iba a gustar.

**4 Crítica** Aquí escribes tu opinión. ¿Qué piensas de la película y por qué? ¿Qué es lo que está bien y qué es lo que está mal?

**5 Conclusión** Tienes que resumir tu opinión. También debes decir por qué vale o no vale la pena ver la película.

## Comprueba y lee

**6 Revisa** Lee tu crítica para mejorarla.

- Comprueba el uso correcto de las preposiciones.

- Asegúrate de que usas **ser** y **estar** adecuadamente.

- Evita las repeticiones.

**7 Lee** Lee tu crítica a tus compañeros de clase. Ellos tomarán notas y, cuando hayas terminado de leer, tienes que contestar sus preguntas.

# La telebasura a debate

"Basura" significa *trash*. El término "telebasura" hace referencia a los programas de televisión que utilizan el sensacionalismo y el escándalo para subir sus niveles de audiencia.

**1** La clase se divide en grupos pequeños. Cada grupo tiene que preparar una lista de cinco programas de televisión que consideran telebasura y cinco que consideran de buena calidad, y anotar brevemente por qué.

**2** Después tienen que contestar las preguntas. En el caso de que no todos los miembros del grupo estén de acuerdo, pueden mencionar que hay distintas opiniones y explicar cuáles son.

- ¿Qué lista tiene los programas con más audiencia?
  ¿Cuál creen que sea la razón?

- ¿Qué lista tiene los programas más divertidos?

- ¿Qué opinan de los programas de telebasura?
  ¿Los quitarían de la programación? ¿Por qué?

- ¿Quiénes son, según ustedes, los responsables de la programación:
  los telespectadores o los altos ejecutivos de las cadenas de televisión?

**3** Los diferentes grupos presentan sus ideas a la clase, mientras todos toman nota.

**4** Cuando todos los grupos terminen sus presentaciones, toda la clase debe participar haciendo preguntas y/o defendiendo sus opiniones.

# PODER, QUIERO MÁS PODER

Todos cumplimos, unos más, otros menos, con nuestras responsabilidades: trabajamos, tratamos de cubrir nuestras necesidades y las de nuestros seres queridos y pagamos impuestos. Pero nuestras obligaciones no terminan ahí. También elegimos a los representantes políticos encargados de proteger nuestros intereses y de mejorar nuestra sociedad.

**¿Qué opinión tienes de la política? ¿Y de los políticos?**

**¿Quién tiene más poder: las multinacionales o los gobiernos?**

**¿Cuánta responsabilidad tenemos como ciudadanos de participar en los procesos políticos?**

92

104

117

# Preparación

## Vocabulario del corto

**acusado/a** *accused*
**la declaración** *statement*
**el delito** *crime*
**derogar (una ley)** *to abolish (a law)*
**el/la desaparecido/a** *missing person*
**el duelo** *duel*
**el enfrentamiento** *confrontation*

**la herencia** *inheritance*
**la impunidad** *impunity*
**el/la juez(a)** *judge*
**juzgado/a** *tried (legally)*
**llevar a cabo** *to carry out*
**merecer(se)** *to deserve*
**la nuca** *nape*
**otorgar** *to grant*
**el rencor** *resentment*
**requisar** *to confiscate*

## Vocabulario útil

**la azotea** *flat roof*
**batirse en duelo** *to fight a duel*
**el castigo** *punishment*
**el/la culpable** *guilty one*
**disparar** *to shoot*
**exiliado/a** *exiled, in exile*
**el exilio** *exile*
**impune** *unpunished*

**interrumpir** *to stop*
**el juzgado** *courthouse*
**presenciar** *to witness*
**la rabia** *anger; rage*
**retar a duelo** *to challenge to a duel*
**la venganza** *revenge*
**vengar(se)** *to avenge (oneself)*
**veredicto** *verdict*

### EXPRESIONES

**Duelo a muerte.** *Duel to the death.*
**Estar terminantemente prohibido.** *To be strictly forbidden.*
**Estoy en mi derecho.** *I am entitled to it/within my rights.*

**1** **Vocabulario** Completa el crucigrama.

**Horizontales**
3. Ver un suceso en persona
4. Falta de castigo por un crimen cometido
6. Odio que se siente hacia una persona
9. Alguien a quien se le atribuye un crimen
10. Parte superior de un edificio sobre la que se puede caminar

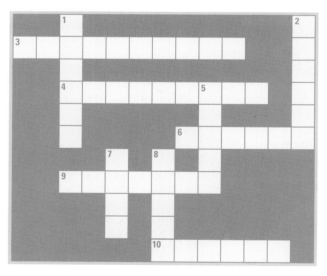

**Verticales**
1. Acción en contra de la ley
2. Responder a una agresión con otra
5. Lucha entre dos personas
7. Parte posterior del cuello
8. Lo que se siente por una acción cruel o injusta

**2** **El cine** Un famoso estudio ofrece una fortuna por ideas para una nueva película sobre un inocente injustamente acusado. En parejas, usen el vocabulario del corto y el vocabulario útil para escribir una sinopsis y un título para la película. Después, compártanlos con la clase.

**3** **La ley es la ley** En grupos de tres, contesten las preguntas. Después, compartan sus respuestas con la clase.

1. ¿Vivimos en un mundo justo?
2. ¿Qué ley, o leyes, derogarían?
3. ¿Qué ley, o leyes, propondrían (*would you propose*)?
4. ¿Es la justicia una utopía?

**4** **Conflictos y soluciones** En grupos de tres, contesten las preguntas.

1. ¿Han sido alguna vez víctimas de una injusticia o conocen a alguien que lo haya sido? ¿Intentaron luchar? ¿Qué hizo la ley?
2. Si la ley no les hiciera justicia, ¿se tomarían la justicia por su mano?
3. Hay un dicho que dice: "Se consigue más por las buenas que por las malas". ¿Cómo se logra la justicia a través de métodos pacíficos?
4. ¿Es verdad que la felicidad es la mejor venganza? ¿Qué significa esto?

**5** **Citas** En grupos pequeños, lean las citas y digan si están de acuerdo. Razonen sus respuestas. Después, intercambien sus opiniones, conclusiones y/o dudas con la clase.

> "Yo no hablo de venganzas ni perdones, el olvido es la única venganza y el único perdón." Jorge Luis Borges

> "La venganza no soluciona nada. La gente debe sacar el odio, y la mejor forma es a través del amor." Laura Esquivel

> "Permitir una injusticia significa abrir el camino a todas las que siguen." Willy Brandt

> "Donde hay poca justicia es grave tener razón." Francisco de Quevedo

**6** **Anticipar** En parejas, observen el fotograma e imaginen lo que va a ocurrir en el cortometraje. Consideren las preguntas y las palabras del vocabulario.

- ¿Cómo son las personas que se están batiendo en duelo?
- ¿Hay testigos (*witnesses*)? ¿Debería haberlos? ¿Por qué?
- ¿Cuál es la razón del duelo?
- ¿Morirá uno de ellos? ¿Cuál? ¿Por qué?
- ¿En qué época tiene lugar el duelo?

# CUANDO EL ODIO ES MÁS FUERTE QUE EL AMOR

- Ariel al mejor Cortometraje de Ficción, Academia Mexicana de Ciencias y Artes
- Mejor Cortometraje de Ficción, Festival Internacional de Cine de Valdivia, Chile
- Premio al Mejor Corto, Muestra del II Concurso de Cortometrajes Versión Española/SGAE, Madrid, España

# El ojo en la nuca

Una producción de CENTRO DE CAPACITACIÓN CINEMATOGRÁFICA
Guión y Dirección RODRIGO PLÁ  Productores asociados DIARIO LA REPÚBLICA/ESTUDIOS CHURUBUSCO-AZTECA, CONACULTA
Productores ÁNGELES CASTRO/HUGO RODRÍGUEZ  Fotografía SERGUEI SALDÍVAR TANAKA
Edición MIGUEL LAVANDEIRA  Música LEONARDO HEIBLUM/JACOBO LIEBERMAN  Sonido MARIO MARTÍNEZ/ROGELIO VILLANUEVA/DAVID BAKSHT
Dirección de Arte MIGUEL ÁNGEL ÁLVAREZ

Actores GAEL GARCÍA BERNAL/EVANGELINA SOSA/DANIEL HENDLER/WALTER REYNO/ELENA ZUASSTI
Ficción / 35 mm / Color / Dolby Digital / 2000

**FICHA** **Personajes** Pablo, Laura, Diego, General Díaz, jueza **Duración** 26 minutos **País** México-Uruguay

# ESCENAS

(SUPERSITE) Para ver este corto, visita
revista.vhlcentral.com

**Laura** Los desaparecidos están muertos, no vuelven…
**Pablo** (*detrás de la puerta*) Ya bonita, por favor, esto es algo que tengo que hacer. Ándale[1], ábreme… Déjame que te dé un beso…
**Laura** Si te vas ya no regreses…

**Diego** Ésta no es la manera, primo. ¿A qué vas? Tenés[2] que darte cuenta de que esto tampoco es justicia… ¡por más bronca[3] que tengas! (*Pablo sale del carro; Diego le sigue.*) ¡Pará, Pablo! Yo también quería mucho a tu viejo[4].

**Jueza** ¿Se da cuenta? En plena democracia dos hombres haciéndose justicia por su propia mano, es una locura.
**Pablo** Tiene que dejarme acabar el duelo, estoy en mi derecho.
**Jueza** La ley de duelo existe, sí, pero es anacrónica.

**Conductora de TV** Nos encontramos frente al Ministerio de Defensa Nacional aguardando las declaraciones del General Díaz, quien fuera señalado como uno de los responsables de delitos y abusos cometidos durante el gobierno de facto[5].

**Reportera** General Díaz, ¿qué va a pasar a partir del duelo? ¿Cree que habrá nuevos actos de violencia?
**General Díaz** No hay que seguir viviendo con un ojo en la nuca, hay que mirar hacia delante y olvidar rencores.

**Pablo** ¿A qué viniste?
**Laura** Tu padre ya está muerto, Pablo, tienes que dejarlo ir. Ni siquiera estás seguro de que fue Díaz.
**Pablo** ¡Cállate! De esto tú nunca entendiste nada.

[1]*Come on* [2]*Equivalente a la segunda persona del singular del verbo "tener". Se utiliza en lugar de "tienes".* [3]*anger* [4]*father* [5]*the ruling antidemocratic government at that time*

## Nota CULTURAL

En 1985, tras doce años de gobiernos dictatoriales, Julio María Sanguinetti se convirtió en el nuevo presidente democrático de Uruguay. En 1986, Sanguinetti concedió amnistía a los militares involucrados (*involved*) en las violaciones de los derechos humanos y en 1989 esa amnistía, conocida como Ley de Caducidad, fue ratificada en un referéndum. Esta ley obliga al estado a buscar la verdad de los hechos, pero prohíbe castigar a los culpables.

## EN PANTALLA

**Emparejar** Mientras ves el corto, empareja cada personaje con lo que dijo.

_____ 1. "¡Llévenselo!"
_____ 2. "Lo espero mañana a las nueve para darles una respuesta."
_____ 3. "Por favor, me podría decir, ¿qué pasó ahí dentro?"
_____ 4. "Sólo sé que odio, que tengo que odiar."
_____ 5. "Lo que me pediste, está adentro."

a. Diego
b. General Díaz
c. jueza
d. Pablo
e. reportera

# Análisis

**1** **Comprensión** Contesta las preguntas.

1. ¿Qué ocurre en la primera escena del cortometraje?

2. ¿En qué país y durante qué período pasaron los hechos que se ven en esa escena?

3. ¿Dónde vive exiliado Pablo?

4. ¿Cuándo decide regresar a Uruguay? ¿Con qué intención?

5. ¿Qué pasa durante el duelo?

6. ¿Adónde llevan los policías a Pablo?

7. Según Pablo, ¿cuál es su herencia?

8. ¿Qué prohíbe la jueza?

9. ¿Qué ley fue derogada en Uruguay en 1991?

10. ¿Cómo sabe Pablo que fue el General Díaz quien mató a su padre?

**2** **Interpretar** En parejas, contesten las preguntas.

1. ¿Por qué interrumpe el duelo la policía?

2. ¿Por qué regresa Pablo a la casa donde vivía de niño?

3. ¿Cuándo le pide Pablo a Diego que le consiga un arma? ¿Por qué?

4. ¿Por qué tira Pablo los lentes de su padre al mar?

5. Pablo decide regresar a México y olvidar. ¿Por qué cambia de opinión?

6. Al final, ¿por qué creen que Pablo mata al General Díaz?

7. ¿Por qué se llama este cortometraje *El ojo en la nuca*?

**3** **Puntos de vista** En parejas, digan qué opinan estos personajes de lo que quiere hacer Pablo. Después, digan con cuál o cuáles de ellos están de acuerdo y por qué. ¿Cuál de ellos parece cambiar de opinión? ¿Por qué?

Diego

jueza

Laura

General Díaz

**4** **Cara a cara** Imaginen que Pablo regresa del exilio con la única intención de hablar con el asesino de su padre. En parejas, escriban el diálogo. Después, represéntenlo delante de la clase.

**5** **Pasado y presente** En grupos pequeños, comenten la importancia que tiene este momento en el desenlace del corto. Después, relacionen la imagen con la afirmación de Pablo.

**"Sólo sé que odio, que tengo que odiar, ésa es mi ... herencia."**

**6** **¿Qué opinan?** En grupos pequeños, contesten las preguntas según su opinión. Después, compartan sus respuestas con la clase.

1. ¿El desenlace de este corto habría sido el mismo si Pablo no hubiera presenciado cómo los militares torturaban y se llevaban a su padre?
2. ¿Pablo tenía derecho a continuar el duelo? ¿Por qué?
3. ¿Qué tipo de hombre era el General Díaz?
4. ¿Por qué los militares culpables de violar los derechos humanos durante las dictaduras gozan de amnistía? ¿Es justo que la ley los perdone? Propongan soluciones alternativas.

**7** **El reencuentro** En grupos de tres, imaginen que años después de probar su inocencia, un(a) acusado/a tiene la oportunidad de hablar cara a cara, en el programa del doctor Phil, con el fiscal (*prosecuting attorney*) que lo/la juzgó. ¿Qué se dicen? ¿Quién tiene más poder ahora? ¿Cómo interviene el doctor Phil? Interpreten los papeles delante de la clase.

**8** **Situaciones** En parejas, elijan una de las situaciones e improvisen un diálogo. Utilicen al menos seis palabras o expresiones de la lista. Cuando estén listos, represéntenlo delante de la clase.

**PALABRAS**

| | | |
|---|---|---|
| castigo | enfrentamiento | juzgado/a |
| derogar | Estoy en mi derecho. | merecer(se) |
| desaparecido/a | herencia | rabia |
| disparar | impunidad | rencor |

**A**
Ustedes son los dos opuestos de la conciencia de alguien consumido/a por el odio. Uno/a hace el papel de ángel, quien aconseja la reconciliación. El/La otro/a es el diablo, quien aconseja la venganza. Debaten.

**B**
Uno/a de ustedes es Pablo, quien quiere vengar la muerte de su padre retando a duelo al culpable. El/La juez(a) se lo prohíbe. Intercambian sus puntos de vista.

# El subjuntivo I

## Recuerda

El uso del modo indicativo implica que la acción pertenece a la realidad, es más bien objetiva. El uso del modo subjuntivo implica que la acción pertenece a lo irreal, es más bien subjetiva.

## El subjuntivo en cláusulas subordinadas sustantivas

- Cuando el verbo de la cláusulas principal expresa emoción, duda, negación o influencia sobre el sujeto de la cláusula subordinada, el verbo de ésta va en subjuntivo.

### Atención

Conjugación del subjuntivo

- Verbos regulares (yo)

| Presente | Imperfecto |
|----------|------------|
| hable | hablara |
| coma | comiera |
| escriba | escribiera |

- Verbos irregulares en presente

**dar:** dé, des, dé, demos, deis, den

**estar:** esté, estés, esté, estemos, estéis, estén

**haber:** haya, hayas, haya, hayamos, hayáis, hayan

**ir:** vaya, vayas, vaya, vayamos, vayáis, vayan

**saber:** sepa, sepas, sepa, sepamos, sepáis, sepan

**ser:** sea, seas, sea, seamos, seáis, sean

**DUDA/NEGACIÓN**
**dudar** *to doubt*
**negar** *to deny*
**no creer** *not to believe*
**no ser verdad** *not to be true*
**no estar seguro** *not to be sure*
**no parecer** *not to seem*
**no estar claro** *not to be clear*
**no ser evidente** *not to be evident*

**EMOCIÓN**
**alegrarse (de)** *to be happy (about)*
**esperar** *to hope, to wish*
**gustar** *to like*
**tener miedo (de)** *to be afraid (of)*
**molestar** *to bother*
**sentir** *to be sorry; to regret*
**sorprender** *to surprise*
**temer** *to fear*

*Su novia **esperaba** que él **cambiara** de idea.*
*Ella **tenía miedo de** que le **hicieran** daño.*

- En las cláusulas subordinadas el subjuntivo siempre va precedido de **que**. Este **que** separa la cláusula principal de la subordinada.

| *Laura quería* | ***que** Pablo se olvidara del pasado.* |
|----------------|-----------------------------------------|
| principal | subordinada |

| *La jueza temía* | ***que** ellos no respetaran su decisión.* |
|------------------|--------------------------------------------|
| principal | subordinada |

- Cuando los verbos **creer** y **pensar** están acompañados de una negación (**no creer, no pensar**), el verbo de la cláusula subordinada va en subjuntivo. Si están acompañados de una afirmación, se utiliza el indicativo.

**INDICATIVO**
*Creo que **vendrá**.*
*Creía que **vendría**.*

**SUBJUNTIVO**
*No creo que **venga**.*
*No creía que **viniera**.*

- También se usa el subjuntivo con verbos de influencia para hacer recomendaciones, dar órdenes y dar consejos.

**INFLUENCIA**

| **aconsejar** *to advise* | **pedir** *to ask, to request* | **recomendar** *to recommend* |
|---------------------------|--------------------------------|-------------------------------|
| **exigir** *to demand* | **permitir** *to permit* | **rogar** *to beg* |
| **ordenar** *to order, to command* | **prohibir** *to prohibit, to forbid* | **sugerir** *to suggest* |

*Su novia le **pidió** que no **fuera** al duelo.*
*La jueza les **prohibió** que **se enfrentaran**.*

• Cuando la cláusula principal y la cláusula subordinada tienen el mismo sujeto, el verbo de la cláusula subordinada va en infinitivo.

*Pablo **quiere vengarse.***
*La jueza **recomienda anular** la ley de duelo.*

## El subjuntivo en oraciones impersonales

• Muchas oraciones impersonales requieren el subjuntivo en la cláusula subordinada, pues transmiten una emoción, duda, recomendación o negación. Éstas son algunas de las más frecuentes.

| | | |
|---|---|---|
| **Es bueno** *It's good* | **Es justo** *It's fitting* | **Es natural** *It's natural* |
| **Es importante** *It's important* | **Es una lástima** *It's a shame* | **Es necesario** *It's necessary* |
| **Es imposible** *It's impossible* | **Es malo** *It's bad* | **Es posible** *It's possible* |
| **Es interesante** *It's interesting* | **Es mejor** *It's better* | **Es urgente** *It's urgent* |

***Es importante*** *que todos **respetemos** las leyes.*
***Es posible*** *que el gobierno **encuentre** una solución.*

• Cuando las oraciones impersonales muestran certeza, se usa el indicativo en la cláusula subordinada. Cuando expresan duda o una negación, se usa el subjuntivo.

| CERTEZA | DUDA/NEGACIÓN |
|---|---|
| **Es cierto** *It's true* | **No es cierto** *It's not true* |
| **Es evidente** *It's evident* | **No es evidente** *It's not evident* |
| **Es seguro** *It's certain* | **No es seguro** *It's not certain* |
| **Es verdad** *It's true* | **No es verdad** *It's not true* |
| **Está claro** *It's clear* | **No está claro** *It's not clear* |

| INDICATIVO | SUBJUNTIVO |
|---|---|
| ***Es evidente*** *que no **puede** perdonar a los culpables.* | ***No está claro*** *que la justicia **sea** igual para todos.* |

### AYUDA

Hay dos casos en los que el subjuntivo aparece en cláusulas principales. Los dos expresan deseo.

• Ojalá + subjuntivo

  *Ojalá **hagan** justicia.*

• Que + presente de subjuntivo

  *Que te **vaya** bien.*

## Práctica

**1** **El tribunal** Completa cada oración con la forma adecuada del verbo entre paréntesis.

1. No es cierto que la justicia siempre _____ (cumplirse).
2. El juez exigió que las acusadas _____ (hacer) sus declaraciones.
3. Los miembros del jurado piensan que tú _____ (ser) inocente del delito.
4. Al abogado le molestó que nosotras _____ (tener) razón.
5. El culpable exclamó: "¡No está claro que yo _____ (disparar)!"
6. El testigo está seguro de que la abogada defensora _____ (mentir).

**2** **La justicia** En parejas, imaginen que uno/a de ustedes está acusado/a de un crimen y el/la otro/a es su abogado/a. Preparen un diálogo utilizando los elementos de la lista.

1. Dudar que
2. Ser evidente que
3. Pedir que
4. Recomendar que
5. Sentir que
6. Creer que
7. Ser imposible que
8. Ser urgente que

# Preparación

## Sobre el autor

**M**anuel Vicent (Villavieja, España, 1936) es un escritor cuyas obras, mezcla de literatura y periodismo, están escritas con un tono realista. Su novela *Pascua y naranjas* recibió el Premio Alfaguara de Novela en 1966 y *Balada de Caín* consiguió el Premio Nadal en 1986. Vicent ha trabajado en las revistas *Triunfo* y *Hermano Lobo*. En la actualidad, colabora en el diario nacional *El País*.

| Vocabulario de la lectura | | Vocabulario útil |
|---|---|---|
| **batir** *to beat* | **obligar** *to oblige, to force* | **la campaña** *campaign* |
| **destrozar** *to ruin* | **el telediario** *television news* | **el/la candidato/a** *candidate* |
| **duro/a** *harsh* | **la tortilla** *omelet* | **el discurso** *speech* |
| **forzar** *to force* | **tragarse** *to swallow* | **informarse** *to get informed* |
| **el juicio** *trial* | | **gobernar** *to govern* |
| | | **la guerra** *war* |

**1** **Emparejar** Empareja las palabras con su definición.

1. batir
2. campaña
3. candidato
4. destrozar
5. discurso
6. duro
7. forzar
8. gobernar
9. informarse
10. juicio
11. obligar

_____ exposición o razonamiento sobre un tema

_____ que es demasiado severo

_____ hacer que una persona haga algo

_____ serie de eventos para dar a conocer a un(a) candidato/a

_____ aplicar fuerza o violencia física para conseguir algo

_____ persona propuesta para una posición o cargo

_____ evento al final del cual un(a) juez(a) pronuncia la sentencia de un(a) acusado/a

_____ mover o darle golpes a una sustancia para hacerla líquida

_____ buscar noticias de lo que está ocurriendo

_____ dirigir el gobierno de un país o estado

_____ destruir algo o hacerlo pedazos

**2** **Asuntos serios** En parejas, háganse estas preguntas.

1. ¿Te interesa la política? ¿Por qué? ¿Qué cambiarías si tuvieras la oportunidad?

2. ¿Te da miedo la idea de que haya una Tercera Guerra Mundial? ¿Confías en los políticos para evitar o controlar ese tipo de crisis?

3. ¿Aceptarías alguna responsabilidad política? Por ejemplo, ser alcalde de tu ciudad o presidente de tu país. ¿Por qué?

# La tortilla

*verage

*back
*ere's a
*of (…)
*follow
*other/
*plosive

*avert

*t open
*appeal

Un ama de casa está batiendo una tortilla de dos huevos en el plato frente al televisor y a su lado el marido, un español medio°, lee un periódico deportivo. Es la hora del telediario. Las noticias más terribles constituyen un paisaje sonoro en el fondo° del salón. En la pantalla se suceden° cadáveres, escándalos, declaraciones detonantes° de algún político y otras calamidades. Hasta ese momento ninguna noticia ha sido lo suficientemente dura como para que el ama de casa haya dejado de batir los huevos cinco segundos. Ninguna tragedia planetaria ha forzado al marido a apartar° la vista del periódico. Esta pareja de españoles ya está desactivada. De madrugada oye por la radio a un *killer* informativo formular juicios sumarísimos[1] que destrozan la fama de cualquier ciudadano decente sin que pase nada. Esta pareja de españoles sabe que hoy las sentencias inapelables° se producen antes de que se inicien los procesos. Basta que un juez te llame a declarar obligándote a pasar por un túnel de cámaras y micrófonos en las escaleras de la Audiencia°. Ya estás condenado. La dosis de basura informativa que de forma pasiva este par de seres inocentes se traga diariamente le ha inmunizado para cualquier reacción, entre otras cosas porque se da cuenta de que esos periodistas que se comportan como ángeles vengadores confunden su gastritis con los males de la patria y después de ponerte el corazón en la garganta se van a un buen restaurante y se zampan un codillo° a tu salud. Por eso en este momento en el telediario acaban de dar la gran noticia y esta pareja no se ha conmovido. "¿Has oído esto, Pepe? Están diciendo que ha comenzado la III Guerra Mundial", exclama la mujer sin dejar de batir los huevos. El marido tampoco levanta la vista del periódico deportivo. ¿Qué deberá producirse en el mundo para que esa ama de casa deje de batir los huevos cinco segundos? Sin duda, algo que sea más importante que una tortilla. Pero, en medio de este desmadre° informativo, ¿qué es más importante que una tortilla de dos huevos? Ésa es la pregunta. ∎

*Supreme Court*

*dig into their dinner*

*chaos*

---

[1] **juicios sumarísimos** Los juicios que se tramitan (*are carried out*) en un tiempo más breve por su urgencia, por la sencillez del caso o por la importancia del suceso.

# Análisis

**1** **Comprensión** Elige la descripción que mejor resume la lectura.

1. Un ama de casa prepara de comer mientras que su esposo lee el periódico. En el fondo del salón, el telediario da noticias sobre acontecimientos horribles. Sin embargo, la pareja, acostumbrada ya al bombardeo constante de noticias sobre escándalos, crímenes y tragedias, ni reacciona. Cuando se anuncia que ha comenzado la Tercera Guerra Mundial, el marido tampoco reacciona, y nos preguntamos si habrá algo más importante que una tortilla de dos huevos.

2. Un ama de casa prepara de comer mientras que su esposo lee el periódico. Están escuchando las noticias del telediario. Las noticias de los acontecimientos más trágicos hacen que los dos miren hacia la tele, pero no las comentan. Sólo les interesan las noticias de los escándalos de famosos. Lo único que hace reaccionar al marido es el anuncio del comienzo de la Tercera Guerra Mundial. Nos damos cuenta, al final, que una tortilla de dos huevos no es muy importante.

**2** **Interpretar** Trabajen en parejas para contestar las preguntas.

1. ¿Qué quiere decir "esta pareja de españoles ya está desactivada"?
2. ¿Qué concepto de la Justicia tiene el autor? Pongan ejemplos del texto.
3. ¿Qué opinión tiene el autor de los periodistas?
4. ¿Por qué no reacciona la pareja?
5. Según el autor, ¿quiénes son los responsables de esta situación?
6. Expliquen lo que quiere decir el autor cuando escribe: "¿qué es más importante que una tortilla de dos huevos? Ésa es la pregunta."

**3** **Noticias** En parejas, preparen un breve noticiero de televisión con noticias inventadas por ustedes. Cubran las secciones indicadas.

- economía
- política
- noticias internacionales
- cultura y espectáculos
- deportes
- salud

**4** **Programa político** En grupos pequeños, imaginen que son asesores (*advisors*) del presidente. ¿Qué cambios le sugieren en estas áreas? Utilicen el subjuntivo.

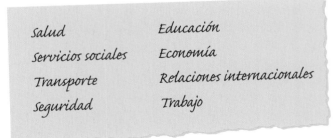

Salud
Servicios sociales
Transporte
Seguridad

Educación
Economía
Relaciones internacionales
Trabajo

**5** **Escándalos** En parejas, comenten los titulares. ¿A qué problemas hacen referencia? ¿Tienen solución esos problemas? Después compartan sus opiniones con la clase.

Un 65% de la población no confía en los políticos.

Desacuerdo internacional sobre eliminar las armas nucleares.

La protesta contra la globalización acabó de forma violenta.

**6** **Candidato** En grupos pequeños, elaboren el retrato (*portrait*) del/de la candidato/a ideal para presidente/a. Presenten luego su candidato/a a la clase y expliquen por qué creen que es el/la mejor posible.

| Candidato/a ideal | |
|---|---|
| personalidad | |
| experiencia | |
| estudios | |
| imagen | |
| proyectos | |
| ¿? | |

**7** **Situaciones** En parejas, elijan una de las situaciones e improvisen un diálogo. Utilicen al menos seis palabras de la lista. Cuando lo terminen, represéntenlo delante de la clase.

**PALABRAS**

| | | |
|---|---|---|
| campaña | gobernar | presenciar |
| delito | guerra | rabia |
| destrozar | informarse | telediario |
| duro/a | juzgado | tortilla |
| forzar | obligar | tragarse |

**A**
Un(a) juez(a) y un(a) abogado/a están discutiendo sobre su próximo juicio. El/La juez(a) quiere que se transmita por televisión y el/la abogado/a se opone. Los/Las dos exponen sus puntos de vista.

**B**
Dos amigos/as están viendo la televisión. De repente anuncian que la Tercera Guerra Mundial ha empezado. Uno/a quiere ayudar y presentarse como voluntario/a para el ejército. El/La otro/a quiere ir a un sitio seguro hasta que pase la crisis.

# Preparación

## Sobre el autor

Juan Gelman (Buenos Aires, Argentina, 1930) Algunos de sus poemarios son: *Cólera buey* (1965), *Los poemas de Sidney West* (1969), *Hechos y relaciones* (1980), *La junta luz* (1985), *Anunciaciones* (1987) y *Salarios del impío* (1993). Ha colaborado en la revista literaria *Crisis* y en los periódicos *La Opinión* y *Página 12*.

## Sobre la carta

En 1976, durante la dictadura militar argentina, la policía política fue a la casa del escritor para detenerlo. Al no encontrarlo, secuestró a su hijo de 20 años y a su nuera, también de 20 años, que estaba embarazada. El cuerpo de su hijo fue hallado años más tarde, pero su nuera sigue en paradero (*whereabouts*) desconocido. Desde ese día fatal, Juan Gelman inició la búsqueda de su nieto o nieta. En el año 2000, localizó a su nieta. Su madre había sido asesinada y la niña había sido secuestrada y posteriormente adoptada por una familia adepta a (*follower of*) la dictadura.

### Vocabulario de la lectura

**el agujero** *hole*
**apartar** *to pull someone away*
**apartarse** *to stray*
**apoderarse** *to take possession*
**arrojar** *to throw*
**asesinar** *to murder*
**el brillo** *sparkle*

**el/la cómplice** *accomplice*
**dar a luz** *to give birth*
**la falla** *flaw*
**pícaro/a** *cunning*
**los restos** *remains*
**secuestrar** *to kidnap*
**trasladar** *to move*
**el varón** *man*

### Vocabulario útil

**el abuso de poder** *abuse of power*
**el ataúd** *coffin*
**conjeturar** *to conjecture*
**la dictadura** *dictatorship*
**(in)justo/a** *(un)fair*
**la lucha** *struggle*

**la manifestación** *demonstration*
**preguntarse** *to wonder*
**el/la preso/a** *prisoner, captive*
**la queja** *complaint*
**el régimen** *form of government*
**el tribunal** *court*

---

**1** **Vocabulario** Empareja cada definición con la palabra correspondiente. Después, en parejas, inventen un diálogo usando al menos cuatro palabras de la lista.

1. \_\_\_\_\_ apoderarse
2. \_\_\_\_\_ asesinar
3. \_\_\_\_\_ injusto/a
4. \_\_\_\_\_ pícaro/a
5. \_\_\_\_\_ varón

a. Quitar la vida
b. Alguien con astucia (*shrewdness*)
c. Sinónimo de hombre
d. No hace justicia
e. Tomar algo a la fuerza

**2** **Opiniones** En parejas, contesten las preguntas.

1. ¿Han ido alguna vez a una manifestación? ¿Les gustaría hacerlo? ¿Por qué?
2. Hagan una lista de causas por las que lucharían.

# Carta abierta a mi nieto

Dentro de seis meses cumplirás 19 años. Habrás nacido algún día de octubre de 1976 en un campo de concentración. Poco antes o poco después de tu nacimiento, el mismo mes y año, asesinaron a tu padre de un tiro en la nuca disparado a menos de medio metro de distancia. Él estaba inerme° y lo asesinó un comando militar, tal vez el mismo que lo secuestró con tu madre el 24 de agosto en Buenos Aires y los llevó al campo de concentración *Automotores Orletti* que funcionaba en pleno Floresta[1] y los militares habían bautizado "el Jardín". Tu padre se llamaba Marcelo. Tu madre, Claudia. Los dos tenían 20 años y vos[2], siete meses en el vientre materno° cuando eso ocurrió. A ella la trasladaron —y a vos con ella— cuando estuvo a punto de parir°. Debe haber dado a luz solita, bajo la mirada de algún médico cómplice de la dictadura militar. Te sacaron entonces de su lado y fuiste a parar° —así era casi siempre— a manos de una pareja estéril de marido militar o policía, o juez, o periodista amigo de policía o militar. Había entonces una lista de espera siniestra para cada campo de concentración: Los anotados esperaban quedarse con el hijo robado a las prisioneras que parían y, con alguna excepción, eran asesinadas inmediatamente después. Han pasado 12 años desde que los militares dejaron el gobierno y nada se sabe de tu madre. En cambio, en un tambor de grasa° de 200 litros que los militares rellenaron° con cemento y arena y arrojaron al Río San Fernando, se encontraron los restos de tu padre 13 años después. Está enterrado en La Tablada. Al menos hay con él esa certeza.

Me resulta muy extraño hablarte de mis hijos como tus padres que no fueron.

*(marginal glosses: narmed · womb · ve birth · ended up · grease drum · filled)*

[1] **Floresta** Un barrio de Buenos Aires donde se encontraba el campo de concentración instalado en la fábrica Automotores Orletti.
[2] **vos** Se usa en lugar del pronombre "tú". Su uso se llama *voseo* y se da en la zona del Río de la Plata y partes de América Central.

No sé si sos[3] varón o mujer. Sé que naciste. Me lo aseguró el padre Fiorello Cavalli, de la Secretaría de Estado del Vaticano, en febrero de 1978. Desde entonces me pregunto cuál ha sido tu destino. Me asaltan ideas contrarias. Por un lado, siempre me repugna la posibilidad de que llamaras "papá" a un militar o policía ladrón de vos, o a un amigo de los asesinos de tus padres. Por otro lado, siempre quise que, cualquiera que hubiese sido el hogar al que fuiste a parar, te criaran y educaran bien y te quisieran mucho. Sin embargo, nunca dejé de pensar que, aún así, algún agujero o falla tenía que haber en el amor que te tuvieran, no tanto porque tus padres de hoy no son los biológicos —como se dice—, sino por el hecho de que alguna conciencia tendrán ellos de tu historia y de cómo se apoderaron de tu historia y la falsificaron. Imagino que te han mentido mucho.

*snatch you* También pensé todos estos años en qué hacer si te encontraba: si arrancarte° del hogar que tenías o hablar con tus padres adoptivos para establecer un acuerdo que me permitiera verte y acompañarte, siempre sobre la base de que supieras vos quién eras y de dónde venías. El dilema se reiteraba cada vez —y fueron varias— que asomaba la posibilidad de que las Abuelas de Plaza de Mayo[4] te hubieran encontrado. Se reiteraba de manera diferente, según tu edad en cada momento. Me preocupaba que fueras demasiado chico o chica —por ser suficientemente chico o chica— para entender lo que había pasado. Para entender por qué no eran tus padres los que creías tus padres y a lo mejor querías como a padres. Me preocupaba *might suffer* que padecieras° así una doble herida, *blow of an ax* una suerte de hachazo° en el tejido de tu subjetividad en formación. Pero ahora sos grande. Podés[5] enterarte de quién sos y

decidir después qué hacer con lo que fuiste. Ahí están las Abuelas y su banco de datos sanguíneos que permiten determinar con precisión científica el origen de hijos de desaparecidos. Tu origen.

Ahora tenés[6] casi la edad de tus padres cuando los mataron y pronto serás mayor que ellos. Ellos se quedaron en los 20 años para siempre. Soñaban mucho con vos y con un mundo más habitable para vos. Me gustaría hablarte de ellos y que me hables de vos. Para reconocer en vos a mi hijo y para que reconozcas en mí lo que de tu padre tengo: los dos somos huérfanos° de *orphans* él. Para reparar de algún modo ese corte brutal o silencio que en la carne de la familia perpetró la dictadura militar. Para darte tu historia, no para apartarte de lo que no te quieras apartar. Ya sos grande, dije.

Los sueños de Marcelo y Claudia no se han cumplido todavía. Menos vos, que naciste y estás quién sabe dónde ni con quién. Tal vez tengas los ojos verdegrises° *gray-gr* de mi hijo o los ojos color castaño de su mujer, que poseían un brillo especial y tierno y pícaro. Quién sabe cómo serás si sos varón. Quién sabe cómo serás si sos mujer. A lo mejor podés salir de ese misterio para entrar en otro: el del encuentro con un abuelo que te espera.

12 de abril de 1995

P.D. Automotores Orletti, como es notorio ya, fue centro de la Operación Cóndor[7] en la Argentina. Allí hubo tráfico de embarazadas y de niños secuestrados entre las fuerzas de seguridad de las dictaduras militares del cono sur. Allí operaron represores uruguayos. Mi nieta o nieto, ¿nació en algún centro clandestino de detención del Uruguay?

5 de diciembre de 1998 ■

---

[3]**sos** Del voseo. Equivalente de la segunda persona del singular del verbo "ser". Se utiliza en lugar de "eres".
[4]**Abuelas de Plaza de Mayo** Organización cuyo objetivo es localizar a todos los hijos de desaparecidos secuestrados por la represión política y ponerlos en contacto con sus familias legítimas.
[5]**Podés** Equivalente a la segunda persona del singular del verbo "poder". En el voseo, se usa en lugar de "puedes".
[6]**tenés** Equivalente a la segunda persona del singular del verbo "tener". Se utiliza en lugar de "tienes".
[7]**Operación Cóndor** Cuestionada su existencia por algunos, se dice que era una operación dirigida por las dictaduras militares destinada al exterminio de la oposición.

EXPERIENCIAS

# Análisis

**Comprensión** Contesta las preguntas.

1. ¿A quién le escribe el autor?
2. ¿Cuántos años va a cumplir el/la nieto/a?
3. ¿Qué le ocurrió al hijo de Juan Gelman?
4. ¿Adónde se llevaron al/a la nieto/a?
5. ¿Cuándo y dónde encontraron el cadáver de su hijo?
6. ¿Qué régimen político había entonces en Argentina?
7. ¿Qué idea le repugna al autor?
8. A pesar de todo, ¿qué quiso siempre para su nieto/a?
9. ¿Para qué quiere Juan Gelman hablar con su nieto/a?

**2** **Ampliar** En parejas, contesten las preguntas.

1. ¿Qué le preocupa más a Juan Gelman a la hora de conocer a su nieto/a?
2. ¿Por qué era tan importante para el autor encontrar a su nieto/a? ¿Sería importante para ustedes? ¿Por qué?
3. ¿Por qué es importante que se hayan encontrado los restos del hijo de Juan Gelman?
4. ¿Por qué es significativo que el/la nieto/a de Gelman tenga ahora casi la edad de sus padres cuando los mataron?
5. Expliquen a qué se refiere el autor cuando escribe: "Para darte tu historia, no para apartarte de lo que no te quieras apartar".

**3** **El abuelo** Como saben, el abuelo encontró a su nieta en el año 2000. La nieta, después de conocer a su abuelo, declaró que quería mucho a su familia adoptiva y que deseaba seguir viviendo en el anonimato. Teniendo en cuenta esta información, contesten estas preguntas en parejas.

1. ¿Cómo creen que reaccionó Juan Gelman ante estas declaraciones?
2. ¿Cómo habrían reaccionado ustedes en el lugar del poeta? ¿Por qué?
3. ¿Qué habrían hecho ustedes en el lugar de la nieta?

**4** **Mentiras** Juan Gelman se imagina que le han mentido mucho a su nieta. En parejas, contesten estas preguntas sobre la mentira.

1. ¿Creen que a veces es necesario mentir? ¿Por qué?
2. Túrnense para contarse una historia en la que les hayan mentido o en la que ustedes lo hayan hecho. ¿Perdonaron la mentira? ¿Los/Las perdonaron a ustedes?
3. ¿Conocen a alguien que mienta mucho? ¿Por qué creen que lo hace?

**5** **Desaparecidos** En parejas, elijan una de las opciones y contesten las preguntas. Luego trabajen con otra pareja que haya elegido la misma opción y comparen sus respuestas.

• ¿Qué responsabilidad tienen los padres adoptivos después de que su hija se entera de la verdad? ¿Cómo cambiará la relación entre ellos?
• ¿Qué historia similar conocen, ya sea de la vida real o de la ficción? ¿Cómo ocurrió?

Poder, quiero más poder 107

**6** **El poder** En grupos pequeños, contesten las preguntas.

1. ¿Qué es, según ustedes, el abuso de poder?
2. ¿Conocen algún caso de abuso de poder? Den ejemplos.
3. ¿Creen que los ciudadanos tenemos los medios necesarios para luchar contra el abuso de poder?
4. ¿Cómo creen que reaccionarían si sufrieran este tipo de abuso?

**7** **Luchadores** En parejas, elijan una historia que conozcan de alguna persona que haya luchado contra una injusticia del sistema en la vida real o en la ficción. Escriban la historia, usando el subjuntivo, y compártanla con la clase.

**8** **Mini-juicios** En grupos de tres, elijan uno de los casos y preparen un pequeño juicio. Un(a) compañero/a será el/la juez(a) y los otros representarán las posturas opuestas en cada tema. El/La juez(a) hará algunas preguntas y al final dará su veredicto.

- Quemar la bandera. ¿Libertad de expresión?
- Uniforme en la escuela. Códigos para el vestir. ¿Son necesarios?
- Ley de prohibición del tabaco. ¿Intromisión (*Interference*) en los derechos individuales?

**9** **Situaciones** En parejas, elijan una de las situaciones e improvisen un diálogo. Utilicen al menos seis palabras de la lista. Cuando estén listos, represéntenlo delante de la clase.

**PALABRAS**

| | | |
|---|---|---|
| cómplice | forzar | queja |
| dar a luz | injusto/a | secuestrar |
| destrozar | lucha | trasladar |
| dictadura | obligar | tribunal |

**A**
Uno/a de ustedes acaba de descubrir que la que creía ser su familia biológica no lo es. Habla con un miembro de la familia adoptiva para preguntarle lo que pasó.

**B**
Uno/a de ustedes ve a una persona en la calle a quien se parece mucho físicamente. Habla con esa persona para averiguar cómo es posible que los dos se parezcan tanto.

# Preparación

## Sobre el autor

**O**ctavio Paz (Ciudad de México, 1914–1998) es considerado uno de los intelectuales latinoamericanos más importantes del siglo XX. Su obra ensayística ha sido muy influyente por sus agudos (*sharp*) análisis antropológicos de la sociedad mexicana, pero la poesía es el género que lo caracteriza. Miembro de la Vanguardia, movimiento de renovación poética, en sus poemas, Paz se propone "liberar a la palabra" y trata temas como el amor, la religión y la metafísica con conceptos profundos y un estilo original. Una de sus publicaciones centrales es "Piedra de sol" (1957), largo poema cíclico en el que expresa sus ideas sobre el hombre, la historia, el tiempo y el amor. Ganó el Premio Nobel de Literatura en 1990.

## Sobre el poema

**E**l poema "Entre la piedra y la flor" consta de cinco partes. Trata de la situación del campesino mexicano que sufre en una sociedad capitalista, dominada por ricos terratenientes (*landowners*). Octavio Paz escribió el poema en 1937. En 1976, Paz escribió una nueva versión del poema. A continuación se presenta la cuarta parte.

### Vocabulario de la lectura

**el analfabetismo** *illiteracy*
**la araña** *spider*
**el espectro** *specter*
**fastuoso/a** *lavish, ostentatious*
**la hojarasca** *fallen leaves*
**hueco/a** *hollow*
**la mosca** *fly*
**negar** *to deny*

**el papel moneda** *banknotes*
**el/la prestidigitador(a)** *conjurer, magician*
**el rebaño** *herd*
**la sabiduría** *wisdom*
**sorber** *to sip, to slurp*
**volverse** *to become*

### Vocabulario útil

**la ambición** *ambition*
**defraudar** *to disappoint, let down*
**la especulación** *speculation*
**el flujo de capital** *flow of capital*
**la insensibilidad** *insensitivity*
**materialista** *materialist*
**el mercado financiero** *financial market*

---

**1**  **Completar** Completa las oraciones con la mejor opción.

1. La _____ nos llega cuando ya no nos sirve de nada. (Gabriel García Márquez)
   a. hojarasca          b. insensibilidad          c. sabiduría

2. La unión del _____ obliga al león a acostarse con hambre. (proverbio africano)
   a. prestidigitador          b. hueco          c. rebaño

3. Antes de _____ con la cabeza, asegúrate de que la tienes. (Truman Capote)
   a. sorber          b. negar          c. volverte

**2** **Opiniones** En parejas, contesten las preguntas. Luego, compartan sus ideas con la clase.

1. "El dinero no hace la felicidad… la compra hecha". ¿Qué opinas de esta frase?

2. ¿Crees que la sociedad actual nos anima a ser ambiciosos? ¿Cómo?

3. ¿Ves alguna relación entre el materialismo y la insensibilidad a las necesidades de los demás?

---

# Entre la piedra y la flor

IV

1  El dinero y su rueda°,          *circle*
el dinero y sus números huecos,
el dinero y su rebaño de espectros.

El dinero es una fastuosa geografía:
5  montañas de oro y cobre°,          *copper*
ríos de plata°, y níquel,          *silver*
árboles de jade
y la hojarasca del papel moneda.

Sus jardines son asépticos°,          *sterile*
10  su primavera perpetua está congelada,
son flores son piedras preciosas sin olor,
sus pájaros vuelan en ascensor,
sus estaciones giran al compás° del reloj.          *rhythm*

El planeta se vuelve dinero,
15  el dinero se vuelve número,
el número se come al tiempo,
el tiempo se come al hombre,
el dinero se come al tiempo.

La muerte es un sueño que no sueña el dinero.

20  El dinero no dice *tú eres*:
el dinero dice *cuánto*.

Más malo que no tener dinero
es tener mucho dinero.

Saber contar no es saber cantar.

25  Alegría y pena
ni se compran ni se venden.

La pirámide niega al dinero,
el ídolo niega al dinero,
el brujo° niega al dinero,                                    *sorcerer*
30  la Virgen, el Niño y el Santito
niegan al dinero.

El analfabetismo es una sabiduría
ignorada por el dinero.

El dinero abre las puertas de la casa del rey,
35  cierra las puertas del perdón.

El dinero es el gran prestidigitador.
Evapora todo lo que toca:
tu sangre y tu sudor°,                                        *sweat*
tu lágrima° y tu idea.                                        *tear*
40  El dinero te vuelve ninguno.

Entre todos construimos
el palacio del dinero:
el gran cero.

No el trabajo: el dinero es el castigo.
45  El trabajo nos da de comer y dormir:
el dinero es la araña y el hombre la mosca.
El trabajo hace las cosas:
el dinero chupa° la sangre de las cosas.                      *sucks*
El trabajo es el techo, la mesa, la cama:
50  el dinero no tiene cuerpo ni cara ni alma.

El dinero seca la sangre del mundo,
sorbe el seso° del hombre.                                    *brain*

Escalera de horas y meses y años:
allá arriba encontramos a nadie.

Monumento que tu muerte levanta a la muerte. ◼

# Análisis

**1**  **Comprensión** Indica si las oraciones son ciertas o falsas. Corrige las falsas.

1. El poema acusa al dinero de ser ostentoso y frío.
2. En los jardines del dinero las flores tienen un perfume delicioso.
3. Al dinero no le importa quién es la persona ni cómo es, sino cuánto vale.
4. No hay nada peor que no tener dinero.
5. Las religiones y los magos rechazan el dinero.
6. Todos somos responsables de que el dinero tenga tanto poder.
7. El dinero puede comprar el perdón.
8. El trabajo y el dinero son dos castigos que sufren los hombres.

**2** **Interpretación** Contesta las preguntas con oraciones completas.

1. ¿Qué versos del poema respaldan estas afirmaciones?
   - El dinero es despreciable (*despicable*).
   - El dinero es poderoso.
   - Lo sagrado no cae en la trampa del dinero.
2. ¿Dónde se expresa desprecio (*contempt*) hacia el dinero? Busca tres ejemplos.
3. Explica el juego de palabras: "Saber contar no es saber cantar".
4. Según el poema, ¿cuál es la diferencia entre el dinero y el trabajo?
5. ¿Qué representan la araña y la mosca en el poema? ¿Qué relación tienen?

**3** **Análisis** En parejas, contesten las preguntas.

1. ¿Con qué se compara el dinero en la segunda y tercera estrofas (*stanzas*)? ¿Qué quiere decir la voz poética con estas imágenes?
2. De acuerdo con la cuarta estrofa, ¿cuál es la situación del hombre?
3. ¿A qué o a quién critica el poema? Deben basar su argumento en ejemplos del texto.
4. Consideren estos dos versos: "El trabajo hace las cosas: / el dinero chupa la sangre de las cosas." ¿Qué figura mitológica es conocida por chupar la sangre de sus víctimas? ¿Qué emociones evoca esta imagen? ¿Qué implica sobre el dinero?
5. ¿Es posible trabajar sólo por el placer del trabajo? En ese caso, ¿cómo cambia el papel que juega el dinero en la vida del individuo? ¿Cómo sería la economía mundial si todos trabajáramos por placer?

**4** **Juicio contra el dinero** En parejas, busquen lo que dice el poema sobre estos temas. Después preparen un alegato de un(a) abogado/a en un juicio (*trial*) contra el dinero. Hagan al menos tres acusaciones, y compártanlas con la clase.

1. Lo inhumano del dinero
2. Su frialdad y esterilidad
3. Su manera de relacionarse con el tiempo
4. Las emociones que no puede comprar
5. Su relación con el mundo político
6. Cómo se compara con el trabajo
7. Las consecuencias que tiene el guiarse por él

**5** **Sin dinero** En grupos de tres, describan en un párrafo un mundo sin dinero. Consideren las respuestas a estas preguntas en su descripción.

1. ¿A qué se dedicarían las personas?
2. ¿Habría comercio? ¿Cómo sería?
3. ¿Cómo funcionaría la política?
4. ¿Continuaría habiendo guerras?
5. ¿La gente sería más virtuosa?
6. ¿Qué sucedería con las desigualdades sociales?
7. ¿Qué sucedería con la tecnología?
8. ¿Seríamos más felices?

**6** **Discusión** Este poema retrata la situación desigual del campesino mexicano. ¿Hay situaciones similares en tu país? ¿Tienen todos los habitantes el mismo acceso al trabajo, a la educación y al avance social? En parejas, discutan estas preguntas.

**7** **Mi opinión** En grupos de tres, lean estas citas y reaccionen a las ideas que expresan. Intercambien sus opiniones y luego compártanlas con la clase para averiguar cómo piensan los demás.

"¡Jamás mandaría a mis hijos a una escuela pública!"

"¡Ya es hora de indemnizar a los descendientes de esclavos!"

"¡Que los inmigrantes ilegales regresen a sus países!"

"¡Internet debe censurarse!"

"¡O todas las naciones tienen armas nucleares, o ninguna!"

**8** **Situaciones** En parejas, elijan una situación e improvisen un diálogo. Utilicen al menos seis palabras o expresiones de la lista. Cuando estén listos, represéntenlo ante la clase.

**PALABRAS**

| | | |
|---|---|---|
| la ambición | el flujo de dinero | la responsabilidad |
| la especulación | materialista | la sabiduría |
| insensibilidad | el mercado financiero | la tecnología |
| fastuoso/a | las oportunidades | la vergüenza |

**A**
Un(a) candidato/a a la presidencia empezó su campaña con mucho dinero. Dice que recibe muchas donaciones porque es popular. El/La segundo/a candidato/a recibe pocas donaciones. Dice que no es popular porque empezó con poco dinero.

**B**
"Peor que no tener dinero es tener mucho dinero", le dice un rico a un mendigo (*beggar*) sentado en la puerta de su casa. El mendigo, por supuesto, está en desacuerdo. Imaginen los argumentos que dan uno y el otro para justificar su punto de vista.

# Preparación

## Sobre el autor

**P**atricio Betteo (Ciudad de México, 1978) es un ilustrador y artista gráfico mexicano. Estudió diseño gráfico en la Escuela Nacional de Artes Plásticas de la Universidad Nacional Autónoma de México. Desde entonces, se ha dedicado por completo a la ilustración, utilizando principalmente técnicas digitales. Ha publicado en revistas y libros infantiles. Recientemente presentó su primer libro de dibujos llamado *Mirador*. La tira cómica que aquí se presenta fue realizada para la sección de cómics de la revista Nickelodeon de México.

| **Vocabulario de la tira cómica** | **Vocabulario útil** | |
|---|---|---|
| **acaso** *by some chance* | **aprovechar** *to take advantage* | **merecer** *to deserve* |
| **arreglar** *to fix* | **la abeja** *bee* | **la moraleja** *moral of a story* |
| **la culpa** *fault* | **devorar** *to devour* | **la presa** *prey* |
| **flojo/a** *lazy* | **irónico/a** *ironic* | **quejarse** *to complain* |
| **¡Oye!** *Hey!* | **(in)justo** *(un)fair* | **el sapo** *toad* |
| | **la lengua** *tongue* | **tomar por sorpresa** *to take by surprise* |

**1** **La (in)justicia** En parejas, contesten las preguntas.

1. ¿Se te ha cometido alguna injusticia? ¿Cómo ocurrió?

2. ¿Le has hecho algo a otra persona que le haya parecido injusto? ¿Qué hiciste?

3. ¿Crees que hay justicia en el mundo en general? ¿Por qué?

4. ¿Qué situaciones ves en tu vida cotidiana que te parezcan injustas?

# Análisis

**1** **La moraleja** En parejas, den para cada ley al menos un ejemplo que la confirme. Después decidan cuál de las tres leyes es la moraleja de la tira cómica.

1. La ley de la selva: Lo único que importa es el poder. Si eres más grande o más fuerte, aprovéchate de los demás o ellos se aprovecharán de ti.

2. La ley del karma: Si no eres bueno/a en la vida, serás castigado/a. Trata bien a los demás si quieres que te traten bien a ti.

3. La ley del perdón: Más vale pedir perdón que permiso. Si quieres algo, agárralo.

**2** **Si quieres sobrevivir...** En grupos de tres, elijan una de las opciones y escriban una lista de consejos que le darían a esa persona o animal para sobrevivir. Después compártanlos con la clase.

1. Un nuevo estudiante que acaba de llegar a su escuela

2. Un gato en un barrio lleno de perros

3. Un turista en tu ciudad

**3** **Esto sigue** En parejas, inventen el próximo episodio de la tira cómica. ¿Qué les ocurrirá a los sapos? La moraleja de su historieta debe tocar de forma original el tema del poder.

# Escribe una carta al presidente

Ahora tienes que escribirle una carta al presidente. En ella debes mencionar con qué estás de acuerdo o en desacuerdo y por qué, darle las gracias por su trabajo, pedirle una reforma o darle tu opinión sobre un tema de tu interés. Vas a necesitar el subjuntivo.

## Plan de redacción

### Planea

**1 Elige el tema** Selecciona un tema que te interese: social, económico, educativo, etc. ¿Crees que se necesita un cambio en esa área? ¿Apoyas las últimas leyes que se han aprobado?

**2 Haz un esquema** Prepara cinco opiniones o sugerencias sobre ese tema.

### Escribe

**3 Encabezado** Inicia la carta con el lugar y la fecha desde donde escribes. También debes dirigirte al presidente con formalidad. Aquí tienes algunos ejemplos.

- Su Excelencia Presidente (escribe el nombre del presidente)

- Presidente de (escribe el nombre del país)

**4 Contenido** Aquí escribes tus opiniones o recomendaciones.

**5 Despedida** Incluye una frase de despedida. Puedes elegir una de éstas:

- Saludándolo atentamente,
  (escribe tu nombre y tus datos)

- En espera de su oportuna respuesta, me despido de usted atentamente,
  (escribe tu nombre y tus datos)

### Comprueba y lee

**6 Revisa** Lee tu carta para mejorarla.

- Elimina las redundancias.

- Comprueba el uso correcto de los tiempos verbales.

- Asegúrate de que usas el subjuntivo adecuadamente.

**7 Lee** Lee la carta a tus compañeros de clase. Ellos tomarán notas y, cuando hayas terminado de leer, tienes que estar preparado/a para contestar sus preguntas.

# La globalización:
# ¿a favor o en contra?

Hoy en día es casi imposible leer el periódico sin encontrar una noticia sobre la globalización. Y ustedes, ¿qué piensan de este fenómeno? ¿Están a favor o en contra?

**1** La clase se divide en grupos pequeños. Cada grupo tiene que escribir una definición de lo que es la globalización y contestar las preguntas Consideren aspectos positivos y negativos, así como estos factores:

- Las consecuencias para la distribución de la riqueza

- Los efectos sobre el medio ambiente

- El impacto sobre el terrorismo

- La posibilidad de nuevas guerras

Cuando hayan acabado, decidan si están a favor o en contra y por qué.

**2** Luego los grupos leen sus respuestas y sus conclusiones mientras la clase toma nota. En el caso de que no todos los miembros del grupo estén de acuerdo, digan que dentro del grupo hay distintas opiniones y expliquen cuáles son.

**3** Cuando todos los grupos terminen sus presentaciones, toda la clase debe participar haciendo preguntas y/o defendiendo sus opiniones.

# Por amor al arte

**H**ay pocas actividades humanas que cumplan tantas funciones como el arte. Éste instruye y ofende, alegra y enfada, ennoblece y embrutece. En fin, el arte refleja el carácter humano porque es una expresión humana, al igual que el lenguaje hablado. Aunque no nos demos cuenta, el arte nos rodea hasta en los detalles más ordinarios de nuestro entorno.

**¿Qué relación tienes con el arte?**

**¿Qué tipo de expresión artística te gusta más? ¿Cuál te gusta menos?**

**¿Es posible ignorar el arte?**

120

128

145

# Preparación

## Vocabulario del corto

**alcanzar** *to be enough*
**el changarro (Mex.)** *stand, small store*
**el/la chavo/a (Mex.)** *young man/woman*
**güey (Mex.)** *pal; idiot*
**invitar** *to treat*
**la jefa (Mex.)** *mother*
**el machote (Mex.)** *template*
**la máquina (de escribir)** *typewriter*
**la mercadotecnia** *marketing*
**ocultar** *to hide*
**el oficio** *trade*
**el rato(te)** *a (long) while*
**servir de** *to work as*
**toparse (con alguien)** *to run into (someone)*

## Vocabulario útil

**abandonar** *to leave*
**la alfabetización** *literacy campaign*
**el analfabetismo** *illiteracy*
**analfabeto/a** *illiterate*
**el consuelo** *consolation*
**dejar plantado/a** *to stand someone up*
**el desengaño (amoroso)** *heartbreak*
**la desilusión** *disappointment*
**enamorado/a (de)** *in love (with)*
**el/la escribano/a** *letter writer*
**planear** *to plan*
**resignarse** *to resign oneself*
**la soledad** *loneliness*
**la tristeza** *sadness*

### EXPRESIONES

**¿A cómo me sale...?** *How much will ... cost me?*
**Conocer a alguien.** *(euphemism) To get involved with somebody.*
**¡Lo/La réqueteadoro!** *I really love him/her!*
**Mejor me voy.** *I'd better go.*
**¡Órale, no demores!** *Come on, hurry up!*
**¡Qué chido!** *Cool!*
**Si te late...** *If you like it...*

**1** **Diálogos incompletos** Elige la mejor opción para completar cada diálogo.

| abandonarme | desilusionado | ocultar | resignarte |
| conocí a alguien | enamorado | La réqueteadoro | Si te late |

### Diálogo A

—No puedo dejar de pensar en Elena. (1) _____.
—Creo que estás (2) _____.
—Tienes razón. Ya no puedo (3) _____ mis sentimientos.

### Diálogo B

—Me parece que no estás tomando en serio nuestra relación. ¿Acaso piensas (4) _____?
—No sé cómo decírtelo, pero debes (5) _____ a la verdad: (6) _____...
—¡Ah! No hay problema. ¡Yo también!

**2** **Dialoguemos** En parejas, inventen en cinco minutos un diálogo con el mayor número posible de oraciones distintas utilizando el vocabulario de arriba. Luego representen el diálogo ante la clase.

**3** **Lo que se siente** En parejas, túrnense para hacerse estas preguntas.

1. ¿Alguna vez escribiste sobre tus sentimientos en un diario personal, en una carta o en un correo electrónico? ¿Bajo qué circunstancias y por qué?
2. ¿Qué diferencia hay entre hablar sobre los sentimientos y escribir sobre ellos?
3. ¿Por qué hay tantas películas y libros que hablan de desengaños amorosos?
4. ¿Qué diferencias hay entre la amistad y el amor?
5. En las grandes ciudades, ¿es más fácil o más difícil enamorarse de alguien?
6. ¿Cuál es la historia de amor que más te gusta? ¿Por qué?

**4** **¿Qué es eso del amor?** En parejas, hagan una lista de seis adjetivos o frases para definir el amor. Una vez que hayan terminado, compartan sus conclusiones sobre las ideas que tenemos habitualmente sobre amar y estar enamorado.

**5** **Géneros** En grupos de tres, lean estas oraciones y digan a qué género de cine creen que pertenecen. ¿Reconocen alguna de las películas de las que vienen las citas?

"Hasta la vista, baby."

"¡Soy el rey del mundo!"

"La vida es como una caja de bombones."

"Sinceramente, querida, me importa un bledo."

"¡Expecto patronum!"

"La vida da vueltas y uno se encuentra con distintos destinos."

**6** **Anticipar** En parejas, observen los fotogramas e imaginen de qué va a tratar este cortometraje. Consideren los interrogantes y el vocabulario.

- ¿Qué sabes sobre el corto a partir del título (*Dime lo que sientes*) y del primer fotograma?
- ¿Qué relación hay entre los dos personajes?
- Según los fotogramas, ¿a qué género piensas que pertenece el corto?

GANADOR
PREMIO ARIEL
2006 MEJOR
CORTOMETRAJE
DE FICCIÓN

# Dime lo que sientes

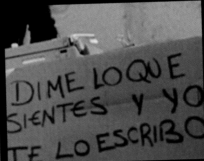

Guión y Dirección IRIA GÓMEZ CONCHEIRO Producción DIEGO BRAVO

Producción ejecutiva ÁNGELES CASTRO, HUGO RODRÍGUEZ Edición IRIA GÓMEZ CONCHEIRO

Fotografía IRIA GÓMEZ CONCHEIRO Dirección de arte CIRIA VELÁZQUEZ

Script MARÍA DEL CARMEN CUEVAS Música original LEONARDO SOQUI MICHELENA

Actores MIRIAM BALDERAS, TOMIHUATZIN XELHUATZI, MUNI LUVEZKY, ARMANDO JUÁREZ,

CRISTINA CRUZ, ESTELA CHACÓN, LUCÍA PUENTE, ALEJANDRO BARÓN

**FICHA** **Personajes** Micaela, Julián, Don Moy **Duración** 25 minutos **País** México **Año** 2004

# ESCENAS

Para ver este corto, visita
revista.vhlcentral.com

**Micaela** ¿Y el Beto? (*el amigo le da una carta*) ¿Qué pasó? ¿Qué te dijo?

**Micaela** (*repite lo que leyó*) Habíamos planeando durante años reunirnos este día. No esperes más. No tuve la fuerza para decirte las cosas. Conocí a alguien. No fue falta de amor. No voy a mentirte. Conocí a alguien.

**Clienta** Oiga, ¿a cómo me sale una carta para mi esposo?
**Don Moy** ¿De amor?
**Clienta** Y para pedirle dinero.
**Don Moy** Treinta si es original y diez pesos si va de machote.

**Micaela** Tú me dices lo que sientes o lo que le quieras decir a alguien y yo te lo escribo. Si te late me das diez varos[1].
**Julián** Yo siento que estás bien reina[2].

**Julián** ¡Qué chido! Pero, ¿sabes qué? Necesitamos un poco de mercadotecnia. (*gritando, haciendo un anuncio*) Señores y señoras, pasen a probar nuestro sistema único y exclusivo, "Dime lo que sientes y yo te lo escribo". Para esos momentos en que uno tiene mucho que decir y las palabras no salen, no salen…

**Micaela** ¿Para quién es la carta?
**Julián** Es para Estela. Querida Estela: Yo sé que me esperas desde hace dos meses para irnos juntos al gabacho[3]. Pero ya no me quiero ir. Te voy a ser sincero. Conocí a alguien.
**Micaela** Ésta te sirve de machote (*le da la carta que había recibido antes y arruga, enojada, la que estaba escribiendo*).

[1]*pesos* [2]*guapa* [3]*Estados Unidos*

## Nota **CULTURAL**

En el cortometraje, don Moy lamenta que escribir cartas por encargo sea una actividad que está desapareciendo. Aunque ahora nos parece extraño, en una época el oficio de escribano fue relativamente habitual en América Latina. Lo podemos ver en algunas películas y libros. Florentino, el protagonista de la novela *El amor en los tiempos del cólera* de García Márquez, escribe cartas de amor para la gente de su pueblo. La protagonista de la película brasileña *Estación Central de Brasil*, Dora, escribe cartas para analfabetos en una estación de trenes. La mayor alfabetización y los medios de comunicación como el teléfono y, más recientemente, el correo electrónico, están haciendo que este oficio se vuelva obsoleto.

## EN **PANTALLA**

**Ordenar** Mientras ves el corto, ordena las situaciones.

— a. Micaela empieza a trabajar en su changarro.
— c. Don Moy habla con Micaela.
— d. Micaela y Julián bailan juntos.
— e. Un amigo le da una carta y se va.
— f. Micaela sale de su casa por la mañana.
— g. Ella sonríe cuando lo ve en el metro.
— h. Micaela se enoja al escribir la carta a Estela.

# Análisis

**1** **Comprensión** En parejas, contesten las preguntas y razonen sus respuestas.

1. ¿Por qué Micaela le pide a su hermano que cuide a su jefa?
2. ¿Cómo reacciona Micaela cuando el amigo de Alberto le da la carta? ¿Por qué?
3. ¿Adónde planeaban irse Micaela y Alberto?
4. ¿Qué intenta hacer don Moy cuando habla con Micaela?
5. ¿Tiene éxito Micaela con su negocio?
6. ¿Qué cosas dicen las cartas que escribe para sus clientes? Menciona dos ejemplos.
7. ¿Cómo reacciona Micaela cuando Julián intenta ser amable con ella y ayudarla?
8. ¿Por qué se maquilla Micaela antes de ir a trabajar?
9. ¿Por qué se enoja Micaela cuando Julián le dicta la carta para Estela?

**2** **Interpretación** En parejas, contesten las preguntas.

1. ¿Por qué el amigo de Alberto no quiere hablarle a Micaela?
2. ¿Crees que Alberto repitió la frase "Conocí a alguien" tres veces en su carta? Explica.
3. ¿Qué está pensando Micaela mientras escribe cartas para sus clientes y conoce sus datos personales?
4. ¿En realidad Julián piensa que Micaela pueda tener tres hijos o ser militante? ¿Por qué le pregunta esas cosas?
5. ¿Quién tiene más sentido del humor, él o ella?
6. ¿Crees que la historia de este corto es una historia de amor convencional? ¿Por qué?

**3** **El momento de suspenso** En parejas, miren el fotograma y expliquen qué está ocurriendo en él y qué importancia tiene dentro de la historia.

**4** **Contextos** En grupos de tres, lean el sentimiento que le expresa una clienta a Micaela y lo que ella escribe después. Compartan con la clase sus opiniones sobre el significado que tiene dentro de la historia la "traducción" de Micaela y si puede ser una definición del amor.

> **Clienta: ¡Lo réqueteadoro!**
>
> **Micaela: Algo he de (*I must*) andar buscando en ti, algo mío que tú eres y que no has de (*will not*) darme nunca.**

**5**  **Traducciones** En grupos de tres, ahora lean estas frases y "tradúzcanlas" como lo haría Micaela si las escribiera para un cliente.

- "Se me olvidó la tarea."
- "Mi compañero/a de cuarto me grita."
- "No tengo ganas de asistir a la fiesta este sábado."
- "Necesito dinero."

**6**  **Los extremos del amor** En grupos de tres, consideren estas manifestaciones artísticas. Todas surgieron a través de los siglos como resultado de algún gran amor. ¿Se deben tomar como ejemplos de reacciones admirablemente románticas o deplorablemente locas? Razonen sus respuestas y luego añadan un ejemplo más.

- El emperador Sha Jahan construyó el Taj Mahal en honor a su esposa Mumtaz Mahal.
- Vincent van Gogh se rebanó (*sliced off*) la oreja y se la entregó a una mujer.
- Jessica Simpson y Nick Lachey protagonizaron un programa popular de televisión.
- ¿?

**7**  **Otro final** En el corto, Julián llega justo a tiempo al vagón del metro y Micaela sonríe al verlo. En parejas, imaginen otro final en el que él no logra llegar a tiempo. ¿Qué haría él para volver a verla? ¿Cómo reaccionaría ella? ¿Llegarían a tener una cita?

**8**  **¿Nos escribe una carta?** En parejas, escriban una historia en la que van a ver a un(a) escribano/a para que les escriba una carta. Indiquen lo que ustedes le dictan, la reacción del/de la escribano/a mientras escucha y cómo transforma sus palabras en una obra de arte. Antes de empezar, decidan estos datos.

- A quién está destinada la carta
- La intención de la carta
- Otros elementos originales

**9**  **Situaciones** En parejas, elijan una situación e improvisen un diálogo. Utilicen al menos seis palabras o expresiones de la lista. Cuando estén listos, represéntenlo ante la clase.

| PALABRAS | | |
|---|---|---|
| abandonar | desilusión | rato |
| alcanzar | enamorado/a | resignarse |
| desengaño | máquina de escribir | servir de |
| conocer a alguien | ocultar | soledad |
| consuelo | planear | tristeza |

**A**

Un mes después, Micaela y Estela se encuentran viajando en el metro. Micaela trata de consolar a Estela, quien reacciona de manera inesperada.

**B**

Dos guionistas (*script writers*) tienen que elegir el final de su próxima comedia romántica. Uno/a quiere un final feliz y el/la otro/a un final triste. Cada uno/a argumenta sus razones.

# El subjuntivo II

## Recuerda

Las cláusulas subordinadas adjetivas cumplen la misma función que los adjetivos: acompañan y modifican un nombre. Las cláusulas subordinadas adverbiales cumplen la misma función que los adverbios: expresan circunstancias bajo las que tiene lugar la acción que indica el verbo de la cláusula principal.

## El subjuntivo en cláusulas subordinadas adjetivas

- Se usa el subjuntivo en las cláusulas subordinadas que se refieren a una persona, un lugar o una cosa que no existe o cuya existencia no se conoce. En el caso contrario, es decir, cuando la persona, el lugar o la cosa se conoce, es necesario el indicativo.

**INDICATIVO**

*Micaela tiene una máquina de escribir **que usa** para escribir cartas.*

**SUBJUNTIVO**

*Ella necesita un oficio **que no se vuelva** obsoleto.*

- Cuando una cláusula subordinada adjetiva modifica un antecedente negativo, el verbo de la cláusula subordinada tiene que estar en subjuntivo.

  *Ella no habla con **nadie** que la **tranquilice**.*

  *Nadie dijo **nada** que **resolviera** el misterio.*

- La **a** personal no se usa cuando el objeto directo es una persona desconocida. Tampoco se usa la a personal delante de los adjetivos **ningún/ninguna**. Sin embargo, cuando el objeto directo es un pronombre como **nadie, ninguno/a** o **alguien,** la **a** personal es necesaria.

  *Necesitaba **una** mujer que lo **amara**.*

  *El hombre no conocía **a nadie** que fuera como ella.*

  *Él no conocía **ninguna mujer** que fuera como ella.*

  *Él no conocía **a ninguna** que fuera como ella.*

- El subjuntivo también se utiliza cuando se pregunta sobre algo de lo que no se está seguro. Si la persona que contesta conoce la respuesta, usa el indicativo.

*—¿Conoces a alguien que **esté** enamorado?*
*—Sí, Mica y Julián **están** muy enamorados.*

# El subjuntivo en cláusulas subordinadas adverbiales

- Cuando las conjunciones temporales o concesivas indican una acción futura, se utiliza el subjuntivo.

   *Los camareros se sentirán mejor **cuando lleguen** algunos clientes.*

   *El chef quería cocinar **hasta que llegaran** los primeros clientes.*

- Cuando estas conjunciones van seguidas de una acción que ya ha ocurrido o que ocurre habitualmente, se usa el indicativo.

   *Ella se sorprendió **cuando leyó** la carta de Alberto.*

   *Se sintió enojada **hasta que habló** con don Moy.*

- Algunas conjunciones siempre requieren subjuntivo en la cláusula subordinada.

### AYUDA
- Conjunciones concesivas

   **a pesar (de) que** *despite*
   **aunque** *although; even if*

- Conjunciones temporales

   **cuando** *when*
   **después (de) que** *after*
   **en cuanto** *as soon as*
   **hasta que** *until*
   **luego que** *as soon as*
   **mientras que** *while*
   **tan pronto como** *as soon as*

| Conjunciones que siempre requieren subjuntivo | |
|---|---|
| **a menos que** *unless* | **en caso (de) que** *in case* |
| **antes (de) que** *before* | **para que** *so that* |
| **con tal (de) que** *provided that* | **sin que** *without, unless* |

   *Los clientes del banco hacían cualquier cosa **con tal de que** el ladrón no los **lastimara**.*

   *El hombre estaba enamorado de la mujer **sin que** ella lo **supiera**.*

## Práctica

**1 Condiciones y concesiones** Completa las oraciones con la forma adecuada del verbo.

1. No iré al cine a menos que la película _____ (ser) una comedia.
2. ¿Conoces a alguien que _____ (conducir) a la oficina?
3. Te veo todas las mañanas cuando _____ (salir) de la estación.
4. Te llamaré hasta que me _____ (decir) el motivo de tu silencio.
5. Necesito al chico que siempre me _____ (traer) el desayuno.
6. ¿Nos invitas a cenar para que nosotras _____ (pagar)?

**2 Una pelea** Dos amigos/as tienen que ir a una fiesta, pero poco antes, empiezan a discutir. En parejas, completen estas oraciones de forma lógica. Después, preparen un diálogo usando al menos tres de ellas.

1. No iré contigo a menos que...
2. Tú me invitas para que...
3. Te vi cuando...
4. Te llamaré cuando...
5. Aquí estaremos hasta que...
6. Yo le dije que aunque...

# Preparación

## Sobre el autor

El periodista y escritor **Juan José Millás** (Valencia, España, 1946) consiguió su primer gran éxito con la novela *El desorden de tu nombre*, publicada en 1986. Cuatro años más tarde ganó el Premio Nadal con *La soledad era esto*. Con frecuencia, sus novelas y cuentos, muy bien recibidos por la crítica y por los lectores, se desarrollan en un mundo donde se alternan lo real y lo imaginario. El humor y la reflexión sobre la soledad, la muerte y el amor son una constante en su narrativa.

| Vocabulario de la lectura | | Vocabulario útil |
|---|---|---|
| **el colmillo** *canine (tooth)* | **gritar** *to shout* | **insultar** *to insult* |
| **dedicar** *to dedicate* | **guiñar** *to wink* | **mimado/a** *spoiled* |
| **la dedicatoria** *dedication* | **inquietante** *disturbing* | **prevenir** *to prevent* |
| **el/la encargado/a** *supervisor* | **llevar razón** *to be right* | **sospechar** *to suspect* |

**1** **Conversación** Completa el diálogo con la palabra adecuada.

CRISTINA   Ayer escribí un poema de amor en la oficina.

LAURA   ¿Y a quién se lo (1) _____ (dedicaste/insultaste)?

CRISTINA   Al (2) _____ (colmillo/encargado) de mi departamento. Estoy enamorada.

LAURA   ¡Uy! Eso es (3) _____ (inquietante/mimado). ¿Crees que (4) _____ (guiña/sospecha) que era para él?

CRISTINA   No creo. Ya estaría furioso y me habría (5) _____ (llevado razón/gritado).

LAURA   No le escribas más ningún poema. Tienes que (6) _____ (insultar/prevenir) una confrontación o te despedirán.

**2** **Opiniones** En parejas, contesten las preguntas.

1. ¿Creen que los niños están expuestos a imágenes y contenidos violentos? ¿Cómo?

2. ¿Consideran que las imágenes y/o el contenido de las películas, libros y videojuegos son responsables de la conducta de los jóvenes?

3. ¿Qué opinan del contenido visual y de las letras (*lyrics*) de los videos musicales? ¿Son adecuados para su audiencia?

**3** **En la tele** En grupos pequeños, imaginen que son los productores de una cadena de televisión de programas juveniles. Planeen un programa piloto teniendo en cuenta estos otros aspectos. Después, compartan sus "experimentos" con la clase y digan cuál creen que tendrá más éxito y por qué.

- la audiencia
- el contenido
- los personajes
- la competencia
- el horario
- el formato
- el mensaje
- el objetivo

# Drácula y los niños

copies

Estaba firmando ejemplares° de mi última novela en unos grandes almacenes, cuando llegó una señora con un niño en la mano derecha y mi libro en la izquierda. Me pidió que se lo dedicara mientras el niño lloraba a voz en grito.

—¿Qué le pasa? —pregunté.

—Nada, que quería que le comprara un libro de Drácula y le he dicho que es pequeño para leer esas cosas.

stopped

El niño cesó de° llorar unos segundos para gritar al universo que no era pequeño y que le gustaba Drácula. Tendría 6 ó 7 años, calculo yo, y al abrir la boca dejaba ver unos colmillos inquietantes, aunque todavía eran los de leche. Yo estaba un poco confuso. Pensé que a un niño que defendía su derecho a leer con tal ímpetu° no se le podía negar un libro, aunque fuera de Drácula. De modo que insinué tímidamente a la madre que se lo comprara.

energy

—Su hijo tiene una vocación lectora impresionante. Conviene cultivarla.

a fit

—Mi hijo lo que tiene es un ramalazo° psicópata que, como no se lo quitemos a tiempo, puede ser un desastre.

Me irritó que confundiera a Drácula con un psicópata y me dije que hasta ahí habíamos llegado.

—Pues si usted no le compra el libro de Drácula al niño, yo no le firmo mi novela —afirmé.

—¿Cómo que no me firma su novela? Ahora mismo voy a buscar al encargado.

Al poco volvió la señora con el encargado que me rogó que firmara el libro, pues para eso estaba allí, para firmar libros, dijo. El niño había dejado de llorar y nos miraba a su madre y a mí sin saber por quién tomar partido°. La gente, al oler la sangre, se había arremolinado° junto a la mesa. No quería escándalos, de modo que cogí la novela y puse: "A la idiota de Asunción (así se llamaba), con el afecto de Drácula". La mujer leyó la dedicatoria, arrancó la página, la tiró al suelo y se fue. Cuando salían, el pequeño volvió la cabeza y me guiñó un ojo de un modo extremadamente raro. Llevo varios días soñando con él. Quizá llevaba razón su madre. ∎

to take sides

crowded around

# Análisis

**1** **Comprensión** Contesta las preguntas.

1. ¿Qué hacía el autor en los grandes almacenes?

2. ¿Qué le pidió la señora al escritor?

3. ¿Por qué lloraba el niño?

4. ¿Qué vio el escritor cuando el niño abrió la boca?

5. ¿Por qué la madre se negó a comprarle el libro al niño?

6. ¿Por qué opinaba el autor que no se le podía negar un libro al niño?

7. ¿Qué le irritó al escritor y qué hizo?

8. ¿Qué le rogó el encargado que hiciera?

9. ¿Qué hizo la mujer después de leer la dedicatoria?

**2** **Interpretar** En parejas, contesten las preguntas.

1. ¿Cuál es el tema principal de este artículo? Pongan ejemplos del texto.

2. El texto está escrito con mucho sentido del humor. ¿Cuáles son algunos ejemplos?

3. ¿Por qué le irrita al escritor que la madre no le quiera comprar el libro al niño?

4. ¿Están de acuerdo con el escritor o con la madre?

5. ¿Por qué creen que el autor afirma al final que quizás tenía razón la madre?

**3** **Años después** En parejas, imaginen cómo va a ser la vida del niño en el futuro. Consideren estos aspectos. Luego, compartan sus historias con la clase.

| Casa | |
|---|---|
| Profesión | |
| Aficiones | |
| Vida sentimental | |
| Amigos | |

**4** **¡Estos niños!** La madre del relato está muy preocupada por el comportamiento de su hijo. ¿Qué le aconsejan ustedes para que el niño crezca sano y sea un adulto responsable? En parejas, denle consejos a la madre para que eduque bien a su hijo. Usen el subjuntivo.

> **Modelo**
> • Evite hacer comentarios que parezcan críticas.
> • Estimule su imaginación para que se desarrolle su lado artístico.

**5** **Drácula** En parejas, invéntense una breve conversación entre el conde Drácula y otro personaje de ficción conocido. Son amigos y hablan de sus vidas, de sus problemas y de sus ilusiones. Están un poco deprimidos y se dan consejos mutuamente. Usen el subjuntivo.

**6** **Efectos artísticos** El arte es necesario. ¿Puede también ser dañino (*harmful*)? En grupos de tres, hagan una lista de los daños que pueden causar distintas expresiones artísticas, su gravedad, dónde ocurren y sus efectos.

| Daño | Gravedad (fuerte, media, ligera) | Dónde ocurre | Efecto(s) |
|---|---|---|---|
| Uso de palabras obscenas | ligera | En las canciones populares | Algunos jóvenes podrían repetir lo que oyen. |
| | | | |
| | | | |
| | | | |
| | | | |

**7** **Situaciones** En parejas, elijan una de las situaciones e improvisen un diálogo. Utilicen al menos seis palabras de la lista. Cuando estén listos, represéntenlo para la clase.

| PALABRAS | | |
|---|---|---|
| dedicatoria | inquietante | mimado/a |
| gritar | insultar | planear |
| guiñar | invitar | prevenir |
| hasta que | llevar razón | sospechar |

**A**

Un(a) escritor(a) está firmando libros en un centro comercial. Un(a) admirador(a) un poco loco/a quiere que le firme un libro y, después, tomarse un café con él/ella para darle su opinión sobre su última novela. El/La autor(a) no quiere ir y discuten.

**B**

Un padre o una madre se pelea con su hijo/a adolescente porque no quiere que lea los libros de la serie *Harry Potter*, pues opina que son una mala influencia para él/ella.

# Preparación

## Sobre el autor

El actor y escritor argentino **Mex Urtizberea** (Buenos Aires, 1960) ha participado en numerosos programas de televisión, hecho grabaciones con personajes importantes de la música y escrito para periódicos prestigiosos. Incluso ha tenido tiempo para aparecer en varias películas. A pesar de dedicarse a tantos intereses, tiene claro qué es: "Soy humorista. Tengo como sello (*stamp*) la improvisación. Sé cómo hablar y decir las cosas, jugar con las palabras". Haga lo que haga, la obra de Mex Urtizberea es sinónimo de humor e ingenio.

| Vocabulario de la lectura | | Vocabulario útil |
|---|---|---|
| **aconsejable** *advisable* | **la jubilación** *retirement* | **la burla** *mockery, joke* |
| **cobrar** *to gain (importance, etc.)* | **el lapso** *lapse (of time)* | **la certidumbre** *certainty* |
| **la desconfianza** *distrust* | **el puñado** *handful* | **desechable** *disposable* |
| **desvincular** *to separate* | **renovar** *to renew* | **inseguro/a** *uncertain* |
| **durar** *to last* | **sucumbir** *to succumb* | **la justificación** *justification* |
| **la embestida** *charge, onslaught* | **vencer** *to expire* | **el vínculo** *link* |
| **inmutable** *unchanging* | | |

**1** **Diálogos a medias** Completa estos diálogos con las formas apropiadas de las palabras del vocabulario.

1. —¿Es cierto que la película _____ tres horas y media?
   —Sí, además es pésima (*terrible*). Pero _____ de sueño cuando comenzó y no sufrí demasiado.

2. —Buenos días, vengo a _____ mi pasaporte.
   —¿Cuándo _____?
   —El mes que viene.

3. —¡Qué señor tan raro! Se acerca su _____ y no está feliz.
   —Está inseguro y siente _____. No cree que el dinero le alcance.

4. —¿El torero (*bullfighter*) sobrevivió la _____ del toro?
   —Sí, y después se levantó _____ y saludó al público como si no hubiera pasado nada.

5. —Te recomiendo que ni hables ni te rías durante el juicio.
   —¿Por qué crees que no sea _____ hacerlo?
   —Porque la jueza es muy seria y no le gustan las _____.

**2** **El mundo de lo desechable** En parejas, contesten las preguntas. Después, compartan sus opiniones con la clase.

1. ¿Qué objetos desechables conocen? ¿Cuáles tienen ustedes?
2. ¿Por qué creen que hay cada vez más productos desechables?
3. ¿De qué manera se comporta la gente ante los objetos desechables?
4. ¿Y las relaciones humanas? ¿Qué relaciones humanas pueden ser "desechables"?
5. ¿Hay vínculos entre seres humanos que duren para toda la vida?

# Lo que dure
## *el amor*

**Por Mex Urtizberea**

*—¿Cuál es su fantasía, Bety?*

*—Acostarme y levantarme con la misma persona toda la vida.*

*—Caramba, su imaginación no tiene límites. ( Tute.)*

Alguna vez, las cosas fueron para siempre. Los vasos duraban toda la vida. Los juguetes eran eternos. Una heladera° *refrigerator* permanecía inmutable décadas y décadas en la misma cocina. El hombre mantenía su lugar de trabajo hasta el resto de su vida o, al menos, hasta que la jubilación los separase. El matrimonio era hasta la muerte.

Algo cambió y las cosas cambiaron. Los vasos duran una fiesta. Los juguetes sucumben en la primera embestida. La heladera dura hasta que aparece una más moderna, o hasta que se

---

Por amor al arte

rompe y es más aconsejable comprar una nueva que arreglarla. Los trabajos son temporarios, por decisión de los mercados o por decisión del que trabaja, que muchas veces prefiere cambiar los horizontes para enriquecer° *enrich* su vida. Y una diputada alemana, que pertenece al partido más conservador, acaba de plantear como proyecto que el matrimonio dure legalmente siete años, porque se ha calculado que es más o menos lo que dura el amor: luego de ese lapso, propone que el contrato matrimonial se venza; quien quiera renovarlo, lo puede renovar; quien no lo renueva, queda desvinculado de su pareja sin trámite mediante°. Así habrá menos *further paperwork* divorcios, dice.

Ya nada es para siempre. Ni el amor ni el trabajo ni las heladeras.

La discusión de si es mejor o peor así es una de las pocas cosas eternas que siguen existiendo; por lo demás, sólo un puñado de cosas parecen decididas a ser perpetuas, inamovibles°, intactas, para *immovable* toda la vida: los tatuajes°, la elección del *tattoos* cuadro de fútbol°, el capitalismo (aunque *soccer club* lo disimule mutando° en distintas *mutating* formas), y la policía, tal como afirmaba Honoré de Balzac: "los gobiernos pasan; las sociedades mueren; la policía es eterna".

Alguna vez, las cosas fueron para siempre, y algo cambió, que las cosas cambiaron.

Con un promedio de vida° que *average life expectancy* aleja° la muerte, los tiempos del ser *pushes back* humano han cobrado nuevos sentidos; con la desconfianza de que exista una

## La vida desechable

♥ El número de personas divorciadas en los Estados Unidos se cuadruplicó° entre 1970 y 1996.

♥ Ahora, las parejas preocupadas por la crisis de los siete años deben ponerse en guardia° mucho antes. Según estudios, ahora esta crisis ocurre a los dos años de casados. Una de cada doce parejas se divorcia a los 24 meses de casados; ¡más del doble de los que se divorcian a los siete años!

♥ Cada año los estadounidenses se deshacen de° aproximadamente diez millones de refrigeradores/congeladores, 4,5 millones de unidades de aire acondicionado y 1,8 millones de deshumidificadores°.

♥ El estadounidense promedio habrá tenido 10 trabajos entre los 18 y los 38 años de edad. Según el Departamento del Trabajo de los EE.UU., el empleado promedio cambia de carrera de 3 a 5 veces durante el transcurso de su vida.

**se cuadruplicó** *quadrupled* **ponerse en guardia** *be on their guard* **se deshacen de** *get rid of* **deshumidificadores** *dehumidifiers*

vida después de ésta, también. Las fechas de vencimiento se han modificado (se han adelantado, en algunos casos, y se han postergado° en otros), las ofertas *postpo* se han multiplicado y las decisiones han dejado de tener que ser para siempre; ahora son decisiones temporales.

Si es mejor así o si es peor así, es una discusión que quizá dure eternamente.

Mientras tanto, el amor va a durar lo que dura el amor (toda la vida, siete años, veinte minutos... ¿quién puede establecerlo?), y las heladeras, el tiempo que se les ocurra a los benditos° fabricantes. ■ *blessed damned*

Diario *La Nación*, 28 de septiembre de 2007.

# Análisis SUPERSITE

**1** **Comprensión** Indica si las oraciones son **ciertas** o **falsas**. Corrige las falsas.

1. Los juguetes de antes se rompían tan fácilmente como los actuales.

2. Antes, cuando la gente se aburría de su trabajo, buscaba otro.

3. Puede ser mejor comprar una heladera nueva que arreglar una vieja que esté rota.

4. El proyecto de la diputada alemana es que los matrimonios duren un máximo de siete años.

5. Según el artículo, el simpatizante de un cuadro de fútbol no cambia de equipo favorito.

6. El promedio de vida moderno tiene un efecto estabilizador.

7. Nadie sabe cuánto dura el amor.

8. Los fabricantes de heladeras no saben cuánto tiempo pueden durar sin romperse.

**2** **Antes y ahora** En parejas, completen esta tabla con los adjetivos adecuados del artículo. Después trabajen con otra pareja para debatir: la primera pareja a favor de **Antes** y la segunda a favor de **Ahora**. ¿Cuándo estaban mejor las cosas? Utilicen la información de la tabla en sus argumentos.

|  | Antes | Ahora |
|---|---|---|
| 1. los vasos |  |  |
| 2. los juguetes |  |  |
| 3. las heladeras |  |  |
| 4. el trabajo |  |  |
| 5. el matrimonio |  |  |
| 6. el capitalismo |  |  |
| 7. el amor |  |  |

**3** **Las emociones** En grupos de tres, ordenen estas emociones en la línea del tiempo, de la más transitoria a la más duradera. Razonen sus decisiones y comparen sus resultados con la clase.

| la alegría | el enojo | el rencor (*bitterness*) |
| el enamoramiento | la nostalgia | la vergüenza |

———————  ————————  ————————  ————————  ————————  ————————

Transitorio                                                                 Duradero

**4** **¿Qué no cambia?** Según el artículo, la policía, los tatuajes y el cuadro de fútbol duran toda la vida. En parejas, decidan qué cosas permanecen inmutables en las siguientes áreas. Preparen argumentos para defender sus decisiones.

- las relaciones humanas
- la política internacional
- la moda
- la tecnología
- las costumbres de tu ciudad
- el deporte

**5 El amor y el olvido** En parejas, lean esta cita de Pablo Neruda. ¿Qué quiso decir el poeta con esto? ¿Se refería Neruda a cómo eran las cosas antes o cómo lo son ahora? ¿Están ustedes de acuerdo? Razonen sus respuestas y compártanlas con la clase.

> "Es tan corto el amor y tan largo el olvido."
> Pablo Neruda

**6 Un mundo en reparaciones** En parejas, imaginen un futuro en el que las personas arreglan las cosas viejas en vez de comprar nuevas. Contesten estas preguntas y compartan sus respuestas con la clase.

1. ¿Qué personas tendrán más trabajo? ¿Quiénes tendrán menos?
2. ¿Qué ocurrirá con el comercio? ¿Y con la publicidad?
3. ¿De qué manera se relacionará la gente con las cosas?
4. ¿Qué ocurrirá con la tecnología?
5. ¿Qué ocurrirá con la ecología?
6. ¿Habrá nuevos o diferentes problemas sociales? ¿Cuáles?

**7 Lo que dure el arte** ¿Y qué tal el arte? ¿Es transitorio, duradero o entre los dos? En grupos de tres, usen ejemplos de obras como éstas para apoyar sus argumentos.

*Las Meninas,* Diego Velázquez   Santos de palo puertorriqueños   *La Sagrada Familia,* Antonio Gaudí

**8 Situaciones** En parejas, elijan una situación e improvisen un diálogo. Utilicen al menos seis palabras o expresiones de la lista. Cuando estén listos, represéntenlo ante la clase.

**PALABRAS**

| | | |
|---|---|---|
| aconsejable | durar | desechable |
| burla | inmutable | inseguro |
| cobrar | renovar | justificación |
| desconfianza | vencer | vínculo |

**A**
Dos amigos/as discuten sobre la propuesta de la diputada alemana. Uno/a está de acuerdo con que el matrimonio debe ser un contrato renovable de siete años, y el/la otro/a cree que es una ley mala.

**B**
Un vendedor de televisores intenta convencer a un(a) cliente/a de que compre uno de plasma o alta definición y deseche el que tiene. Él/Ella se niega porque dice que el suyo aún funciona perfectamente.

# Preparación

## Sobre el autor

**A**ugusto Monterroso (Honduras, 1921–México, 2003) pasó su infancia y juventud en Guatemala, país que abandonó por motivos políticos en 1944. A partir de entonces vivió en México. Monterroso escribió ensayos, cuentos y fábulas, siempre con un humor inteligente que se convirtió en su marca de estilo. Entre sus obras publicadas se encuentran *La oveja negra y demás fábulas* (1969), la novela *Lo demás es silencio* (1978), la obra de textos misceláneos *La letra e* (1987) y *Pájaros de Hispanoamérica* (2002). Monterroso recibió el Premio Príncipe de Asturias de las Letras en 2000.

## Sobre la fábula

"**E**l mono que quiso ser escritor satírico" es una fábula, una breve composición literaria cuyos personajes son animales, árboles u otros objetos inanimados. A través de la personalidad de estos seres se intenta dar una enseñanza. La inteligencia e ironía de Monterroso convierte sus fábulas en el mejor medio para presentar su visión de la naturaleza humana y de la vida contemporánea.

| Vocabulario de la lectura | | Vocabulario útil |
|---|---|---|
| **la abeja** *bee* | **la gallina** *hen* | **alocado/a** *reckless* |
| **adulatorio/a** *flattering* | **el gallo** *rooster* | **arrogante** *arrogant* |
| **agasajar** *to receive (a guest)* | **inquieto/a** *restless* | **astuto/a** *cunning* |
| **aludir** *to allude* | **laborioso/a** *hard-working* | **hablador(a)** *talkative* |
| **el cargo** *position* | **mejorar** *to improve* | **moraleja** *moral* |
| **la cigarra** *cicada* | **el/la mono/a** *monkey* | **presumido/a** *conceited* |
| **comprensivo/a** *understanding* | **renunciar** *to give up* | **ruidoso/a** *noisy* |
| **la debilidad** *weakness* | **la selva** *jungle* | **vanidoso/a** *vain* |
| **distraído/a** *absent-minded* | **la urraca** *magpie* | |

**1** **Vocabulario** Marca la palabra que no corresponde.

1. a. gallo     b. gallina     c. moraleja     d. pájaro
2. a. mono     b. cargo     c. selva     d. árbol
3. a. distraída     b. vanidosa     c. arrogante     d. presumida
4. a. ruidosa     b. habladora     c. alocada     d. abeja
5. a. presumido     b. astuto     c. laborioso     d. trabajador

**2** **Vocabulario** Escribe dos cualidades que atribuyas a estos animales. Después, comprueba si coinciden con las cualidades de los personajes de la fábula.

| Animales | Cualidades | ¿Coincide con fábula? |
|---|---|---|
| gallina | | |
| mono | | |
| abeja | | |
| serpiente | | |

# El mono que quiso ser escritor satírico

En la Selva vivía una vez un Mono que quiso ser escritor satírico. Estudió mucho, pero pronto se dio cuenta de que para ser escritor satírico le faltaba conocer a la gente y se aplicó a visitar a todos y a ir a los cócteles y a observarlos por el rabo del ojo° mientras estaban distraídos con la copa en la mano.

Como era de veras° gracioso y sus ágiles piruetas entretenían a los otros animales, en cualquier parte era bien recibido y él perfeccionó el arte de ser mejor recibido aún.

No había quien no se encantara con° su conversación y cuando llegaba era agasajado con júbilo tanto por las Monas como por los esposos de las Monas y por los demás habitantes de la Selva, ante los cuales, por contrarios que fueran a él en política internacional, nacional o doméstica, se mostraba invariablemente comprensivo; siempre, claro, con el ánimo de°

investigar a fondo° la naturaleza humana y poder retratarla° en sus sátiras.

Así llegó el momento en que entre los animales era el más experto conocedor de la naturaleza humana, sin que se le escapara nada.

Entonces, un día dijo voy a escribir en contra de los ladrones, y se fijó en la Urraca, y principió° a hacerlo con entusiasmo y gozaba y se reía y se encaramaba° de placer a los árboles por las cosas que se le ocurrían acerca de la Urraca; pero de repente reflexionó que entre los animales de sociedad que lo agasajaban había muchas Urracas y especialmente una, y que se iban a ver retratadas en su sátira, por suave que la escribiera, y desistió° de hacerlo.

Después quiso escribir sobre los oportunistas, y puso el ojo en la Serpiente, quien por diferentes medios —auxiliares en realidad de su arte adulatorio— lograba siempre

*corner of the eye*

*really*

*be delighted by*

*with the intention of*

*in dep...*
*to por...*

*began*

*climbe...*

*gave up*

conservar, o sustituir, mejorándolos, sus cargos; pero varias Serpientes amigas suyas, y especialmente una, se sentirían aludidas, y desistió de hacerlo.

Después deseó satirizar a los laboriosos compulsivos° y se detuvo en la Abeja, que trabajaba estúpidamente sin saber para qué ni para quién; pero por miedo de que sus amigos de este género, y especialmente uno, se ofendieran, terminó comparándola favorablemente con la Cigarra, que egoísta no hacía más que cantar y cantar dándoselas de poeta, y desistió de hacerlo.

Después se le ocurrió escribir contra la promiscuidad sexual y enfiló° su sátira contra las Gallinas adúlteras que andaban todo el día inquietas en busca de Gallitos; pero tantas de éstas lo habían recibido que temió lastimarlas, y desistió de hacerlo.

Finalmente elaboró una lista completa de las debilidades y los defectos humanos y no encontró contra quién dirigir sus baterías, pues todos estaban en los amigos que compartían su mesa y en él mismo.

En ese momento renunció a ser escritor satírico y le empezó a dar por la Mística y el Amor y esas cosas; pero a raíz de° eso, ya se sabe cómo es la gente, todos dijeron que se había vuelto loco y ya no lo recibieron tan bien ni con tanto gusto. ∎

*taholics*

*directed*

*as a result of*

Para escuchar una grabación
de este texto, visita
**revista.vhlcentral.com**

# Análisis

**1** **Comprensión** Contesta las preguntas.

1. ¿Qué quería ser el Mono?

2. ¿Qué necesitaba hacer para ser escritor?

3. ¿Por qué era bien recibido en cualquier parte?

4. ¿Con qué intención se mostraba el Mono invariablemente comprensivo?

5. ¿Por qué decidió no escribir en contra de los ladrones?

6. ¿Qué lograba siempre la Serpiente?

7. ¿Por qué considera el Mono que la Abeja trabaja compulsivamente?

8. ¿Por qué renunció a ser escritor satírico?

9. ¿Qué ocurrió en su vida social una vez que decidió no ser escritor?

**2** **Ampliar** En parejas, contesten las preguntas.

1. ¿Qué costumbres y actos quiere criticar el Mono escritor?

2. ¿Por qué el autor escribió los nombres de los animales con mayúsculas (*capital letters*)?

3. ¿Con qué grupos profesionales relacionan ustedes las costumbres que quiere criticar el escritor? ¿Por qué?

4. Si fueran escritores, ¿sobre qué temas escribirían y por qué?

**3** **Amigos** Escribe cuatro cualidades positivas y cuatro negativas de un(a) amigo/a. Después, contesta las preguntas y comparte tus respuestas con la clase.

| Cualidades | |
|---|---|
| **Positivas** | **Negativas** |
| | |
| | |
| | |
| | |

1. ¿Les dices a tus amigos abiertamente lo que piensas de ellos? ¿Por qué?

2. ¿Los felicitas por sus cualidades positivas? ¿Por qué?

3. ¿Les mencionas sus defectos o lo que te molesta de ellos? ¿Por qué?

4. ¿Qué harías si fueras periodista y descubrieras que tu mejor amigo/a ha cometido un crimen? ¿Publicarías la historia? ¿Por qué? Y si fueras policía, ¿lo denunciarías?

**4** **Arte y moraleja** Una fábula expresa una moraleja a través de una historia breve; sus personajes principales son a menudo animales. En grupos de tres, elijan tres medios artísticos distintos y hablen de las formas en que cada uno es capaz de expresar una moraleja. Luego compartan sus ideas con la clase.

**5** **Fábulas** En parejas, elijan tres de estos animales. Primero, escriban para cada uno la moraleja que puede enseñar según sus características. Después, escriban el resto de las fábulas. Usen el subjuntivo tres veces como mínimo. Cuando terminen, compartan su fábula con la clase.

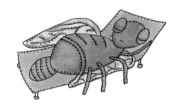

**6** **Un propósito** Las fábulas no son el único tipo de arte con un propósito específico. En parejas, propongan tres ejemplos de distintos tipos de arte y de sus propósitos. Compartan sus ideas con la clase.

**7** **Situaciones** En parejas, elijan una de las situaciones y escriban un diálogo basado en ella. Usen al menos seis palabras de la lista. Cuando lo terminen, represéntenlo delante de la clase.

| PALABRAS | | |
|---|---|---|
| aludir | debilidad | presumido/a |
| arrogante | distraído/a | renunciar |
| astuto/a | inquieto/a | serpiente |
| cargo | mejorar | urraca |
| comprensivo/a | mono | vanidoso/a |

**A**
Uno/a de ustedes es un(a) escritor(a) que tiene un(a) amigo/a famoso/a por crímenes, mentiras, corrupción, etc. El/La escritor(a) ha publicado un artículo criticando a su amigo/a. Se pelean.

**B**
Dos animales de la selva se pelean porque los dos quieren ser el jefe de todos los animales. Ustedes eligen los animales que deseen. Cada uno/a tiene que dar razones para explicar por qué es el/la mejor líder.

# Preparación

## Sobre el autor

La obra de **Carlos Loiseau**, conocido como Caloi (Salta, Argentina, 1948), ha sido premiada en multitud de ocasiones y ha aparecido en publicaciones tan reconocidas como *Atlántida, Cronopios, Tía Vicenta, Satiricón, Siete días* y *Clarín*. Clemente es su personaje de mayor proyección y desde 1973 aparece todos los días en la tira cómica del mismo nombre.

| Vocabulario útil | | |
|---|---|---|
| **la altura** *height* | **la escalera** *stairway* | **el rascacielos** *skyscraper* |
| **la autopista** *highway* | **el/la guardia de seguridad** *security guard* | |
| **besar** *to kiss* | | **la salida de emergencia** *emergency exit* |
| **la carretera** *road* | **la pareja** *couple* | |

**1** **La ciudad** En parejas, miren las primeras seis viñetas de la tira cómica y describan cómo es la ciudad que ven. ¿Qué ambiente quiere transmitir el autor?

**2** **A todos los empleados** En grupos pequeños, imaginen que son directores de una empresa y preparen una lista de normas de conducta para los empleados. Usen el subjuntivo. Compartan después sus listas con los demás grupos.

# Análisis

**1** **Narrar** En parejas, describan viñeta a viñeta lo que ocurre en la tira cómica.

**2** **Imaginar** En parejas, contesten las preguntas. Sean imaginativos/as.

1. ¿Qué tipo de relación tiene la pareja? ¿Cuándo se conocieron?

2. ¿En qué tipo de empresa trabajan?

3. ¿Por qué se asustan todos cuando se dispara (*goes off*) la alarma?

**3** **La vida en color** En grupos pequeños, analicen los colores que ilustran esta tira cómica y contesten las preguntas. Finalicen la actividad compartiendo sus observaciones y comentarios con la clase.

1. ¿Qué color predomina en esta tira cómica? ¿Tiene algún significado?

2. ¿Qué representan el color rojo y el amarillo?

3. ¿Por qué estos dos colores sólo aparecen al final?

**4** **¿Qué hacemos?** En parejas, imaginen un diálogo entre los dos amantes. Ellos se quieren escapar y están planeando su futuro. Utilicen el subjuntivo.

> **Modelo**
>
> JUAN: …Yo también te quiero y lo digo para que todos lo oigan. Huyamos antes de que destruyan nuestro amor. Casémonos sin que nadie lo sepa.
>
> LOLA: ¡Sí! Y vivamos en un lugar que esté lejos de la civilización, un lugar que tenga lagos y palmeras y cocos y…
>
> JUAN: Donde tú quieras con tal de que estemos siempre juntos.

# ¡Alerta roja! de **Caloi**

# Exprésate sobre el arte

El *Diccionario del uso del español* da esta acepción (*definition*) de arte: "actividad humana dedicada a la creación de cosas bellas". El *Diccionario de la Lengua Española* lo define así: "Manifestación de la actividad humana mediante la cual se expresa una visión personal y desinteresada que interpreta lo real o imaginado con recursos plásticos, lingüísticos o sonoros." ¿Estás de acuerdo con estas definiciones? ¿Por qué?

*Los fusilamientos del 3 de mayo en Madrid*, de Francisco de Goya

### Plan de redacción

## Planea

**1 Elige el objetivo de tu composición** ¿Crees que el arte es importante? ¿Por qué? ¿Te interesa a ti? ¿Participas en actividades artísticas? ¿Crees que el arte ayuda a mejorar la sociedad? ¿Crees que el concepto de lo que es arte está evolucionando? Usa estas sugerencias para elegir un objetivo para tu composición:

- comparar el concepto de arte que se tenía en otros siglos con el concepto de arte de hoy día

- imaginar cómo sería la vida sin arte y compararla con la vida real

- opinar si el arte es importante para la evolución social y política

- otra

## Escribe

**2 Introducción** Plantea el objetivo de tu composición.

**3 Argumentos y ejemplos** Da argumentos y ejemplos para ilustrar tu punto de vista.

**4 Conclusión** Resume brevemente tu opinión.

## Comprueba y lee

**5 Revisa** Lee tu composición para mejorarla.

- Evita las oraciones demasiado largas. Usa un estilo claro y sencillo.

- Utiliza frases y conjunciones para comparar o contrastar ideas: aunque / si bien / sin embargo / más, menos / al igual que / a diferencia de / tanto... como.

- Verifica que los ejemplos y argumentos ilustren tu punto de vista.

**6 Lee** Lee tu composición a tus compañeros de clase. Ellos tomarán notas y luego te harán preguntas.

# Los misterios del amor

Nos hacemos tantas preguntas sobre el amor que no tienen respuesta... ¿O sí la tienen? ¿Qué es el amor? ¿Por qué nos enamoramos? ¿Cómo se pasa del enamoramiento al amor? En esta tertulia van a intentar resolver entre todos los misterios del amor. ¿Se atreven?

**1** La clase se divide en grupos pequeños. Tienen que contestar estas preguntas.

¿Qué importancia tiene la atracción física en el enamoramiento?

¿Qué factores intervienen en la experiencia amorosa?

¿Es posible enamorarse por Internet?

¿Es posible encontrar el amor en un programa de televisión? ¿Por qué han tenido tanto éxito esos programas?

El amor a primera vista, ¿es un mito?

¿Creen que existe una media naranja (*better half*) para cada uno de nosotros?

**2** En el caso de que no todos los miembros del grupo estén de acuerdo, pueden mencionar que dentro del grupo hay distintas opiniones y explicar cuáles son.

**3** Los diferentes grupos presentan sus ideas a la clase, mientras todos toman nota.

**4** Cuando todos los grupos terminen sus presentaciones, toda la clase debe participar haciendo preguntas y/o defendiendo sus opiniones.

# 6

# Modos de vivir

**M**ientras unos queremos tener una rutina diaria, otros, en cambio, nos sentimos atrapados en la monotonía. ¿Cómo debemos vivir? A unos, cualquier cambio, aunque pequeño, nos aflige. A otros, todo cambio nos da impulso. ¿Dónde encontramos el equilibrio?

**¿Cómo es tu estilo de vida?**

**¿Qué cambiarías si pudieras?**

**¿Bajo qué circunstancias?**

148

156

170

# Preparación

## Vocabulario del corto

**el/la agricultor(a)** *farmer*
**el/la cabro/a** *goat*
**el/la chivo/a** *goat*
**enfriarse** *to get cold*
**extrañar a alguien o algo** *to miss someone or something*
**hacer caso** *to obey*
**hacerse tarde** *to become late*
**la hembra** *female*

**la hierba** *grass*
**huérfano/a** *orphan*
**largarse** *to scram*
**la mata** *plant*
**el patio trasero** *backyard*
**la regla** *rule*
**velar por alguien o algo** *to look out for someone or something*

## Vocabulario útil

**afilar** *to sharpen*
**el desempleo** *unemployment*
**jugar al escondite** *to play hide and seek*
**la navaja** *jackknife*
**la nostalgia** *nostalgia*
**piar** *to chirp*
**tirar** *to throw*
**la vela** *candle*

### EXPRESIONES

**Condenao.** *Damn.*

**Estar hecho un hombrecito.** *To be almost a man.*

**Veremos a ver.** *Don't test me.*

**No te la eches tanto.** *Don't brag too much.*

**Así son las cosas.** *That's how things are.*

---

**1**  **Crucigrama** Completa el crucigrama. Una vez completo, aparecerá una palabra del cortometraje en el centro. Escribe una oración completa con ella.

1. Perder calor
2. Sinónimo de cabro
3. Cuando no se tiene trabajo
4. Sinónimo de planta
5. Cuando alguien no te obedece, no te hace…

6. Da luz cuando no hay electricidad.
7. Hombre que trabaja en el campo
8. Lo que se hace con los cuchillos para que corten
9. Lo que hacen los pájaros

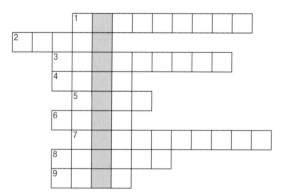

**2** **Título** En parejas, imaginen qué puede significar el título del cortometraje *My Backyard was a Mountain*. ¿Por qué creen que es en inglés? Preparen una lista de ideas y luego compartan su lista con la clase.

**3** **Nostalgia** En parejas, háganse las preguntas y contesten detalladamente.

1. ¿Tenías una mascota de niño/a? ¿La tienes ahora? ¿Qué era?

2. ¿Es bueno que los niños tengan animales domésticos? ¿Por qué?

3. ¿Has vivido siempre en el mismo lugar?

4. ¿Has sentido alguna vez nostalgia? ¿Por qué?

5. ¿Te gustaría volver a ser niño/a?

6. ¿Sigues en contacto con los amigos de tu infancia?

**4** **¿Campo o ciudad?** En parejas, hagan dos listas, una con el título **Campo** y otra con el título **Ciudad**, en las que mencionen los aspectos positivos de vivir en un sitio o en otro. Después, decidan dónde preferirían vivir en un futuro. Una vez que hayan terminado, compartan sus conclusiones con la clase.

| Campo | Ciudad |
| --- | --- |
| | |

**5** **Emigración** En grupos de tres, hablen sobre la emigración. Comenten estas preguntas y luego compartan sus conclusiones con la clase.

- ¿Cuáles son las causas más frecuentes de la emigración?
- Si tuvieran que emigrar, ¿a qué país irían? ¿Qué factores tendrían en cuenta a la hora de elegir el lugar?

**6** **Anticipar** En parejas, observen los fotogramas e imaginen de qué va a tratar este cortometraje. Consideren las preguntas, el vocabulario y el título del cortometraje para hacer sus previsiones.

- ¿Qué quiere hacer el niño con el cabro?
- ¿Está contento o triste?
- Los niños están en un camión. ¿Adónde creen que van?

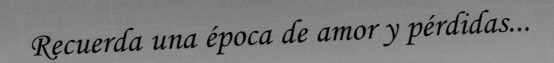

*Recuerda una época de amor y pérdidas...*

# My Backyard Was A Mountain

GUIÓN Y DIRECCIÓN **ADAM SCHLACHTER**   PRODUCCIÓN **AUSTIN WAKEFIELD**   CINEMATOGRAFÍA **MÁTYÁS ERDÉLY**

EDICIÓN **STEPHANIE HERNSTADT**   MÚSICA **CARLOS JOSÉ ÁLVAREZ**   PRODUCTORES EJECUTIVOS **NIKKI DALMAU/TAYNA RIVERA**

ACTORES **ANDREW AGUILAR, LEILY SÁNCHEZ, JOHNNY RAY RODRÍGUEZ, ADA LUZ PLA, DANIEL LUGO**

AÑO **2005**   PAÍS **ESTADOS UNIDOS**   DURACIÓN **24 MINUTOS**

---

**FICHA** **Personajes** Adán, Denise, Pablo (el padre), Lilliam (la madre), Francisco (el heladero), Tiaca (la mujer de la montaña), Guillermo (el agricultor)

# ESCENAS

 Para ver este corto, visita revista.vhlcentral.com

**1**

**Padre** *(hablando del chivo de Adán)* Se lo voy a vender a Guillermo.
**Adán** ¿Al agricultor? Se lo va a comer.
**Padre** No se lo va a comer.
**Adán** ¡Pero mata a los animales!

**2**

**Madre** ¿Por qué no te buscas un trabajo por aquí? Es que Adán no ha terminado sus clases.
**Padre** Hay buenas escuelas en Nueva York.
**Madre** Pero si no habla inglés.
**Padre** Que aprenda, él no es tonto.

**3**

**Padre** Levántate.
**Adán** ¿Qué pasa?
**Padre** ¿Conoces a alguien que quiera comprar el cabro?
**Adán** ¿Eh?
**Padre** Tienes un día para venderlo. Si no, se lo vendo a Guillermo.
**Adán** Muy bien, papá. Buenas noches.

**4**

**Denise** ¿Por qué siempre hablas con él?
**Adán** Porque ser un cabro no significa que no me pueda entender. Yo aprendí en la escuela que los cabros son muy inteligentes.
**Denise** *(riéndose)* Eres tonto, Adán.
**Adán** Nos vemos.
**Denise** Espera, te ayudaré. Me gusta el cabro.

**5**

**Adán** Estaba pensando si usted...
**Tiaca** ... No son huérfanos, ¿verdad?
**Denise** No.
**Tiaca** No creo que pueda cuidar más niños. Estoy muy vieja.
**Adán** Es que no tengo a nadie que cuide a mi...

**6**

**Denise** ¿Vas a regresar?
**Adán** No sé.
**Denise** Quizás me puedas traer algo de Nueva York.
**Adán** Quizás me puedas visitar.
**Denise** Quizás.

## Nota CULTURAL

A principios del siglo XX, muchos comerciantes puertorriqueños vieron la oportunidad de ampliar sus redes (*networks*) comerciales en Estados Unidos. Después de que Puerto Rico adoptara legalmente la categoría de Estado Libre Asociado en 1952, Estados Unidos promovió la emigración puertorriqueña para ayudar a levantar la economía de la isla. La nueva ola de inmigrantes se instaló sobre todo en el noreste norteamericano, especialmente en Nueva York. En esa ciudad ya existía una importante comunidad puertorriqueña que mantenía vivas su cultura y tradiciones, facilitando así la adaptación al nuevo país para los recién llegados.

## EN PANTALLA

**Ordenar** Mientras ves el corto, ordena lo que va ocurriendo en él.

___ a. Visitan a Tiaca.

___ b. Adán regresa al pueblo de adulto.

___ c. Los niños juegan al escondite.

___ d. El padre vuelve de Estados Unidos.

___ e. Le da el chivo a Guillermo, el agricultor.

___ f. Llega don Francisco con el camión de los helados.

# Análisis

**1** **Comprensión** Indica si las afirmaciones son **ciertas** o **falsas**. Corrige las falsas.

1. Adán nació en Nueva York.

2. Adán y su familia viven en un pueblo de Puerto Rico.

3. El padre de Adán trabaja en Estados Unidos.

4. La madre desea irse a vivir a otro país.

5. El niño no quiere llevarse al chivo con él.

6. Tiaca acepta quedarse con la mascota.

7. Adán le vende el cabro a Guillermo.

8. Adán regresa al pueblo cuando han pasado muchos años.

**2** **Interpretación** Contesten las preguntas en parejas.

1. ¿Qué tipo de relación tienen Adán y Denise?

2. ¿Por qué lo acompaña Denise a casa de Tiaca?

3. ¿Tiene Adán una idea realista de lo que lo espera en los Estados Unidos?

4. ¿Tiene Adán buenos motivos para juzgar a Guillermo?

5. ¿Cómo cambiará la vida de Adán después de que abandone su pueblo?

6. ¿Qué le ocurrirá al chivo después de que Adán y su familia se vayan?

7. ¿Es importante la ropa que lleva Adán a su vuelta? ¿Cómo interpretan el final de la historia?

8. ¿Por qué está en inglés el título del cortometraje?

**3** **Contextos** En grupos de tres, miren el fotograma. Después, compartan con la clase sus opiniones sobre el significado que tiene dentro del argumento de la historia. Vuelvan a ver el corto si es necesario.

**4** **¡Tanto tiempo!** Trabajen en grupos de tres para contestar las preguntas. Compartan sus opiniones y respalden (*support*) sus teorías con ejemplos del corto.

• ¿Qué tipo de relación creen que van a desarrollar Adán y Denise?

• ¿Piensan que han estado en contacto durante estos años? ¿Por qué?

• ¿Creen que sigan siendo amigos a pesar del paso del tiempo?

**5** **Citas** En grupos de tres, lean estas citas tomadas del cortometraje. Primero, decidan qué personaje dijo cada una y luego expliquen su significado. Compartan sus resultados con la clase.

> "Espera. Es mío. Yo lo llevaré."

> "Es bastante grandecito, está hecho un hombrecito."

> "¿Por qué no te buscas un trabajo por aquí?"

> "Mi padre me hacía subir este monte los fines de semana."

> "Además, ya no te quiero. Apestas mucho."

**6** **La marcha** En parejas, imaginen que abandonan hoy mismo su país y no tienen mucho tiempo para despedirse de sus familiares y amigos ni de recoger todos sus objetos personales. Contesten las preguntas y justifiquen sus respuestas.

- ¿Qué circunstancias los/las obligarían a abandonar su país deprisa?
- ¿De quién se despedirían?
- ¿Qué lugares visitarían antes de irse?
- ¿Qué objetos se llevarían?
- ¿Qué objetos regalarían o venderían?
- ¿Qué plato(s) comerían por última vez?
- ¿Qué medio de transporte usarían para marcharse?
- ¿Cuánto tiempo necesitarían para hacerlo todo?

**7** **Situaciones** En parejas, elijan una de las situaciones e improvisen un diálogo. Utilicen al menos seis palabras o expresiones de la lista. Cuando estén listos, represéntenlo delante de la clase.

| PALABRAS | | |
|---|---|---|
| desempleo | hierba | patio trasero |
| extrañar | jugar al escondite | regla |
| hacer caso | largarse | tirar |
| hacerse tarde | nostalgia | velar |

**A**
Un matrimonio discute sobre la posibilidad de emigrar a otro país para empezar una nueva vida. Uno de ellos se quedó sin trabajo y está a favor de la marcha. El otro no quiere abandonar su país. Los dos expresan sus posturas.

**B**
Adán y Denise se encuentran de nuevo después de pasar varias décadas sin verse. ¿Qué se dicen? Improvisen un diálogo en el que Adán le cuenta a Denise su vida en los Estados Unidos y ella le cuenta a él la suya en Puerto Rico. Cada uno debe decir cómo lo afectó la separación.

# Oraciones condicionales con si

**Recuerda**

Las oraciones condicionales indican en una cláusula subordinada la condición necesaria para que la acción de la cláusula principal se realice. Se pueden formar con **si** seguido por indicativo o por subjuntivo, y el orden de las cláusulas es reversible.

## Si con indicativo

Cuando si va seguido del presente de indicativo, existe la posibilidad de que los hechos que se proponen se cumplan en el futuro.

- **Si + presente de indicativo, futuro**
  *Si se mudan, Adán no verá más a Denise.*

- **Si + presente de indicativo, ir a + infinitivo**
  *Si dejan la montaña, el agricultor va a quedarse con el chivo.*

- **Si + presente de indicativo, mandato**
  *Si tienes miedo de cruzar el arroyo, dame la mano.*

- **Si + presente de indicativo, presente de indicativo**
  *Si Adán vuelve a la montaña, encuentra a Denise.*

*Si la familia abandona el campo, cambiará su forma de vida.*

Cuando se habla de hechos que eran posibles en el pasado, se usa el imperfecto de indicativo.

- **Si + imperfecto de indicativo, imperfecto de indicativo**
  *Si el padre de Adán hablaba de irse, no lograba convencer a su esposa.*

*Si pasaba el heladero, los niños le compraban helado.*

## Si con subjuntivo

Cuando **si** va seguido del imperfecto de subjuntivo, propone una situación hipotética que no es realidad en el presente.

- **Si + imperfecto de subjuntivo, condicional**

  *Si Adán **pudiera** llevarse al chivo, no lo **vendería**.*

Cuando **si** va seguido del pluscuamperfecto de subjuntivo, presenta una situación hipotética que no se hizo realidad en el pasado.

- **Si + pluscuamperfecto de subjuntivo, condicional perfecto**

  *Si Adán **hubiera olvidado** a Denise, no la **habría buscado**.*

*Si los niños no **hubieran disfrutado** tanto de su vida, se **habrían sentido** felices de dejarla atrás.*

**Como si** (*as if*) propone situaciones que son hipotéticas y sólo puede ir seguido de imperfecto de subjuntivo o de pluscuamperfecto de subjuntivo.

*El padre le regala un cuchillo, **como si** Adán **fuera** mayor.*

*La madre reaccionó **como si hubiera comprendido** que no volverían.*

## Práctica

**1** **Siempre una condición** Junta los elementos para crear oraciones completas. Usa los tiempos verbales entre paréntesis y empieza cada oración con **Si**.

**Modelo** tú / tener tiempo (pres. indic.) / tú / llamarme (mandato)

*Si tienes tiempo, llámame.*

1. tú / estar aquí (imp. subj.) / nosotras / empezar la reunión (cond.)
2. ella / no sentirse mejor (pres. indic.) / ellos / cancelar los planes (fut.)
3. yo / verlos (pluscuam. subj.) / yo / invitarlos (cond. perf.)
4. ustedes / volver temprano (pres. indic.) / nosotros / cenar en casa (mandato)
5. tú / ver una película (imp. indic.) / tú / comentárnosla (imp. indic.)

**2** **Si fueras...** En parejas, háganse preguntas utilizando las opciones de la lista. Después, compartan sus respuestas con la clase.

**Modelo** —Si fueras un mueble, ¿qué mueble serías?

—Si yo fuera un mueble, sería una cama porque lo que más me gusta es dormir.

1. un animal
2. una comida
3. un estilo musical
4. un aparato eléctrico
5. un personaje de ficción
6. un personaje de la vida real

# Preparación

## Sobre la autora

**L**a escritora mexicana **Guadalupe Loaeza** (Ciudad de México, 1947) ha destacado por sus obras en las que, con ironía y humor, retrata la clase social privilegiada de su país. Actualmente escribe columnas de opinión en varios periódicos como *Reforma* y *El Norte*. Algunas de sus obras son *Las niñas bien*, *Primero las damas* y *Compro, luego existo*.

**Vocabulario de la lectura**

**el aguinaldo** *extra month's salary paid at Christmas*
**colgar (el teléfono)** *to hang up (the phone)*
**el compromiso** *obligation*
**desembolsar** *to spend (money)*

**enfriar** *to chill*
**el/la masajista** *massage therapist*
**¡Qué barbaridad!** *This is incredible!*
**el/la vigilante** *security guard*

**Vocabulario útil**

**la hipocresía** *hypocrisy*
**el lujo** *luxury*
**la marca** *brand*
**el significado** *meaning*
**significativo/a** *significant*
**superficial** *shallow*
**valorar** *to value*

**1** **Vocabulario** Busca las palabras que corresponden con las definiciones.

1. Vas a que te atienda cuando tienes algún problema muscular.
2. Es el nombre de diseñador o compañía, impreso en sus productos.
3. Lo haces al terminar de hablar por teléfono.
4. Cuida de tu casa.
5. Para eso lo pones en el refrigerador.

| M | Z | M | E | F | T | G | E | R |
|---|---|---|---|---|---|---|---|---|
| M | A | S | A | J | I | S | T | A |
| J | F | F | E | R | N | F | F | I |
| W | F | C | V | O | C | F | R | R |
| S | D | O | B | B | R | A | F | F |
| F | J | L | I | K | I | C | G | N |
| V | I | G | I | L | A | N | T | E |
| S | C | A | Y | S | D | A | U | K |
| H | V | R | M | S | Z | C | N | O |

**2** **Opiniones** En parejas, háganse estas preguntas y comenten sus respuestas.

1. ¿Te gusta regalar? ¿Y que te regalen?
2. ¿Cuál fue el último regalo que hiciste o que te hicieron? ¿Era un día especial o fue un regalo improvisado?

**3** **Celebraciones** En parejas, cuéntense una anécdota que les haya ocurrido en una fiesta familiar, como el Día de Acción de Gracias o Navidad.

# NAVIDAD DE UNA
# "rica y famosa"

Si algo les gusta celebrar a "las ricas y famosas", es la Navidad. Además de darles mucha ilusión, es un pretexto perfecto para "recibir" y ser "recibidas". Es decir, para organizar y asistir a todo tipo de reuniones. Lo importante es lucir° su casa, su nacimiento° y su árbol de Navidad, pero sobre todo, reunirse con los amigos también "ricos y famosos".

De ahí que muchas de estas señoras se encuentren, en estos días des-bor-da-das°, des-bo-ca-das°, des-ve-la-das°, des-or-ga-ni-za-das, des-tem-pla-das° y des-es-pe-ra-das porque no les alcanza el tiempo para nada. Imaginemos la víspera° de Navidad de cualquiera de estas mujeres. Imaginemos sus pensamientos mientras conducen su BMW plata por el Paseo de la Reforma para dirigirse a la avenida Presidente Masaryk en la Ciudad de México. Y por último imaginemos las últimas compras que aún le faltan por hacer.

"No es posible este tráfico. No me va a dar tiempo de hacer nada. ¡Qué horror! Es tardísimo y todavía tengo que pasar a Banamex a recoger los travelers°. Primero pasaré a Hermés para comprar el regalo de Paty. Ay, ¿pero una secretaria apreciará lo que es una mascada° de seda de Hermés? I doubt it. Creo que es mejor comprarle algo como una agua de colonia Estée Lauder o un suéter en Zara. ¡Híjole°, qué tonta, se me olvidó cancelar a la masajista! Bueno, ni modo... ¡Que me espere! Al fin que ya le pagué por adelantado la tanda° de 12 masajes. ¿También se le pagará aguinaldo a las masajistas? La verdad es que se

show off/
city scene

whelmed
nbridled/
g sleep/
-of-sorts

eve

traveler's
checks

scarf

Jeez

batch

*poinsettia*

me haría too much... Mejor le regalo la nochebuena° que me mandó mi vecina. Ay, que no se me olvide pasar a Frattina, para comprarme un body negro con mangas largas. Ay, también tengo que ir a Tane a recoger la gargantilla° que aparté para mi cuñada. Espero que no se le olvide al chofer pasar por el mantel° a la tintorería°. Es tan pendejo° que de seguro se le va a olvidar. Mejor le llamo por teléfono".

*necklace*

*tablecloth/dry cleaner's*

*dumb*

Una vez que la señora cuelga su telefonito y lo guarda de nuevo en su bolsa, retoma el hilo° de sus pensamientos. El tráfico todavía se encuentra muy congestionado. "Gracias a Dios ya les compré su regalo a 'las maids'. Todavía no estoy muy segura si darles de aguinaldo una semana o 15 días de su salario. La verdad es que son bien huevonas°. Nada más de tres criadas, una cocinera, dos choferes, el jardinero y el vigilante, tengo que desembolsar como 30 mil pesos... Híjole, la verdad es que me duele el codo°. Debí haber despedido a dos de ellas justo antes de Navidad. Así me hubiera ahorrado el aguinaldo, pero ahora ya es too late. ¡Qué barbaridad, todavía me falta comprar el regalo de Lety y de Nancy! No puedo llegar al salón sin sus regalos de Navidad. Ay, ¿y qué le voy a llevar a Ken, él que es tan lindo conmigo, que me corta el pelo tan bonito, que luego luego me recibe y me hace tanta conversación? ¿Y si le compro una pluma Cartier? ¿Cuánto podría costar? ¿Cuatro mil... 5 mil pesos? Vale la pena. Gracias a él, siempre estoy súper bien peinada... La verdad es que tengo un corte de pelo di-viiiiii-no. Que no se me olvide comprar el disquete de la camarita de video. Ay, otro alto°... ¡Qué horror! ¿Por qué no avanza ese coche? Tengo que hablar a la casa... ."

*picks up the thread*

*lazy*

*I am very stingy*

*stop*

Para esas horas de la mañana, esta "rica y famosa" empieza a transpirar°, debido a su gruesísimo suéter de cachemira, su falda de gamuza° y sus botas de piel Prada, que se puso desde

*to sweat*

*chamois leather*

muy tempranito. Su pelo rubio, acentuado con centenas de "luces" doradas, se ve un poquito grasoso y despeinado. El "botox" que se inyectó, hace unas semanas, en la cara, más que rejuvenecerla, le da un aspecto de rigidez a sus facciones°: "¿Quién ha hablado?", pregunta de pronto a su empleada doméstica, que hace las veces de° su secretaria, desde su celular. "¿Hablaron de American Express? Pero si acabo de pagar más de 200 mil pesos. ¿Qué te dijeron exactamente? ¿Nada más que me comunicara con ellos? Están como operados del cerebro°... Mira, si vuelven a llamar, diles que ya pagué lo de moneda nacional y lo de dólares. Que estoy clean... No, mira, mejor, dales mi número del celular. Bueno, ¿quién más llamó? Okey. Okey. Okey. Oye, ¿no me llamaron de Vamos México? ¡Qué raro, porque me deben mandar el recibo para la deducción de impuestos del donativo que les acabamos de enviar por la Navidad! Oye, cuando lleguen los niños del colegio, les das de comer y después que los lleve el chofer a sus clases de tenis. Que a Patito no se le vayan a olvidar sus brackets°. ¿Ya pusieron las botellas de champagne a enfriar en el refrigerador? Okey. Bueno, yo no me tardo mucho. Cuando termine de mi shopping, me voy al salón. Si me hablan, que me hablen a mi celular, ¿Okey? Bueno... Adiós."

*facial features*

*sometime*

*crazy*

*braces (dental)*

Respecto a nuestra amiga de la globalización, todos los años es lo mismo. Las mismas carreras°, los mismos gastos, los mismos compromisos y el mismo estrés. Todos los años, en esta época del año, esta "rica y famosa" se hace las mismas reflexiones en relación con el aguinaldo de sus empleados, de sus vacaciones y de sus regalos navideños. Todos los años la invade el mismo espíritu de una Navidad consumista y superficial. Todos los años organiza la cena familiar en su casa y todos los años, después de la fiesta, se duerme con la conciencia tranquila. ∎

*hurrying around*

# Análisis (SUPERSITE)

**1** **Comprensión** Contesta las preguntas.

1. Según Loaeza, ¿para qué es un pretexto la Navidad para las "ricas y famosas"?

2. ¿Por qué muchas de ellas se encuentran desesperadas esos días?

3. ¿Qué hace la mujer cada vez que para el carro por el tráfico?

4. ¿Por qué debía haber despedido a dos de las *maids*?

5. ¿Para qué tenían que llamarla los de "Vamos México"?

**2** **Interpretar** En parejas, contesten las preguntas.

1. ¿Cómo es la protagonista de la historia? Pongan ejemplos del texto.

2. ¿Qué importancia tienen todas las marcas en el texto?

3. ¿Por qué utiliza tantos términos en inglés?

4. ¿Por qué hace referencia la autora a la conciencia tranquila de la mujer?

5. "Todos los años le invade el mismo espíritu de una Navidad consumista y superficial." ¿Cuál es la importancia de esta oración en el texto?

**3** **La venganza de las *maids*** Los empleados domésticos que trabajan para la "rica y famosa" deciden hacerle un chiste el 1° de abril para vengarse de ella.

• **Profesiones** En grupos de cuatro, decidan primero qué profesión tienen.

| criado/a | chofer | vigilante |
|---|---|---|
| cocinero/a | jardinero/a | |

• **Maldades** Individualmente, escriban en dos oraciones qué maldad les gustaría hacerle a la dueña de la casa.

• **Un día especial** Entre todos, planeen la secuencia de maldades que le harían para vengarse. Compartan sus planes con la clase.

**4** **Los regalos** Indiquen si están de acuerdo con estas afirmaciones. Luego en grupos de cuatro, comparen sus respuestas. Den argumentos para justificarlas e intentar convencer a los demás.

| | DE ACUERDO | EN DESACUERDO |
|---|---|---|
| 1. Los padres les compran demasiados regalos a los hijos. | ❏ | ❏ |
| 2. Los regalos deben ser una recompensa para los niños. | ❏ | ❏ |
| 3. Los padres hacen regalos caros cuando no dedican suficiente tiempo a los hijos. | ❏ | ❏ |
| 4. Un cumpleaños sin regalos no tiene sentido. | ❏ | ❏ |
| 5. Los mejores regalos son los que fabrica la persona que los regala. | ❏ | ❏ |
| 6. Está bien pasarle a otra persona un regalo que no nos gusta. | ❏ | ❏ |
| 7. Los niños que no reciben muchos regalos no tienen una niñez feliz. | ❏ | ❏ |
| 8. Los mejores regalos son las tarjetas de regalo de las tiendas. | ❏ | ❏ |
| 9. Es mejor recibir un solo regalo caro que muchos baratos. | ❏ | ❏ |
| 10. Es preferible hacer una donación a una buena causa, en vez de regalar un objeto material. | ❏ | ❏ |

**5** **Estilos de vida** En parejas, escojan dos personajes de la lista e inventen un día en la vida de cada uno de ellos. Compartan después los dos días con la clase. ¿Hay coincidencias?

a. una estrella del rock

b. un(a) peluquero/a esnob

c. un(a) estudiante de ecología

d. un(a) filósofo/a millonario/a

e. un(a) fotógrafo/a profesional

f. un(a) locutor(a) de radio famoso/a

**6** **Un festejo memorable** En grupos de tres, van a planear una fiesta perfecta en un mes. Entre todos, primero contesten las preguntas. Luego dividan las tareas. Explíquenle a la clase qué hará cada uno/a.

1. ¿A quiénes invitarán? ¿Cómo serán las invitaciones?
2. ¿Dónde será la fiesta?
3. ¿Los invitados deberán ir vestidos de alguna manera especial?
4. ¿Por qué harán esta fiesta?
5. ¿Cuánto tiempo durará?
6. ¿Qué tipo de comida habrá? ¿Quién la preparará?
7. ¿Será una fiesta bailable? ¿Qué tipo de música habrá?
8. ¿Cómo será la iluminación del lugar?
9. ¿Cómo piensan sorprender a los invitados?
10. ¿Qué otras cosas les gustaría hacer para que la fiesta sea memorable?

**7** **Así vivimos** En grupos de tres, háganse las preguntas. Después, conozcan cómo viven sus compañeros/as participando en una discusión con toda la clase.

1. ¿Estás contento/a con tu vida?
2. ¿Qué haces para ser feliz?
3. ¿Cómo es tu estilo de vida?
4. ¿Cuáles son tus expectativas en esta vida?
5. ¿Qué es lo más importante en tu vida?
6. Si pudieras definir tu existencia con un verbo, ¿cuál elegirías?

**8** **Situaciones** En parejas, elijan una de las situaciones e improvisen un diálogo. Utilicen al menos seis palabras de la lista. Cuando estén listos/as, represéntenlo delante de la clase.

| PALABRAS | | |
|---|---|---|
| aguinaldo | desembolsar | marca |
| cariño | desprecio | masajista |
| compromiso | hipocresía | superficial |
| dañar | lujo | valorar |

**A**

Dos amigos/as hablan de los días de fiesta (Día de San Valentín, Navidad,... ). Uno/a dice que son muy comerciales; el/la otro/a dice que son buenos para reflexionar sobre nuestras vidas.

**B**

Dos amigos/as muy diferentes entre sí están discutiendo sobre las ventajas e inconvenientes de la vida sencilla en un área rural y la vida moderna en una zona urbana.

# Preparación

## Sobre el autor

**G**abriel García Márquez (Aracataca, Colombia, 1928) se dedicó desde muy joven al periodismo y a la literatura. Participó como periodista en varias revistas y diarios hasta que en 1955 publicó su novela *La hojarasca*. Desde entonces se ha convertido en uno de los autores más importantes del panorama literario mundial. Su obra *Cien años de soledad* ayudó a popularizar el género llamado "realismo mágico", en el que la realidad se mezcla con la fantasía. En 1982, García Márquez recibió el Premio Nobel de Literatura. Otras de sus obras son *El amor en los tiempos del cólera, Crónica de una muerte anunciada, Doce cuentos peregrinos* y *Vivir para contarla*.

| Vocabulario de la lectura | | Vocabulario útil |
|---|---|---|
| **el comodín** *joker* | **malbaratar** *to squander* | **controvertido/a** *controversial* |
| **condenado/a** *doomed* | **el manejo** *management* | **la estabilidad** *stability* |
| **embarazarse** *to get pregnant* | **menospreciado/a** *underestimated* | **la natalidad** *birthrate* |
| **la incapacidad** *incompetence* | | **el porvenir** *future* |
| **insalvable** *insurmountable* | **prevalecer** *to prevail* | **razonable** *reasonable* |
| **la inversión** *reversal* | **revelar** *to reveal* | **reciclar** *to recycle* |
| **invertir** *to invert, to reverse* | **sobreponerse** *to overcome* | **sensato/a** *sensible* |

**1** **Opciones** Elige la palabra adecuada.

1. Un hombre no puede _____.
   a. embarazarse    b. revelarse
2. Michael Jackson es _____.
   a. controvertido    b. sensato
3. Debemos _____ para no contaminar más la Tierra.
   a. malbaratar    b. reciclar
4. El costo de la guerra es siempre _____.
   a. razonable    b. menospreciado
5. El ladrón no _____ por qué robó el banco.
   a. reveló    b. prevaleció
6. ¿Cuál será el _____ de la humanidad en el siglo XXI?
   a. comodín    b. porvenir
7. Los esfuerzos para ayudar al planeta dependen del _____ de sus recursos.
   a. condenado    b. manejo
8. La _____ de los políticos de resolver verdaderos problemas es triste.
   a. incapacidad    b. estabilidad

**2** **Experiencias** En parejas, contesten las preguntas y expliquen sus experiencias.

1. ¿Existe la igualdad entre hombres y mujeres? Den ejemplos.
2. ¿Debe cambiar el papel que tienen los hombres y las mujeres en la sociedad? ¿Por qué?
3. ¿El mundo actual sería diferente si hubiera más mujeres en el poder?

# ¿Cuáles son las prioridades de la humanidad para las próximas décadas?

*take on*

L o único nuevo que podría intentarse para salvar la humanidad en el siglo XXI es que las mujeres asuman° el manejo del mundo. No creo que un sexo sea superior o inferior al otro. Creo que son distintos, con distancias biológicas insalvables, pero la hegemonía masculina ha malbaratado una oportunidad de diez mil años.

Alguien dijo: "Si los hombres pudieran embarazarse, el aborto sería casi un sacramento". Ese aforismo genial revela toda una moral, y es esa moral lo que tenemos que invertir. Sería, por primera vez en la historia, una mutación esencial del género humano, que haga prevalecer el sentido común —que los hombres hemos

menospreciado y ridiculizado con el nombre de intuición femenina— sobre la razón —que es el comodín con que los hombres hemos legitimado nuestras ideologías, casi todas absurdas o abominables.

La humanidad está condenada a desaparecer en el siglo XXI por la degradación del medio ambiente. El poder masculino ha demostrado que no podrá impedirlo, por su incapacidad de sobreponerse a sus intereses. Para la mujer, en cambio, la preservación del medio ambiente es una vocación genética. Es apenas un ejemplo. Pero aunque sólo fuera por eso, la inversión de poderes es de vida o muerte. ■

# Análisis

**1** **Comprensión** Contesta las preguntas.

1. Según el autor, ¿qué es lo único que podría hacerse para salvar la humanidad?

2. ¿Qué opinión tiene sobre las diferencias entre los sexos?

3. ¿Con qué identifica García Márquez el sentido común?

4. ¿Por qué dice que va a desaparecer la humanidad en el siglo XXI?

5. ¿Por qué los hombres no han podido solucionar el problema del medio ambiente?

6. Según él, ¿qué es para la mujer la preservación del medio ambiente?

**2** **Ampliar** En parejas, contesten las preguntas.

1. El autor habla de la hegemonía masculina. ¿A qué se refiere? Den ejemplos.

2. ¿Creen ustedes en la intuición femenina?

3. García Márquez afirma que la intuición femenina es el sentido común. ¿Están de acuerdo? ¿Ven diferencias entre estos dos conceptos? ¿Cuáles?

4. ¿Cuáles son, en su opinión, las "ideologías absurdas" a las que se refiere el autor colombiano?

5. ¿Están de acuerdo en que el tema del medio ambiente es un asunto (*issue*) de vida o muerte? Expliquen sus respuestas.

**3** **Medio ambiente** García Márquez está especialmente preocupado por la degradación del medio ambiente. ¿Y ustedes? En grupos de tres intenten solucionar tres de estos problemas medioambientales. Digan en qué consisten y propongan soluciones.

1. **La contaminación del aire**
   Problema:
   Solución:
2. **El calentamiento global**
   Problema:
   Solución:
3. **La deforestación**
   Problema:
   Solución:
4. **Las especies en peligro de extinción**
   Problema:
   Solución:

**4** **Explorando estereotipos** En grupos de cuatro, preparen una tabla de tres columnas. En la primera, escriban dos estereotipos acerca de las mujeres y dos acerca de los hombres. En la segunda, nombren un rasgo (*trait*) positivo de la personalidad en el cual cada estereotipo está basado. En la tercera, identifiquen maneras en las que el estereotipo perjudica a la sociedad. Compartan su tabla con la clase.

**5**  **Embarazados**  En grupos pequeños, contesten las preguntas. Después, compartan sus respuestas con la clase.

1. ¿Les gustaría que los hombres se pudieran embarazar?
2. ¿Qué creen que pasaría si fueran los hombres los que tuvieran niños? ¿Qué cambiaría? ¿Qué seguiría igual?
3. ¿Creen que se va a conseguir el embarazo masculino en el futuro? ¿Están de acuerdo con este tipo de investigaciones científicas? ¿Por qué?

**6**  **Hombres vs. Mujeres**  En grupos pequeños, escriban ventajas y desventajas de ser mujer y de ser hombre. Cuando terminen, compartan sus listas con la clase. ¿Coinciden?

| Mujer | |
|---|---|
| ventajas | desventajas |
| | |
| | |
| | |
| | |

| Hombre | |
|---|---|
| ventajas | desventajas |
| | |
| | |
| | |
| | |

**7**  **Situaciones**  En parejas, elijan una de las situaciones e improvisen un diálogo. Utilicen al menos seis palabras de la lista. Cuando estén listos, represéntenlo delante de la clase.

**PALABRAS**

| | | |
|---|---|---|
| compromiso | insalvable | natalidad |
| condenado/a | invertir | prevalecer |
| controvertido/a | malbaratar | reciclar |
| embarazarse | manejo | revelar |
| incapacidad | menospreciado/a | sobreponerse |

**A**
Dos amigos/as, que nunca están de acuerdo, discuten sin llegar a un acuerdo sobre esta pregunta: ¿Qué cambiaría si hubiera más minorías en posiciones gubernamentales?

**B**
Dos amigos/as discuten sobre el medio ambiente. Uno/a opina que es necesario ahorrar energía. El/La otro/a dice que no quiere cambiar su estilo de vida y va a comprarse un *SUV*.

# Preparación

## Sobre el autor

Según sus propias palabras, **Bruno Aceves** nació "en 1972, de madrugada y algo oscuro de piel sin que nada de esto fuera su culpa". El humor y la frescura caracterizan la escritura de este licenciado en Letras que vive en la Ciudad de México. Allí colabora en numerosas revistas culturales, aunque sus cuentos, crónicas y ensayos se difunden (*spread*) también en Internet. Aunque parece escribir como si estuviera conversando, tras esa aparente simplicidad hay un estilo cuidado, divertido y eficaz.

| Vocabulario de la lectura | | Vocabulario útil |
|---|---|---|
| **la cartera** *wallet (Mex.); bag, briefcase (Arg.)* | **parecido/a** *alike* | **arraigarse** *to take root* |
| **de repente** *suddenly* | **el/la pariente** *relative* | **desorientado/a** *disoriented* |
| **las medias** *stockings, panty-hose (Mex.); socks (Arg.)* | **pegado/a** *stuck* | **echar de menos** *to miss (someone or something)* |
| | **seguido** *often* | **mudarse** *to move* |
| **a la mera hora** *when push comes to shove* | **tratar** *to care for, to treat* | **pasarla bien** *to have a good time* |
| | **las zapatillas** *ballet shoes (Mex.); sneakers (Arg.)* | **transitoriamente** *temporarily* |

**1**  **Vocabulario** Completa las oraciones con la palabra o expresión correspondiente. Después, en parejas, elijan una de las oraciones y escriban una breve historia inspirándose en ella. Cuando terminen, compartan su historia con la clase.

1. Los turistas piensan que las dos ciudades son _____ porque tienen mucho en común. Sin embargo,…

2. No logró jamás _____ en el nuevo país: nunca aprendió el idioma y nunca dejó de soñar con la familia que había abandonado. Por eso…

3. Ella escuchó sin decir nada, y aceptó las críticas que le hacían los demás pero, _____, demostró que sabe defenderse. Abrió la boca y…

4. Cuando se dio cuenta que no tenía _____, era demasiado tarde. No le quedaba dinero y los asaltantes ya estaban lejos…

5. Sé que mis padres van a _____ en sus vacaciones de aniversario. Reservaron en el mejor hotel y van a ir a las mejores playas. También…

6. Tenemos un _____ que casi no conocemos. Creo que es tío de nuestra madre. ¿O quizás de nuestro padre? El año pasado en la reunión familiar…

**2**  **Mudanzas y viajes** En parejas, entrevístense utilizando las siguientes preguntas e improvisen otras relacionadas. Después, compartan sus respuestas con la clase.

1. ¿Cuál ha sido el lugar o país más extraño que has visitado?

2. ¿Qué impresión te dio la gente allí? ¿De qué manera era diferente?

3. ¿Notaste algo especial en la manera en que se comunicaban? ¿Hablaban con algún acento extraño o en un idioma diferente?

4. ¿Cómo te sentías en ese sitio?

5. ¿Cómo sería tu vida ahora si te hubieras quedado a vivir en ese lugar?

# Dos vidas

*A Mariana*

**M**i madre es argentina de nacimiento° y de forma de hablar. Yo, se podría decir que hablo mexicano aunque sea sólo por el acento. Mamá siempre utiliza palabras que yo entiendo y creo normales en este país, en esta ciudad en la que a la mera hora resulta que nadie le dice a la cartera *cartera*, en esta la Ciudad de México que siento mía y es mía aunque no *debería ser*. Y no porque mi vida me parezca un error; soy feliz, pero como que no puedo olvidar lo que los míos no pueden olvidar. Aunque muchos no lo hayamos vivido, todos sabemos que de repente la historia obliga a la gente a hacer cosas que tal vez no se había propuesto° con calma. Y con calma vivo, viviendo mi vida sin pensar mucho en mi otra vida, la que podría tener de ser otra° la historia de La Historia.

Mi otra vida sería en la Argentina, seguro, con parte de mi familia y muy pero muy lejos de mis amigos, pero no

*by birth*

*planned*

*if it had been another*

lo sabría. No sabría que mis amigos de aquí me fueran simpáticos porque no los conocería como no conozco a todos los amigos argentinos que no he podido hacer al vivir en México. Sería mi vida, pero sería otra y ya. Mamá llamaría *cartera* a la cartera, igual que lo hace en México pensando en la Argentina, y en la escuela nadie diría que yo uso palabras raras°: esa sería una diferencia; yo me seguiría llamando Mariana o algo parecido (no importa dónde viva o dónde nazca°: jamás me hubieran puesto Pedro Juan por nombre). Yo Mariana, y casi todos, o la mayoría de los amigos de la mamá de Mariana, mi mamá, serían también argentinos. La familia, claro, sería más grande. Tal vez por eso se inventaron los tíos que no son tíos, para suplir° a otros que porque están tan lejos no los vemos muy seguido. Y porque estos tienen hijos y así nos conseguimos unos primos que nos quedan más cerca.

Dos. Dos son las vidas que tengo. Y siempre me da un poco la impresión de que una es y la otra vida *hubiera sido* o *casi es*. Tengo un mundo en México y otro, lejano° y querido, en la Argentina con tíos, tías, abuelos y tíos de los inventados, de los que no son parientes pero sí que lo parecen porque todos conocen y quieren a mamá y sobre todo porque todos dan consejos. Cuando voy a mi país, al que está cerca de Brasil, en serio que me gusta; veo muchos parientes que además de todo me tratan muy bien, y la verdad es que Buenos Aires es una linda ciudad; por lo menos mucho más tranquila que México, eso: allá no tengo que estar pegada a una falda o un pantalón, me puedo separar, puedo caminar. Me gusta mucho. La otra es que allá sólo he ido en vacaciones y todos sabemos que las vacaciones se disfrutan. Para mí, estar en la Argentina ha sido familia y ha sido no ir a la escuela. No ir a la escuela y tener la atención de un mundo de gente, de todo un país que me llama *Nena*°. Y eso es bueno.

Por Argentina siento algo extraño. Me gusta como supongo que me gustaría cualquier país en el que no he vivido mucho tiempo, pero un poco más. Mucho más, porque es mío. Sí. Y es curioso, porque en casa siempre se habla de lo que fue Argentina y lo que es Argentina y estas cosas al parecer son muy distintas. Se habla de un antes y un después. También, en la comida, se habla de México, a lo que va o hacia dónde va. La Argentina se extraña, se extrañará por siempre, y México se vive, como poco a poco y para siempre, también. Y yo estoy en medio, estoy entre un país y el otro; entre una vida que vivo en México y otra que muero de curiosidad de conocer en la Argentina; estoy entre la ciudad que me vio dar mi primer paso, y la que me permite dar muchos, sin un mayor° que me cuide, desde *Flores* hasta *Devoto*°.

Pero quizá no se trate de una cosa o la otra: mis dos vidas se parecen mucho y pienso, mejor dicho estoy segura, que algún día podrán ser una sola. Finalmente, tanto en la Argentina como en México se habla español y existen las palabras "medias" y "zapatillas". Las diferencias son muy pequeñas, tanto, que si me vistiera con "zapatillas" y "medias", tal vez en la Argentina jugaría Fútbol y tal vez en México bailaría *Ballet*, pero seguiría siendo Mariana. ∎

*strange*

*might be born*

*to make up for*

*distant*

*Darling (lit. girl)*

*grown-up*

*Buenos Aires neighborhoods*

# Análisis

**1**

**Doble vida** Lee cada par de resúmenes y selecciona el que mejor describe lo que narra el cuento *Dos vidas*.

1. a. Mariana vive en México pero su madre es argentina. Mariana aprendió palabras de su madre que cuando se dicen en México significan cosas que ella no quiere decir.

   b. Mariana vive en México y su madre en Argentina. A Mariana a veces le da la impresión de que cuando se ven, hablan idiomas diferentes. Por ejemplo, para ella *cartera* significa una cosa y para su madre otra.

2. a. Mariana siente por Argentina un cariño especial. Lo considera el lugar al que deberá volver tarde o temprano, porque allí está su vida verdadera. A pesar de que lleva muchos años en México, ella siente que nunca se arraigó sino que vive ahí transitoriamente.

   b. Mariana nació en Buenos Aires y por eso siente que es su lugar. Sin embargo, considera que su vida es la de México y que Argentina es el lugar de la nostalgia, un lugar para extrañar, pero no para vivir. Tiene mucha curiosidad por ese lugar tan distante.

**2** **Charla de sobremesa** En grupos de tres, imaginen una conversación de sobremesa en casa de los tíos de Mariana. Contesten estas preguntas de contexto y contenido antes de describir la conversación.

**Contexto**

1. ¿En qué ciudad están?
2. ¿Qué época del año es?
3. ¿Quiénes están sentados a la mesa? ¿Qué edades tienen?

**Contenido**

1. ¿Qué cosas le dicen a Mariana sus tíos? ¿Qué le dicen sus primos?
2. ¿Cómo se siente Mariana? ¿Y su madre, si está allí?
3. ¿Qué cosas se dicen de Argentina o de México?
4. ¿Y de las historias personales?

**3** **Vidas hipotéticas** A partir de las siguientes preguntas, imagina cómo serías si tus padres, abuelos o antepasados no hubieran venido a este país.

1. ¿Dónde vivirías?
2. ¿Cómo te llamarías?
3. ¿Cómo sería tu personalidad?
4. ¿Qué te gustaría hacer? ¿Qué no podrías hacer?
5. ¿Quiénes serían tus amigos? ¿Serían diferentes de tus amigos reales?
6. ¿Qué opiniones tendrías del mundo?
7. ¿Qué ambiciones tendrías?
8. ¿Qué opinarías de personas como tú?

**4** **Superhéroes** Superman, Batman y El hombre araña tienen dos vidas: son personas normales y también superhéroes. En grupos de tres, analícenlos e inventen un(a) nuevo/a superamigo/a de ellos. Primero, completen la tabla sobre tres superhéroes conocidos.

| Superhéroe | Vida normal | Vida de superhéroe |
|---|---|---|
| Superman | periodista;_____ _____ | _____ _____ |
| Batman | _____ _____ | _____ _____ |
| El hombre araña | _____ _____ | lanza telarañas;_____ _____ |

Ahora, imaginen y describan a un(a) nuevo/a superhéroe/superheroína a partir de estas preguntas.

1. ¿Cómo se llama en su vida normal? ¿Y como superhéroe/superheroína?
2. ¿Dónde vive? ¿Qué trabajo "normal" tiene?
3. ¿A qué edad empezó a utilizar sus superpoderes? ¿Viene de otra galaxia?
4. ¿Cómo se transforma en superhéroe/superheroína? ¿Es nocturno/a?
5. ¿Alguien conoce el secreto de su doble vida? ¿Quién(es)?
6. ¿Quiénes son sus superenemigos?

**5** **Doble personalidad** La doble nacionalidad no es lo único que puede dividir la personalidad de un individuo. En grupos de tres, hablen de otros factores en nuestras vidas que pueden llevarnos a sentir una identidad dividida. Luego compartan sus ideas con la clase.

• La presión de los/las compañeros/as contra la presión de la familia
• Las exigencias de la escuela contra las exigencias del trabajo
• Las responsabilidades académicas contra las actividades deportivas

**6** **Situaciones** En parejas, elijan una situación e improvisen un diálogo. Utilicen al menos seis palabras o expresiones de la lista. Cuando estén listos/as, represéntenlo ante la clase.

**PALABRAS**

| | | |
|---|---|---|
| a la mera hora | echar de menos | pegado/a |
| arraigarse | mudarse | seguido |
| de repente | parecido/a | transitoriamente |
| desorientado/a | pariente | tratar |

**A**
Un(a) joven habla por primera vez con un(a) abuelo/a a quien dejó atrás de niño/a cuando sus padres se lo/la llevaron a vivir a otro país. El/La abuelo/a expresa su disgusto de que perdiera el contacto con su cultura y su familia. El/La nieto/a expone las ventajas.

**B**
Un(a) político/a escandaloso/a habla con su asesor(a) (*consultant*) de imagen. Éste/a le explica cómo debe cambiar su comportamiento si desea ganar las próximas elecciones. El/La político/a responde que es difícil transformarse en una persona distinta.

# Preparación

## Sobre la autora

**M**aitena Burundarena (Buenos Aires, Argentina, 1962) es una artista autodidacta (*self-taught*) que empezó trabajando como ilustradora gráfica de diarios, revistas y textos escolares. Con el tiempo, se inclinó hacia la historieta. Sus personajes aparecieron en los diarios *Tiempo Argentino* y *El Cronista Comercial*. También tuvo una página semanal de humor en la revista *Para Ti*, cuyos trabajos fueron recopilados en los volúmenes *Mujeres alteradas 1, 2, 3, 4* y *5*.

| Vocabulario de la tira cómica | |
|---|---|
| **alcanzar** *to get, to bring* | **el síndrome de abstinencia** *withdrawal symptoms* |
| **apagado/a** *switched off* | **sonar** *to ring* |
| **el brote** *outbreak* | **tender a** *to tend to* |
| **la cobertura** *coverage* | **el tercero** *third party* |
| **la señal** *signal* | |

| Vocabulario útil | |
|---|---|
| **dar rabia** *infuriate* | **irritante** *irritating* |
| **estar localizable** *to be available* | **permitirse el lujo** *to afford* |
| **innecesario/a** *unnecessary, needless* | **prescindir** *to do without* |
| **inoportuno/a** *untimely, inopportune* | **prolongado/a** *long, lengthy* |
| | **el/la usuario/a** *user* |

**1** **Encuesta** En parejas, háganse las preguntas.

1. ¿Consideras el teléfono celular un lujo o una necesidad? ¿Por qué?
2. ¿Podrías prescindir de tu celular? ¿Por qué?
3. ¿Hay algo que te moleste de otros usuarios de celular? ¿Qué?
4. ¿Es posible estar sin teléfono celular? ¿Por qué?

# Análisis

**1** **En serio** En grupos pequeños, contesten las preguntas y compartan sus experiencias.

1. ¿Les resultan familiares las situaciones de la tira cómica? ¿Qué reflejan? ¿Creen que son exageradas?
2. ¿Se sienten identificados/as con algún personaje de las viñetas o conocen a alguien que les recuerde a alguno de ellos?

**2** **Incomunicación** En parejas, improvisen un diálogo entre las dos personas de la última viñeta, una vez que él termine su llamada, por supuesto. ¿Quién hablará primero? ¿Qué dirá? ¿Se cortará de nuevo la comunicación?

**3** **Otra viñeta** En parejas, inventen otra situación que capte (*would capture*) con humor la dependencia del celular y su influencia en las relaciones personales. Después, compártanla con la clase y, por votación, decidan cuál es la mejor.

# Encuentra la receta de la felicidad

No existe una receta infalible para alcanzar la felicidad. Sin embargo, siempre han existido elementos específicos que se asocian con la felicidad y la satisfacción. ¿Qué factores —históricos, políticos, sociales, geográficos, personales— influyen en la idea de felicidad de una generación?

## Plan de redacción

### Planea

**1 Elige el objetivo de tu composición** ¿Qué elementos forman parte de la receta de la felicidad de tu generación? ¿Y de tu receta en particular? ¿Son muy diferentes estos elementos de los que se consideraban una o dos generaciones atrás? ¿Tener una fórmula para la felicidad limita a la gente o le marca un camino? Usa estas sugerencias para elegir un objetivo para tu composición:

- Comparar la receta de la felicidad de mi generación con la de una generación anterior
- Comparar mi receta personal de la felicidad con la de mi generación en general
- Opinar sobre las ventajas o desventajas de tener un plan o una receta para la felicidad
- Otra

### Escribe

**2 Introducción** Plantea el objetivo de tu composición.

**3 Argumentos y ejemplos** Da argumentos y ejemplos para ilustrar tu punto de vista.

**4 Conclusión** Resume brevemente tu opinión.

### Comprueba y lee

**5 Revisa** Lee tu composición para mejorarla.

- Evita las oraciones demasiado largas. Usa un estilo claro y sencillo.
- Utiliza frases y conjunciones para comparar o contrastar ideas: aunque / si bien / sin embargo / más, menos / al igual que / a diferencia de / tanto… como
- Verifica que los ejemplos y argumentos ilustren tu punto de vista.

**6 Lee** Lee tu composición a tus compañeros de clase. Ellos tomarán apuntes y luego te harán preguntas.

# ¿Cuáles son los efectos de la inmigración?

¿Qué efecto tiene el cambio de país en la cultura de los inmigrantes? ¿Cómo afecta la llegada de inmigrantes al estilo de vida del país que los recibe? ¿Cuáles son los efectos culturales, sociales, políticos y económicos?

**1** La clase se divide en grupos pequeños. Cada grupo debe leer estas opiniones sobre la inmigración y elegir una con la que esté de acuerdo y una con la que esté en desacuerdo. Deben respaldar (*to support*) sus opiniones con experiencias familiares, de personas conocidas o de otras fuentes que hayan leído o estudiado.

- Para los inmigrantes, aferrarse (*clinging*) a la tierra de origen crea un conflicto de intereses.

- Este país recibió con los brazos abiertos a nuestros abuelos. Sin embargo, es probable que los inmigrantes de hoy no puedan decir lo mismo.

- No se puede comparar la situación de hoy con la de nuestros antepasados.

- El dolor de abandonar el lugar de origen es muy fuerte. ¿Por qué empeorarlo exigiendo a los inmigrantes que abandonen su idioma y sus costumbres?

- No existe diversidad real si las personas de distintas culturas no comparten el salón de clase, el lugar de trabajo y el barrio donde viven.

**2** Luego, los grupos comparten las citas elegidas y explican por qué las eligieron mientras la clase toma apuntes. Incluyan ejemplos en sus explicaciones. En el caso de que no todos estén de acuerdo, expliquen las distintas opiniones que hay dentro del grupo.

**3** Cuando todos los grupos terminen sus presentaciones, toda la clase debate el tema haciendo preguntas y defendiendo sus opiniones.

## Verb conjugation tables

## Vocabulario

## Índice

## Créditos

## Sobre el autor

# Verb conjugation tables

Guide to the Verb Lists and Tables

Below you will find the infinitive of many common Spanish verbs. Each verb is followed by a model verb conjugated on the same pattern. The number in parentheses indicates where in the verb tables, pages 177–184, you can find the conjugated forms of the model verb.

**abandonar** like hablar (1)
**abrazarse** (z:c) like cruzar (37)
**abrirse** like vivir (3) *except* past participle is abierto
**aburrir(se)** like vivir (3)
**abusar** like hablar (1)
**acabarse** like hablar (1)
**acariciar** like hablar (1)
**acercarse** (qu) like tocar (43)
**acordar(se)** (o:ue) like contar (24)
**acostumbrar** like hablar (1)
**actuar** like graduarse (40)
**acudir** like vivir (3)
**adaptarse** like hablar (1)
**adivinar** like hablar (1)
**administrar** like hablar (1)
**afligirse** (g:j) like proteger (42)
**agotar** like hablar (1)
**agradecer** (c:zc) like conocer (35)
**aguantar** like hablar (1)
**ahogarse** (gu) like llegar (41)
**ahorrar** like hablar (1)
**alcanzar** (z:c) like cruzar (37)
**alejarse** like hablar (1)
**alimentar** like hablar (1)
**aliviar** like hablar (1)
**amanecer** (c:zc) like conocer (35)
**amar** like hablar (1)
**amenazar** (z:c) like cruzar (37)
**andar** like hablar (1) *except* preterite stem is anduv-
**animar** like hablar (1)
**anotar** like hablar (1)
**anticipar** like hablar (1)
**añadir** like vivir (3)
**aparcar** (qu) like tocar (43)
**aplaudir** like vivir (3)
**apostar** (o:ue) like contar (24)
**apoyar** like hablar (1)
**aprobar** (o:ue) like contar (24)

**aprovechar** like hablar (1)
**apuntar** like hablar (1)
**arreglarse** like hablar (1)
**arrepentirse** (e:ie) like sentir (33)
**arruinar** like hablar (1)
**ascender** (e:ie) like entender (27)
**asimilarse** like hablar (1)
**aterrizar** (z:c) like cruzar (37)
**atraer** like traer (21)
**atreverse** like comer (2)
**aumentar** like hablar (1)
**averiguar** like hablar (1)
**ayudarse** like hablar (1)
**bajar** like hablar (1)
**batirse** like vivir (3)
**besar** like hablar (1)
**borrar** like hablar (1)
**brindar** like hablar (1)
**caber** (4)
**caer** (5)
**capacitar** like hablar (1)
**casarse** like hablar (1)
**castigar** (gu) like llegar (41)
**cazar** (z:c) like cruzar (37)
**celebrar** like hablar (1)
**chantajear** like hablar (1)
**charlar** like hablar (1)
**clonar** like hablar (1)
**cobrar** like hablar (1)
**coleccionar** like hablar (1)
**colocar** (qu) like tocar (43)
**comer(se)** (2)
**cometer** like comer (2)
**compartir** like vivir (3)
**comportarse** like hablar (1)
**comprobar** (o:ue) like contar (24)
**compulsar** like hablar (1)
**conducir** (c:zc) (6)
**congelar(se)** like hablar (1)
**conocer** (c:zc) (35)

**conquistar** like hablar (1)
**conseguir** (e:i) like seguir (32)
**conservar** like hablar (1)
**considerar** like hablar (1)
**construir** (y) like destruir (38)
**consultar** like hablar (1)
**consumir** like vivir (3)
**contagiar(se)** like hablar (1)
**contaminar** like hablar (1)
**contar** (o:ue) (24)
**contentarse** like hablar (1)
**contratar** like hablar (1)
**contribuir** (y) like destruir (38)
**convencer(se)** (c:z) like vencer (44)
**conversar** like hablar (1)
**convertirse** (e:ie) like sentir (33)
**convivir** like vivir (3)
**convocar** (qu) like tocar (43)
**cooperar** like hablar (1)
**coquetear** like hablar (1)
**correr** like comer (2)
**cortar** like hablar (1)
**crear** like hablar (1)
**crecer** (c:zc) like conocer (35)
**creer** (y) (36)
**criar** (crío) like enviar (39)
**cruzar** (z:c) (37)
**cuidar(se)** like hablar (1)
**cultivar** like hablar (1)
**curarse** like hablar (1)
**dar(se)** (7)
**deber** like comer (2)
**decir** (e:i) (8)
**dedicarse** (qu) like tocar (43)
**defender** (e:ie) like entender (27)
**dejar(se)** like hablar (1)
**depositar** like hablar (1)
**derogar** (gu) like llegar (41)
**derrocar** (qu) like tocar (43)
**derrotar** like hablar (1)

**desafiar** (desafío) like enviar (39)
**desaparecer** (c:zc) like conocer (35)
**desarrollar** like hablar (1)
**descargar** (gu) like llegar (41)
**desconfiar** (desconfío) like enviar (39)
**descongelar(se)** like hablar (1)
**descubrir** like vivir (3) *except* past participle is descubierto
**desmayarse** like hablar (1)
**despedir(se)** (e:i) like pedir (29)
**despreciar** like hablar (1)
**destacar** (qu) like tocar (43)
**destrozar** (c) like cruzar (37)
**destruir** (y) (38)
**detenerse** (e:ie) like tener (20)
**difundir** like vivir (3)
**dirigir** (j) like proteger (42)
**disculparse** like hablar (1)
**discutir** like vivir (3)
**diseñar** like hablar (1)
**disfrutar** like hablar (1)
**disimular** like hablar (1)
**disminuir** (y) like destruir (38)
**disparar** like hablar (1)
**disponer** like poner (15)
**divertirse** (e:ie) like sentir (33)
**divorciarse** like hablar (1)
**doblar** like hablar (1)
**dominar** like hablar (1)
**dormir(se)** (o:ue) (25)
**echar** like hablar (1)
**ejercer** (z) like vencer (44)
**elegir** (e:i) like pedir (29) *except* (g:j)
**emigrar** like hablar (1)
**empatar** like hablar (1)
**empeorar** like hablar (1)
**enamorarse** like hablar (1)
**encabezar** (z:c) like cruzar (37)

**encarcelar** like hablar (1)
**engañar** like hablar (1)
**enojarse** like hablar (1)
**enriquecerse** (c:zc) like conocer (35)
**enrojecer** (c:zc) like conocer (35)
**entender(se)** (e:ie) (27)
**enterarse** like hablar (1)
**enterrar** (e:ie) like pensar (30)
**entretener(se)** (e:ie) like tener (20)
**entrevistar** like hablar (1)
**enviar** (envío) (39)
**esconder** like comer (2)
**espiar** (espío) like enviar (39)
**establecerse** (c:zc) like conocer (35)
**estar** (9)
**estrenar** like hablar (1)
**exigir** (g:j) like proteger (42)
**experimentar** like hablar (1)
**explorar** like hablar (1)
**exportar** like hablar (1)
**expulsar** like hablar (1)
**extinguir** like seguir (32)
**extrañar(se)** like hablar (1)
**festejar** like hablar (1)
**filmar** like hablar (1)
**financiar** like hablar (1)
**firmar** like hablar (1)
**flotar** like hablar (1)
**fortalecer(se)** (c:zc) like conocer (35)
**ganar(se)** like hablar (1)
**garantizar** (z:c) like cruzar (37)
**gastar** like hablar (1)
**gobernar** (e:ie) like pensar (30)
**golpear** like hablar (1)
**grabar** like hablar (1)
**gritar** like hablar (1)
**guardar** like hablar (1)
**guiar** (guío) like enviar (39)
**haber** (10)
**hablar** (1)
**hacer(se)** (11)
**heredar** like hablar (1)
**homenajear** like hablar (1)
**huir** (y) like destruir (38)
**incorporarse** like hablar (1)
**independizarse** (c) like cruzar (37)

**influir** (y) like destruir (38)
**integrarse** like hablar (1)
**intentar** like hablar (1)
**intercambiar** like hablar (1)
**intoxicar** (qu) like tocar (43)
**inventar** like hablar (1)
**invertir** (e:ie) like sentir (33)
**investigar** (gu) like llegar (41)
**ir** (12)
**jubilarse** like hablar (1)
**jugar** (u:ue) (gu) (28)
**jurar** like hablar (1)
**juzgar** (gu) like llegar (41)
**lamentar** like hablar (1)
**lastimar(se)** like hablar (1)
**ligar** (gu) like llegar (41)
**llegar** (gu) (41)
**llevar(se)** like hablar (1)
**lograr** like hablar (1)
**luchar** like hablar (1)
**madrugar** (gu) like llegar (41)
**malgastar** like hablar (1)
**marcar** (qu) like tocar (43)
**marcharse** like hablar (1)
**marearse** like hablar (1)
**matar(se)** like hablar (1)
**mejorar** like hablar (1)
**merecer** (c:zc) like conocer (35)
**meterse** like comer (2)
**mezclar** like hablar (1)
**mimar** like hablar (1)
**morir(se)** (o:ue) like dormir (25) *except* past participle is muerto
**mudarse** like hablar (1)
**navegar** (gu) like llegar (41)
**odiar** like hablar (1)
**oír** (y) (13)
**olvidarse** like hablar (1)
**opinar** like hablar (1)
**oprimir** like vivir (3)
**otorgar** (gu) like llegar (41)
**parar** like hablar (1)
**parecer(se)** (c:zc) like conocer (35)
**partirse** like vivir (3)
**pasar(se)** like hablar (1)
**patear** like hablar (1)
**pedir** (e:i) (29)
**pegar** (gu) like llegar (41)
**pelear** like hablar (1)

**pensar** (e:ie) (30)
**perder** (e:ie) like entender (27)
**perdonar** like hablar (1)
**pertenecer** (c:zc) like conocer (35)
**planificar** (qu) like tocar (43)
**plantar** like hablar (1)
**poblar** (o:ue) like contar (24)
**podar** like hablar (1)
**poder** (o:ue) (14)
**poner(se)** (15)
**portarse** like hablar (1)
**predecir** (e:i) like decir (8)
**preocupar(se)** like hablar (1)
**prescindir** like vivir (3)
**presenciar** like hablar (1)
**prestar** like hablar (1)
**prevenir** (e:ie) like venir (22)
**promover** (o:ue) like volver (34) *except* past participle is regular
**promulgar** (gu) like llegar (41)
**proteger** (j) (42)
**protestar** like hablar (1)
**publicar** (qu) like tocar (43)
**quedar(se)** like hablar (1)
**quejarse** like hablar (1)
**quemar** like hablar (1)
**querer(se)** (e:ie) (16)
**quitar(se)** like hablar (1)
**realizarse** (z:c) like cruzar (37)
**rechazar** (z:c) like cruzar (37)
**reciclar** like hablar (1)
**reconocer** (c:zc) like conocer (35)
**recorrer** like comer (2)
**reemplazar** (z:c) like cruzar (37)
**regañar** like hablar (1)
**regresar** like hablar (1)
**reír(se)** (e:i) (río) (31)
**relajarse** like hablar (1)
**remodelar** like hablar (1)
**renunciar** like hablar (1)
**requisar** like hablar (1)
**residir** like vivir (3)
**resolver** (o:ue) like volver (34)
**respetar** like hablar (1)
**respirar** like hablar (1)
**reunirse** like vivir (3)
**robar** like hablar (1)
**rodar** (o:ue) like contar (24)

**rodear** like hablar (1)
**romper** like comer (2) *except* past participle is roto
**saber** (17)
**sacrificar** (qu) like tocar (43)
**salir** (18)
**saltar** like hablar (1)
**salvar** like hablar (1)
**secuestrar** like hablar (1)
**seguir** (e:i) (g) (32)
**sellar** like hablar (1)
**sentir(se)** (e:ie) (33)
**señalar** like hablar (1)
**ser** (19)
**serrar** (e:ie) like pensar (30)
**significar** (qu) like tocar (43)
**silbar** like hablar (1)
**simbolizar** (z:c) like cruzar (37)
**sobresalir** like salir (18)
**sobrevivir** like vivir (3)
**solicitar** like hablar (1)
**soñar** (o:ue) like contar (24)
**soportar** like hablar (1)
**sospechar** like hablar (1)
**subir** like vivir (3)
**suceder** like comer (2)
**superar** like hablar (1)
**surgir** (g:j) like proteger (42)
**sustituir** (y) like creer (36)
**tener** (e:ie) (20)
**titularse** like hablar (1)
**tocar** (qu) (43)
**tomar** like hablar (1)
**traer** (21)
**transmitir** like vivir (3)
**trasladar** like hablar (1)
**tratar** like hablar (1)
**urbanizar** (z:c) like cruzar (37)
**valer** like salir (18)
**valorar** like hablar (1)
**vencer** (z) (44)
**vengarse** (gu) like llegar (41)
**venir** (e:ie) (22)
**ver(se)** (23)
**vigilar** like hablar (1)
**vivir** (3)
**volar** (o:ue) like contar (24)
**voltear** like hablar (1)
**volver** (o:ue) (34)
**votar** like hablar (1)

# Verb conjugation tables

## Regular verbs: simple tenses

**1**

| Infinitive | INDICATIVE | | | | | SUBJUNCTIVE | | IMPERATIVE |
|---|---|---|---|---|---|---|---|---|
| | Present | Imperfect | Preterite | Future | Conditional | Present | Past | |
| hablar | hablo | hablaba | hablé | hablaré | hablaría | hable | hablara | |
| | hablas | hablabas | hablaste | hablarás | hablarías | hables | hablaras | habla tú (no hables) |
| **Participles:** | habla | hablaba | habló | hablará | hablaría | hable | hablara | hable Ud. |
| hablando | hablamos | hablábamos | hablamos | hablaremos | hablaríamos | hablemos | habláramos | hablemos |
| hablado | habláis | hablabais | hablasteis | hablaréis | hablaríais | habléis | hablarais | hablad (no habléis) |
| | hablan | hablaban | hablaron | hablarán | hablarían | hablen | hablaran | hablen Uds. |

**2**

| | Present | Imperfect | Preterite | Future | Conditional | Present | Past | IMPERATIVE |
|---|---|---|---|---|---|---|---|---|
| comer | como | comía | comí | comeré | comería | coma | comiera | |
| | comes | comías | comiste | comerás | comerías | comas | comieras | come tú (no comas) |
| **Participles:** | come | comía | comió | comerá | comería | coma | comiera | coma Ud. |
| comiendo | comemos | comíamos | comimos | comeremos | comeríamos | comamos | comiéramos | comamos |
| comido | coméis | comíais | comisteis | comeréis | comeríais | comáis | comierais | comed (no comáis) |
| | comen | comían | comieron | comerán | comerían | coman | comieran | coman Uds. |

**3**

| | Present | Imperfect | Preterite | Future | Conditional | Present | Past | IMPERATIVE |
|---|---|---|---|---|---|---|---|---|
| vivir | vivo | vivía | viví | viviré | viviría | viva | viviera | |
| | vives | vivías | viviste | vivirás | vivirías | vivas | vivieras | vive tú (no vivas) |
| **Participles:** | vive | vivía | vivió | vivirá | viviría | viva | viviera | viva Ud. |
| viviendo | vivimos | vivíamos | vivimos | viviremos | viviríamos | vivamos | viviéramos | vivamos |
| vivido | vivís | vivíais | vivisteis | viviréis | viviríais | viváis | vivierais | vivid (no viváis) |
| | viven | vivían | vivieron | vivirán | vivirían | vivan | vivieran | vivan Uds. |

## All verbs: compound tenses

### PERFECT TENSES

#### INDICATIVE

| Present Perfect | | Past Perfect | | Future Perfect | | Conditional Perfect | |
|---|---|---|---|---|---|---|---|
| he | hablado | había | hablado | habré | hablado | habría | hablado |
| has | comido | habías | comido | habrás | comido | habrías | comido |
| ha | vivido | había | vivido | habrá | vivido | habría | vivido |
| hemos | | habíamos | | habremos | | habríamos | |
| habéis | | habíais | | habréis | | habríais | |
| han | | habían | | habrán | | habrían | |

#### SUBJUNCTIVE

| Present Perfect | | Past Perfect | |
|---|---|---|---|
| haya | hablado | hubiera | hablado |
| hayas | comido | hubieras | comido |
| haya | vivido | hubiera | vivido |
| hayamos | | hubiéramos | |
| hayáis | | hubierais | |
| hayan | | hubieran | |

## PROGRESSIVE TENSES

| | INDICATIVE | | | | SUBJUNCTIVE | |
|---|---|---|---|---|---|---|
| | **Present Progressive** | **Past Progressive** | **Future Progressive** | **Conditional Progressive** | **Present Progressive** | **Past Progressive** |
| | estoy | estaba | estaré | estaría | esté | estuviera |
| | estás | estabas | estarás | estarías | estés | estuvieras |
| hablando | está | estaba | estará | estaría | esté | estuviera |
| comiendo | estamos | estábamos | estaremos | estaríamos | estemos | estuviéramos |
| viviendo | estáis | estabais | estaréis | estaríais | estéis | estuvierais |
| | están | estaban | estarán | estarían | estén | estuvieran |

(each group accompanied by: hablando, comiendo, viviendo)

## Irregular verbs

| # | Infinitive | INDICATIVE | | | | | SUBJUNCTIVE | | IMPERATIVE |
|---|---|---|---|---|---|---|---|---|---|
| | | **Present** | **Imperfect** | **Preterite** | **Future** | **Conditional** | **Present** | **Past** | |
| **4** | caber | **quepo** | cabía | **cupe** | **cabré** | **cabría** | **quepa** | **cupiera** | |
| | | cabes | cabías | **cupiste** | **cabrás** | **cabrías** | **quepas** | **cupieras** | cabe tú (no **quepas**) |
| | | cabe | cabía | **cupo** | **cabrá** | **cabría** | **quepa** | **cupiera** | **quepa** Ud. |
| | | cabemos | cabíamos | **cupimos** | **cabremos** | **cabríamos** | **quepamos** | **cupiéramos** | **quepamos** |
| | Participles: | cabéis | cabíais | **cupisteis** | **cabréis** | **cabríais** | **quepáis** | **cupierais** | cabed (no **quepáis**) |
| | cabiendo | caben | cabían | **cupieron** | **cabrán** | **cabrían** | **quepan** | **cupieran** | **quepan** Uds. |
| | cabido | | | | | | | | |
| **5** | caer(se) | **caigo** | caía | **caí** | caeré | caería | **caiga** | **cayera** | |
| | | caes | caías | **caíste** | caerás | caerías | **caigas** | **cayeras** | cae tú (no **caigas**) |
| | | cae | caía | **cayó** | caerá | caería | **caiga** | **cayera** | **caiga** Ud. (no **caiga**) |
| | | caemos | caíamos | **caímos** | caeremos | caeríamos | **caigamos** | **cayéramos** | **caigamos** |
| | Participles: | caéis | caíais | **caísteis** | caeréis | caeríais | **caigáis** | **cayerais** | caed (no **caigáis**) |
| | **cayendo** | caen | caían | **cayeron** | caerán | caerían | **caigan** | **cayeran** | **caigan** Uds. |
| | **caído** | | | | | | | | |
| **6** | conducir | **conduzco** | conducía | **conduje** | conduciré | conduciría | **conduzca** | **condujera** | |
| | (c:zc) | conduces | conducías | **condujiste** | conducirás | conducirías | **conduzcas** | **condujeras** | conduce tú (no **conduzcas**) |
| | | conduce | conducía | **condujo** | conducirá | conduciría | **conduzca** | **condujera** | **conduzca** Ud. (no **conduzca**) |
| | | conducimos | conducíamos | **condujimos** | conduciremos | conduciríamos | **conduzcamos** | **condujéramos** | **conduzcamos** |
| | Participles: | conducís | conducíais | **condujisteis** | conduciréis | conduciríais | **conduzcáis** | **condujerais** | conducid (no **conduzcáis**) |
| | conduciendo | conducen | conducían | **condujeron** | conducirán | conducirían | **conduzcan** | **condujeran** | **conduzcan** Uds. |
| | conducido | | | | | | | | |

| | Infinitive | INDICATIVE | | | | | SUBJUNCTIVE | | IMPERATIVE |
|---|---|---|---|---|---|---|---|---|---|
| | | Present | Imperfect | Preterite | Future | Conditional | Present | Past | |
| **7** | dar | **doy** | daba | **di** | daré | daría | **dé** | **diera** | |
| | | das | dabas | **diste** | darás | darías | des | **dieras** | da tú (no **des**) |
| | | da | daba | **dio** | dará | daría | **dé** | **diera** | **dé** Ud. |
| | Participles: | damos | dábamos | **dimos** | daremos | daríamos | demos | **diéramos** | **demos** |
| | dando | dais | dabais | **disteis** | daréis | daríais | deis | **dierais** | dad (no **deis**) |
| | dado | dan | daban | **dieron** | darán | darían | den | **dieran** | **den** Uds. |
| **8** | decir (e:i) | **digo** | decía | **dije** | **diré** | **diría** | **diga** | **dijera** | |
| | | **dices** | decías | **dijiste** | **dirás** | **dirías** | **digas** | **dijeras** | **di** tú (no **digas**) |
| | | **dice** | decía | **dijo** | **dirá** | **diría** | **diga** | **dijera** | **diga** Ud. |
| | Participles: | decimos | decíamos | **dijimos** | **diremos** | **diríamos** | **digamos** | **dijéramos** | **digamos** |
| | **diciendo** | decís | decíais | **dijisteis** | **diréis** | **diríais** | **digáis** | **dijerais** | decid (no **digáis**) |
| | **dicho** | **dicen** | decían | **dijeron** | **dirán** | **dirían** | **digan** | **dijeran** | **digan** Uds. |
| **9** | estar | **estoy** | estaba | **estuve** | estaré | estaría | esté | **estuviera** | |
| | | estás | estabas | **estuviste** | estarás | estarías | estés | **estuvieras** | está tú (no **estés**) |
| | | está | estaba | **estuvo** | estará | estaría | esté | **estuviera** | esté Ud. |
| | Participles: | estamos | estábamos | **estuvimos** | estaremos | estaríamos | estemos | **estuviéramos** | estemos |
| | estando | estáis | estabais | **estuvisteis** | estaréis | estaríais | estéis | **estuvierais** | estad (no **estéis**) |
| | estado | están | estaban | **estuvieron** | estarán | estarían | estén | **estuvieran** | estén Uds. |
| **10** | haber | **he** | había | **hube** | **habré** | **habría** | **haya** | **hubiera** | |
| | | **has** | habías | **hubiste** | **habrás** | **habrías** | **hayas** | **hubieras** | |
| | | **ha** | había | **hubo** | **habrá** | **habría** | **haya** | **hubiera** | |
| | Participles: | **hemos** | habíamos | **hubimos** | **habremos** | **habríamos** | **hayamos** | **hubiéramos** | |
| | habiendo | **habéis** | habíais | **hubisteis** | **habréis** | **habríais** | **hayáis** | **hubierais** | |
| | habido | **han** | habían | **hubieron** | **habrán** | **habrían** | **hayan** | **hubieran** | |
| **11** | hacer | **hago** | hacía | **hice** | **haré** | **haría** | **haga** | **hiciera** | |
| | | haces | hacías | **hiciste** | **harás** | **harías** | **hagas** | **hicieras** | **haz** tú (no **hagas**) |
| | | hace | hacía | **hizo** | **hará** | **haría** | **haga** | **hiciera** | **haga** Ud. |
| | Participles: | hacemos | hacíamos | **hicimos** | **haremos** | **haríamos** | **hagamos** | **hiciéramos** | **hagamos** |
| | haciendo | hacéis | hacíais | **hicisteis** | **haréis** | **haríais** | **hagáis** | **hicierais** | haced (no **hagáis**) |
| | **hecho** | hacen | hacían | **hicieron** | **harán** | **harían** | **hagan** | **hicieran** | **hagan** Uds. |
| **12** | ir | **voy** | **iba** | **fui** | iré | iría | **vaya** | **fuera** | |
| | | **vas** | **ibas** | **fuiste** | irás | irías | **vayas** | **fueras** | **ve** tú (no **vayas**) |
| | | **va** | **iba** | **fue** | irá | iría | **vaya** | **fuera** | **vaya** Ud. |
| | Participles: | **vamos** | **íbamos** | **fuimos** | iremos | iríamos | **vayamos** | **fuéramos** | **vamos** (no **vayamos**) |
| | **yendo** | **vais** | **ibais** | **fuisteis** | iréis | iríais | **vayáis** | **fuerais** | id (no **vayáis**) |
| | **ido** | **van** | **iban** | **fueron** | irán | irían | **vayan** | **fueran** | **vayan** Uds. |
| **13** | oír (y) | **oigo** | oía | **oí** | oiré | oiría | **oiga** | **oyera** | |
| | | **oyes** | oías | **oíste** | oirás | oirías | **oigas** | **oyeras** | **oye** tú (no **oigas**) |
| | | **oye** | oía | **oyó** | oirá | oiría | **oiga** | **oyera** | **oiga** Ud. |
| | Participles: | **oímos** | oíamos | **oímos** | oiremos | oiríamos | **oigamos** | **oyéramos** | **oigamos** |
| | **oyendo** | **oís** | oíais | **oísteis** | oiréis | oiríais | **oigáis** | **oyerais** | oíd (no **oigáis**) |
| | **oído** | **oyen** | oían | **oyeron** | oirán | oirían | **oigan** | **oyeran** | **oigan** Uds. |

| Infinitive | INDICATIVE Present | Imperfect | Preterite | Future | Conditional | SUBJUNCTIVE Present | Past | IMPERATIVE |
|---|---|---|---|---|---|---|---|---|
| **14** poder (o:ue) | **puedo** | podía | **pude** | **podré** | **podría** | **pueda** | **pudiera** | |
| | **puedes** | podías | **pudiste** | **podrás** | **podrías** | **puedas** | **pudieras** | **puede** tú (no **puedas**) |
| | **puede** | podía | **pudo** | **podrá** | **podría** | **pueda** | **pudiera** | **pueda** Ud. |
| Participles: | podemos | podíamos | **pudimos** | **podremos** | **podríamos** | podamos | **pudiéramos** | podamos |
| **pudiendo** | podéis | podíais | **pudisteis** | **podréis** | **podríais** | podáis | **pudierais** | poded (no **podáis**) |
| podido | **pueden** | podían | **pudieron** | **podrán** | **podrían** | **puedan** | **pudieran** | **puedan** Uds. |
| **15** poner | **pongo** | ponía | **puse** | **pondré** | **pondría** | **ponga** | **pusiera** | |
| | pones | ponías | **pusiste** | **pondrás** | **pondrías** | **pongas** | **pusieras** | **pon** tú (no **pongas**) |
| | pone | ponía | **puso** | **pondrá** | **pondría** | **ponga** | **pusiera** | **ponga** Ud. |
| Participles: | ponemos | poníamos | **pusimos** | **pondremos** | **pondríamos** | **pongamos** | **pusiéramos** | **pongamos** |
| poniendo | ponéis | poníais | **pusisteis** | **pondréis** | **pondríais** | **pongáis** | **pusierais** | poned (no **pongáis**) |
| **puesto** | ponen | ponían | **pusieron** | **pondrán** | **pondrían** | **pongan** | **pusieran** | **pongan** Uds. |
| **16** querer (e:ie) | **quiero** | quería | **quise** | **querré** | **querría** | **quiera** | **quisiera** | |
| | **quieres** | querías | **quisiste** | **querrás** | **querrías** | **quieras** | **quisieras** | **quiere** tú (no **quieras**) |
| | **quiere** | quería | **quiso** | **querrá** | **querría** | **quiera** | **quisiera** | **quiera** Ud. |
| Participles: | queremos | queríamos | **quisimos** | **querremos** | **querríamos** | queramos | **quisiéramos** | **queramos** |
| queriendo | queréis | queríais | **quisisteis** | **querréis** | **querríais** | queráis | **quisierais** | quered (no **queráis**) |
| querido | **quieren** | querían | **quisieron** | **querrán** | **querrían** | **quieran** | **quisieran** | **quieran** Uds. |
| **17** saber | **sé** | sabía | **supe** | **sabré** | **sabría** | **sepa** | **supiera** | |
| | sabes | sabías | **supiste** | **sabrás** | **sabrías** | **sepas** | **supieras** | sabe tú (no **sepas**) |
| | sabe | sabía | **supo** | **sabrá** | **sabría** | **sepa** | **supiera** | **sepa** Ud. |
| Participles: | sabemos | sabíamos | **supimos** | **sabremos** | **sabríamos** | **sepamos** | **supiéramos** | **sepamos** |
| sabiendo | sabéis | sabíais | **supisteis** | **sabréis** | **sabríais** | **sepáis** | **supierais** | sabed (no **sepáis**) |
| sabido | saben | sabían | **supieron** | **sabrán** | **sabrían** | **sepan** | **supieran** | **sepan** Uds. |
| **18** salir | **salgo** | salía | salí | **saldré** | **saldría** | **salga** | saliera | |
| | sales | salías | saliste | **saldrás** | **saldrías** | **salgas** | salieras | **sal** tú (no **salgas**) |
| | sale | salía | salió | **saldrá** | **saldría** | **salga** | saliera | **salga** Ud. |
| Participles: | salimos | salíamos | salimos | **saldremos** | **saldríamos** | **salgamos** | saliéramos | **salgamos** |
| saliendo | salís | salíais | salisteis | **saldréis** | **saldríais** | **salgáis** | salierais | salid (no **salgáis**) |
| salido | salen | salían | salieron | **saldrán** | **saldrían** | **salgan** | salieran | **salgan** Uds. |
| **19** ser | **soy** | **era** | **fui** | seré | sería | **sea** | **fuera** | |
| | **eres** | **eras** | **fuiste** | serás | serías | **seas** | **fueras** | **sé** tú (no **seas**) |
| | **es** | **era** | **fue** | será | sería | **sea** | **fuera** | sea Ud. |
| Participles: | **somos** | **éramos** | **fuimos** | seremos | seríamos | **seamos** | **fuéramos** | **seamos** |
| siendo | **sois** | **erais** | **fuisteis** | seréis | seríais | **seáis** | **fuerais** | sed (no **seáis**) |
| sido | **son** | **eran** | **fueron** | serán | serían | **sean** | **fueran** | **sean** Uds. |
| **20** tener (e:ie) | **tengo** | **tenía** | **tuve** | **tendré** | **tendría** | **tenga** | **tuviera** | |
| | **tienes** | **tenías** | **tuviste** | **tendrás** | **tendrías** | **tengas** | **tuvieras** | **ten** tú (no **tengas**) |
| | **tiene** | **tenía** | **tuvo** | **tendrá** | **tendría** | **tenga** | **tuviera** | **tenga** Ud. |
| Participles: | tenemos | **teníamos** | **tuvimos** | **tendremos** | **tendríamos** | **tengamos** | **tuviéramos** | **tengamos** |
| teniendo | tenéis | **teníais** | **tuvisteis** | **tendréis** | **tendríais** | **tengáis** | **tuvierais** | tened (no **tengáis**) |
| tenido | **tienen** | **tenían** | **tuvieron** | **tendrán** | **tendrían** | **tengan** | **tuvieran** | **tengan** Uds. |

**21** traer
Participles: **trayendo**, **traído**

| Infinitive | INDICATIVE | | | | | SUBJUNCTIVE | | IMPERATIVE |
|---|---|---|---|---|---|---|---|---|
| | Present | Imperfect | Preterite | Future | Conditional | Present | Past | |
| traer | **traigo** | traía | **traje** | traeré | traería | **traiga** | **trajera** | |
| | traes | traías | **trajiste** | traerás | traerías | **traigas** | **trajeras** | trae tú (no **traigas**) |
| | trae | traía | **trajo** | traerá | traería | **traiga** | **trajera** | **traiga** Ud. |
| | traemos | traíamos | **trajimos** | traeremos | traeríamos | **traigamos** | **trajéramos** | **traigamos** |
| | traéis | traíais | **trajisteis** | traeréis | traeríais | **traigáis** | **trajerais** | traed (no **traigáis**) |
| | traen | traían | **trajeron** | traerán | traerían | **traigan** | **trajeran** | **traigan** Uds. |

**22** venir (e:ie)
Participles: **viniendo**, venido

| Infinitive | INDICATIVE | | | | | SUBJUNCTIVE | | IMPERATIVE |
|---|---|---|---|---|---|---|---|---|
| | Present | Imperfect | Preterite | Future | Conditional | Present | Past | |
| venir (e:ie) | **vengo** | venía | **vine** | **vendré** | **vendría** | **venga** | **viniera** | |
| | **vienes** | venías | **viniste** | **vendrás** | **vendrías** | **vengas** | **vinieras** | **ven** tú (no **vengas**) |
| | **viene** | venía | **vino** | **vendrá** | **vendría** | **venga** | **viniera** | **venga** Ud. |
| | venimos | veníamos | **vinimos** | **vendremos** | **vendríamos** | **vengamos** | **viniéramos** | **vengamos** |
| | venís | veníais | **vinisteis** | **vendréis** | **vendríais** | **vengáis** | **vinierais** | venid (no **vengáis**) |
| | **vienen** | venían | **vinieron** | **vendrán** | **vendrían** | **vengan** | **vinieran** | **vengan** Uds. |

**23** ver
Participles: **viendo**, **visto**

| Infinitive | INDICATIVE | | | | | SUBJUNCTIVE | | IMPERATIVE |
|---|---|---|---|---|---|---|---|---|
| | Present | Imperfect | Preterite | Future | Conditional | Present | Past | |
| ver | **veo** | **veía** | **vi** | veré | vería | **vea** | **viera** | |
| | ves | **veías** | **viste** | verás | verías | **veas** | **vieras** | **ve** tú (no **veas**) |
| | ve | **veía** | **vio** | verá | vería | **vea** | **viera** | **vea** Ud. |
| | vemos | **veíamos** | **vimos** | veremos | veríamos | **veamos** | **viéramos** | **veamos** |
| | veis | **veíais** | **visteis** | veréis | veríais | **veáis** | **vierais** | ved (no **veáis**) |
| | ven | **veían** | **vieron** | verán | verían | **vean** | **vieran** | **vean** Uds. |

## Stem-changing verbs

**24** contar (o:ue)
Participles: contando, contado

| Infinitive | INDICATIVE | | | | | SUBJUNCTIVE | | IMPERATIVE |
|---|---|---|---|---|---|---|---|---|
| | Present | Imperfect | Preterite | Future | Conditional | Present | Past | |
| contar (o:ue) | **cuento** | contaba | conté | contaré | contaría | **cuente** | contara | |
| | **cuentas** | contabas | contaste | contarás | contarías | **cuentes** | contaras | **cuenta** tú (no **cuentes**) |
| | **cuenta** | contaba | contó | contará | contaría | **cuente** | contara | **cuente** Ud. |
| | contamos | contábamos | contamos | contaremos | contaríamos | contemos | contáramos | contemos |
| | contáis | contabais | contasteis | contaréis | contaríais | contéis | contarais | contad (no contéis) |
| | **cuentan** | contaban | contaron | contarán | contarían | **cuenten** | contaran | **cuenten** Uds. |

**25** dormir (o:ue)
Participles: **durmiendo**, dormido

| Infinitive | INDICATIVE | | | | | SUBJUNCTIVE | | IMPERATIVE |
|---|---|---|---|---|---|---|---|---|
| | Present | Imperfect | Preterite | Future | Conditional | Present | Past | |
| dormir (o:ue) | **duermo** | dormía | dormí | dormiré | dormiría | **duerma** | **durmiera** | |
| | **duermes** | dormías | dormiste | dormirás | dormirías | **duermas** | **durmieras** | **duerme** tú (no **duermas**) |
| | **duerme** | dormía | **durmió** | dormirá | dormiría | **duerma** | **durmiera** | **duerma** Ud. |
| | dormimos | dormíamos | dormimos | dormiremos | dormiríamos | **durmamos** | **durmiéramos** | **durmamos** |
| | dormís | dormíais | dormisteis | dormiréis | dormiríais | **durmáis** | **durmierais** | dormid (no **durmáis**) |
| | **duermen** | dormían | **durmieron** | dormirán | dormirían | **duerman** | **durmieran** | **duerman** Uds. |

**26** empezar (e:ie) (c)
Participles: empezando, empezado

| Infinitive | INDICATIVE | | | | | SUBJUNCTIVE | | IMPERATIVE |
|---|---|---|---|---|---|---|---|---|
| | Present | Imperfect | Preterite | Future | Conditional | Present | Past | |
| empezar (e:ie) (c) | **empiezo** | empezaba | **empecé** | empezaré | empezaría | **empiece** | empezara | |
| | **empiezas** | empezabas | empezaste | empezarás | empezarías | **empieces** | empezaras | **empieza** tú (no **empieces**) |
| | **empieza** | empezaba | empezó | empezará | empezaría | **empiece** | empezara | **empiece** Ud. |
| | empezamos | empezábamos | empezamos | empezaremos | empezaríamos | **empecemos** | empezáramos | **empecemos** |
| | empezáis | empezabais | empezasteis | empezaréis | empezaríais | **empecéis** | empezarais | empezad (no **empecéis**) |
| | **empiezan** | empezaban | empezaron | empezarán | empezarían | **empiecen** | empezaran | **empiecen** Uds. |

### 27 entender (e:ie) — Participles: entendiendo, entendido

| | INDICATIVE | | | | | SUBJUNCTIVE | | IMPERATIVE |
|---|---|---|---|---|---|---|---|---|
| Infinitive | Present | Imperfect | Preterite | Future | Conditional | Present | Past | |
| entender | entiendo | entendía | entendí | entenderé | entendería | entienda | entendiera | |
| | entiendes | entendías | entendiste | entenderás | entenderías | entiendas | entendieras | entiende tú (no entiendas) |
| | entiende | entendía | entendió | entenderá | entendería | entienda | entendiera | entienda Ud. |
| | entendemos | entendíamos | entendimos | entenderemos | entenderíamos | entendamos | entendiéramos | entendamos |
| | entendéis | entendíais | entendisteis | entenderéis | entenderíais | entendáis | entendierais | entended (no entendáis) |
| | entienden | entendían | entendieron | entenderán | entenderían | entiendan | entendieran | entiendan Uds. |

### 28 jugar (u:ue) (gu) — Participles: jugando, jugado

| | INDICATIVE | | | | | SUBJUNCTIVE | | IMPERATIVE |
|---|---|---|---|---|---|---|---|---|
| | Present | Imperfect | Preterite | Future | Conditional | Present | Past | |
| jugar | juego | jugaba | jugué | jugaré | jugaría | juegue | jugara | |
| | juegas | jugabas | jugaste | jugarás | jugarías | juegues | jugaras | juega tú (no juegues) |
| | juega | jugaba | jugó | jugará | jugaría | juegue | jugara | juegue Ud. |
| | jugamos | jugábamos | jugamos | jugaremos | jugaríamos | juguemos | jugáramos | juguemos |
| | jugáis | jugabais | jugasteis | jugaréis | jugaríais | juguéis | jugarais | jugad (no juguéis) |
| | juegan | jugaban | jugaron | jugarán | jugarían | jueguen | jugaran | jueguen Uds. |

### 29 pedir (e:i) — Participles: pidiendo, pedido

| | INDICATIVE | | | | | SUBJUNCTIVE | | IMPERATIVE |
|---|---|---|---|---|---|---|---|---|
| | Present | Imperfect | Preterite | Future | Conditional | Present | Past | |
| pedir | pido | pedía | pedí | pediré | pediría | pida | pidiera | |
| | pides | pedías | pediste | pedirás | pedirías | pidas | pidieras | pide tú (no pidas) |
| | pide | pedía | pidió | pedirá | pediría | pida | pidiera | pida Ud. |
| | pedimos | pedíamos | pedimos | pediremos | pediríamos | pidamos | pidiéramos | pidamos |
| | pedís | pedíais | pedisteis | pediréis | pediríais | pidáis | pidierais | pedid (no pidáis) |
| | piden | pedían | pidieron | pedirán | pedirían | pidan | pidieran | pidan Uds. |

### 30 pensar (e:ie) — Participles: pensando, pensado

| | INDICATIVE | | | | | SUBJUNCTIVE | | IMPERATIVE |
|---|---|---|---|---|---|---|---|---|
| | Present | Imperfect | Preterite | Future | Conditional | Present | Past | |
| pensar | pienso | pensaba | pensé | pensaré | pensaría | piense | pensara | |
| | piensas | pensabas | pensaste | pensarás | pensarías | pienses | pensaras | piensa tú (no pienses) |
| | piensa | pensaba | pensó | pensará | pensaría | piense | pensara | piense Ud. |
| | pensamos | pensábamos | pensamos | pensaremos | pensaríamos | pensemos | pensáramos | pensemos |
| | pensáis | pensabais | pensasteis | pensaréis | pensaríais | penséis | pensarais | pensad (no penséis) |
| | piensan | pensaban | pensaron | pensarán | pensarían | piensen | pensaran | piensen Uds. |

### 31 reír(se) (e:i) — Participles: riendo, reído

| | INDICATIVE | | | | | SUBJUNCTIVE | | IMPERATIVE |
|---|---|---|---|---|---|---|---|---|
| | Present | Imperfect | Preterite | Future | Conditional | Present | Past | |
| reír(se) | río | reía | reí | reiré | reiría | ría | riera | |
| | ríes | reías | reíste | reirás | reirías | rías | rieras | ríe tú (no rías) |
| | ríe | reía | rió | reirá | reiría | ría | riera | ría Ud. |
| | reímos | reíamos | reímos | reiremos | reiríamos | riamos | riéramos | riamos |
| | reís | reíais | reísteis | reiréis | reiríais | riáis | rierais | reíd (no riáis) |
| | ríen | reían | rieron | reirán | reirían | rían | rieran | rían Uds. |

### 32 seguir (e:i) (g) — Participles: siguiendo, seguido

| | INDICATIVE | | | | | SUBJUNCTIVE | | IMPERATIVE |
|---|---|---|---|---|---|---|---|---|
| | Present | Imperfect | Preterite | Future | Conditional | Present | Past | |
| seguir | sigo | seguía | seguí | seguiré | seguiría | siga | siguiera | |
| | sigues | seguías | seguiste | seguirás | seguirías | sigas | siguieras | sigue tú (no sigas) |
| | sigue | seguía | siguió | seguirá | seguiría | siga | siguiera | siga Ud. |
| | seguimos | seguíamos | seguimos | seguiremos | seguiríamos | sigamos | siguiéramos | sigamos |
| | seguís | seguíais | seguisteis | seguiréis | seguiríais | sigáis | siguierais | seguid (no sigáis) |
| | siguen | seguían | siguieron | seguirán | seguirían | sigan | siguieran | sigan Uds. |

### 33 sentir (e:ie) — Participles: sintiendo, sentido

| | INDICATIVE | | | | | SUBJUNCTIVE | | IMPERATIVE |
|---|---|---|---|---|---|---|---|---|
| | Present | Imperfect | Preterite | Future | Conditional | Present | Past | |
| sentir | siento | sentía | sentí | sentiré | sentiría | sienta | sintiera | |
| | sientes | sentías | sentiste | sentirás | sentirías | sientas | sintieras | siente tú (no sientas) |
| | siente | sentía | sintió | sentirá | sentiría | sienta | sintiera | sienta Ud. |
| | sentimos | sentíamos | sentimos | sentiremos | sentiríamos | sintamos | sintiéramos | sintamos |
| | sentís | sentíais | sentisteis | sentiréis | sentiríais | sintáis | sintierais | sentid (no sintáis) |
| | sienten | sentían | sintieron | sentirán | sentirían | sientan | sintieran | sientan Uds. |

## 34 volver (o:ue)

Participles: volviendo, vuelto

| Infinitive | INDICATIVE Present | Imperfect | Preterite | Future | Conditional | SUBJUNCTIVE Present | Past | IMPERATIVE |
|---|---|---|---|---|---|---|---|---|
| volver (o:ue) | **vuelvo** | volvía | volví | volveré | volvería | **vuelva** | volviera | |
| | **vuelves** | volvías | volviste | volverás | volverías | **vuelvas** | volvieras | **vuelve** tú (no **vuelvas**) |
| Participles: | **vuelve** | volvía | volvió | volverá | volvería | **vuelva** | volviera | **vuelva** Ud. |
| volviendo | volvemos | volvíamos | volvimos | volveremos | volveríamos | volvamos | volviéramos | volvamos |
| **vuelto** | volvéis | volvíais | volvisteis | volveréis | volveríais | volváis | volvierais | volved (no volváis) |
| | **vuelven** | volvían | volvieron | volverán | volverían | **vuelvan** | volvieran | **vuelvan** Uds. |

# Verbs with spelling changes only

## 35 conocer (c:zc)

Participles: conociendo, conocido

| Infinitive | INDICATIVE Present | Imperfect | Preterite | Future | Conditional | SUBJUNCTIVE Present | Past | IMPERATIVE |
|---|---|---|---|---|---|---|---|---|
| conocer (c:zc) | **conozco** | conocía | conocí | conoceré | conocería | **conozca** | conociera | |
| | conoces | conocías | conociste | conocerás | conocerías | **conozcas** | conocieras | conoce tú (no **conozcas**) |
| | conoce | conocía | conoció | conocerá | conocería | **conozca** | conociera | **conozca** Ud. |
| Participles: | conocemos | conocíamos | conocimos | conoceremos | conoceríamos | **conozcamos** | conociéramos | **conozcamos** |
| conociendo | conocéis | conocíais | conocisteis | conoceréis | conoceríais | **conozcáis** | conocierais | conoced (no **conozcáis**) |
| conocido | conocen | conocían | conocieron | conocerán | conocerían | **conozcan** | conocieran | **conozcan** Uds. |

## 36 creer (y)

Participles: creyendo, creído

| Infinitive | INDICATIVE Present | Imperfect | Preterite | Future | Conditional | SUBJUNCTIVE Present | Past | IMPERATIVE |
|---|---|---|---|---|---|---|---|---|
| creer (y) | creo | creía | **creí** | creeré | creería | crea | **creyera** | |
| | crees | creías | **creíste** | creerás | creerías | creas | **creyeras** | cree tú (no creas) |
| | cree | creía | **creyó** | creerá | creería | crea | **creyera** | crea Ud. |
| Participles: | creemos | creíamos | **creímos** | creeremos | creeríamos | creamos | **creyéramos** | creamos |
| **creyendo** | creéis | creíais | **creísteis** | creeréis | creeríais | creáis | **creyerais** | creed (no creáis) |
| **creído** | creen | creían | **creyeron** | creerán | creerían | crean | **creyeran** | crean Uds. |

## 37 cruzar (z:c)

Participles: cruzando, cruzado

| Infinitive | INDICATIVE Present | Imperfect | Preterite | Future | Conditional | SUBJUNCTIVE Present | Past | IMPERATIVE |
|---|---|---|---|---|---|---|---|---|
| cruzar (z:c) | cruzo | cruzaba | **crucé** | cruzaré | cruzaría | **cruce** | cruzara | |
| | cruzas | cruzabas | cruzaste | cruzarás | cruzarías | **cruces** | cruzaras | cruza tú (no **cruces**) |
| | cruza | cruzaba | cruzó | cruzará | cruzaría | **cruce** | cruzara | **cruce** Ud. |
| Participles: | cruzamos | cruzábamos | cruzamos | cruzaremos | cruzaríamos | **crucemos** | cruzáramos | **crucemos** |
| cruzando | cruzáis | cruzabais | cruzasteis | cruzaréis | cruzaríais | **crucéis** | cruzarais | cruzad (no **crucéis**) |
| cruzado | cruzan | cruzaban | cruzaron | cruzarán | cruzarían | **crucen** | cruzaran | **crucen** Uds. |

## 38 destruir (y)

Participles: destruyendo, destruido

| Infinitive | INDICATIVE Present | Imperfect | Preterite | Future | Conditional | SUBJUNCTIVE Present | Past | IMPERATIVE |
|---|---|---|---|---|---|---|---|---|
| destruir (y) | **destruyo** | destruía | destruí | destruiré | destruiría | **destruya** | **destruyera** | |
| | **destruyes** | destruías | destruiste | destruirás | destruirías | **destruyas** | **destruyeras** | **destruye** tú (no **destruyas**) |
| | **destruye** | destruía | **destruyó** | destruirá | destruiría | **destruya** | **destruyera** | **destruya** Ud. |
| Participles: | destruimos | destruíamos | destruimos | destruiremos | destruiríamos | **destruyamos** | **destruyéramos** | **destruyamos** |
| **destruyendo** | destruís | destruíais | destruisteis | destruiréis | destruiríais | **destruyáis** | **destruyerais** | destruid (no **destruyáis**) |
| destruido | **destruyen** | destruían | **destruyeron** | destruirán | destruirían | **destruyan** | **destruyeran** | **destruyan** Uds. |

## 39 enviar

Participles: enviando, enviado

| Infinitive | INDICATIVE Present | Imperfect | Preterite | Future | Conditional | SUBJUNCTIVE Present | Past | IMPERATIVE |
|---|---|---|---|---|---|---|---|---|
| enviar | **envío** | enviaba | envié | enviaré | enviaría | **envíe** | enviara | |
| | **envías** | enviabas | enviaste | enviarás | enviarías | **envíes** | enviaras | **envía** tú (no **envíes**) |
| | **envía** | enviaba | envió | enviará | enviaría | **envíe** | enviara | **envíe** Ud. |
| Participles: | enviamos | enviábamos | enviamos | enviaremos | enviaríamos | enviemos | enviáramos | enviemos |
| enviando | enviáis | enviabais | enviasteis | enviaréis | enviaríais | **enviéis** | enviarais | enviad (no enviéis) |
| enviado | **envían** | enviaban | enviaron | enviarán | enviarían | **envíen** | enviaran | **envíen** Uds. |

## 40 graduarse
Participles: graduando, graduado

| | Present | Imperfect | Preterite | Future | Conditional | Subj. Present | Subj. Past | Imperative |
|---|---|---|---|---|---|---|---|---|
| | **gradúo** | graduaba | gradué | graduaré | graduaría | **gradúe** | graduara | |
| | **gradúas** | graduabas | graduaste | graduarás | graduarías | **gradúes** | graduaras | **gradúa** tú (no **gradúes**) |
| | **gradúa** | graduaba | graduó | graduará | graduaría | **gradúe** | graduara | **gradúe** Ud. |
| | graduamos | graduábamos | graduamos | graduaremos | graduaríamos | graduemos | graduáramos | graduemos |
| | graduáis | graduabais | graduasteis | graduaréis | graduaríais | graduéis | graduarais | graduad (no graduéis) |
| | **graduan** | graduaban | graduaron | graduarán | graduarían | **gradúen** | graduaran | **gradúen** Uds. |

## 41 llegar (gu)
Participles: llegando, llegado

| | Present | Imperfect | Preterite | Future | Conditional | Subj. Present | Subj. Past | Imperative |
|---|---|---|---|---|---|---|---|---|
| | llego | llegaba | **llegué** | llegaré | llegaría | **llegue** | llegara | |
| | llegas | llegabas | llegaste | llegarás | llegarías | **llegues** | llegaras | llega tú (no **llegues**) |
| | llega | llegaba | llegó | llegará | llegaría | **llegue** | llegara | **llegue** Ud. |
| | llegamos | llegábamos | llegamos | llegaremos | llegaríamos | **lleguemos** | llegáramos | **lleguemos** |
| | llegáis | llegabais | llegasteis | llegaréis | llegaríais | **lleguéis** | llegarais | llegad (no **lleguéis**) |
| | llegan | llegaban | llegaron | llegarán | llegarían | **lleguen** | llegaran | **lleguen** Uds. |

## 42 proteger (j)
Participles: protegiendo, protegido

| | Present | Imperfect | Preterite | Future | Conditional | Subj. Present | Subj. Past | Imperative |
|---|---|---|---|---|---|---|---|---|
| | **protejo** | protegía | protegí | protegeré | protegería | **proteja** | protegiera | |
| | proteges | protegías | protegiste | protegerás | protegerías | **protejas** | protegieras | protege tú (no **protejas**) |
| | protege | protegía | protegió | protegerá | protegería | **proteja** | protegiera | **proteja** Ud. |
| | protegemos | protegíamos | protegimos | protegeremos | protegeríamos | **protejamos** | protegiéramos | **protejamos** |
| | protegéis | protegíais | protegisteis | protegeréis | protegeríais | **protejáis** | protegierais | proteged (no **protejáis**) |
| | protegen | protegían | protegieron | protegerán | protegerían | **protejan** | protegieran | **protejan** Uds. |

## 43 tocar (qu)
Participles: tocando, tocado

| | Present | Imperfect | Preterite | Future | Conditional | Subj. Present | Subj. Past | Imperative |
|---|---|---|---|---|---|---|---|---|
| | toco | tocaba | **toqué** | tocaré | tocaría | **toque** | tocara | |
| | tocas | tocabas | tocaste | tocarás | tocarías | **toques** | tocaras | toca tú (no **toques**) |
| | toca | tocaba | tocó | tocarás | tocaría | **toque** | tocara | **toque** Ud. |
| | tocamos | tocábamos | tocamos | tocaremos | tocaríamos | **toquemos** | tocáramos | **toquemos** |
| | tocáis | tocabais | tocasteis | tocaréis | tocaríais | **toquéis** | tocarais | tocad (no **toquéis**) |
| | tocan | tocaban | tocaron | tocarán | tocarían | **toquen** | tocaran | **toquen** Uds. |

## 44 vencer (z)
Participles: venciendo, vencido

| | Present | Imperfect | Preterite | Future | Conditional | Subj. Present | Subj. Past | Imperative |
|---|---|---|---|---|---|---|---|---|
| | **venzo** | vencía | vencí | venceré | vencería | **venza** | venciera | |
| | vences | vencías | venciste | vencerás | vencerías | **venzas** | vencieras | vence tú (no **venzas**) |
| | vence | vencía | venció | vencerá | vencería | **venza** | venciera | **venza** Ud. |
| | vencemos | vencíamos | vencimos | venceremos | venceríamos | **venzamos** | venciéramos | **venzamos** |
| | vencéis | vencíais | vencisteis | venceréis | venceríais | **venzáis** | vencierais | venced (no **venzáis**) |
| | vencen | vencían | vencieron | vencerán | vencerían | **venzan** | vencieran | **venzan** Uds. |

# Introducción al vocabulario

## Vocabulario activo

Este glosario contiene las palabras y expresiones que se presentan como vocabulario activo en **REVISTA**. Los números indican la lección en la que se presenta dicha palabra o expresión.

## Sobre el alfabeto español

En el alfabeto español la **ñ** es una letra independiente que sigue a la **n**.

## Abreviaciones empleadas en este glosario

| | | | | | |
|---|---|---|---|---|---|
| *adj.* | adjetivo | *interj.* | interjección | *pl.* | plural |
| *adv.* | adverbio | *loc.* | locución | *sing.* | singular |
| *f.* | femenino | *m.* | masculino | *v.* | verbo |

# Español-Inglés

### A

**a la mera hora** *adv.* when push comes to shove, suddenly **6**
**a regañadientes** *adv.* reluctantly
**a solas** *adj.* alone
**abandonar** *v.* to leave **5**
**abeja** *f.* bee **4**; **5**
**aborrecer** *v.* to detest
**abuso de poder** *m.* abuse of power **4**
**acaso** *adv.* by some chance **4**
**acercarse** *v.* to approach
**aconsejable** *adj.* advisable **5**
**acontecimiento** *m.* event **1**
**acortar** *v.* to cut short **3**
**acosador(a)** *m., f.* stalker **3**
**acosar** *v.* to stalk **3**
**acuarela** *f.* watercolor
**acusado/a** *m., f.* accused **4**
**adivinar** *v.* to guess **2**
**ADN** *m.* DNA **1**
**adulatorio/a** *adj.* flattering **5**
**adusto/a** *adj.* austere
**advertir** *v.* to warn **1**
**afilar** *v.* to sharpen **6**
**afrontar** *v.* to face **3**
**agacharse** *v.* to crouch down
**agarrar** *v.* to grab
**agasajar** *v.* to receive (a guest) **5**
**agradecer** *v.* to be grateful
**agregar** *v.* to add
**agricultor(a)** *m., f.* farmer **6**
**aguinaldo** *m.* extra month's salary paid at Christmas **6**
**agujero** *m.* hole **4**
**aislado/a** *adj.* isolated **3**
**ajeno/a** *adj.* foreign
**alabar** *v.* to praise
**alcanzar** *v.* to achieve **3**; to be enough **5**; to get, to bring **6**
**alfabetización** *f.* literacy campaign **5**
**alimentar** *v.* to feed **2**
**alivio** *m.* relief **3**

**alma** *f.* soul
**alocado/a** *adj.* reckless **5**
**alrededor** *adv.* around
**alterarse** *v.* to get upset **3**
**altura** *f.* height **5**
**aludir** *v.* to allude **5**
**amabilidad** *f.* kindness **2**
**amanecer** *v.* to dawn
**amante** *m., f.* lover **2**
**amargura** *f.* bitterness **1**
**ambición** *f.* ambition **1**; **2**
**amenazante** *adj.* threatening
**amenazar** *v.* to threaten
**amontonar** *v.* to pile up
**analfabetismo** *m.* illiteracy **4**; **5**
**analfabeto/a** *m., f.* illiterate **5**
**andén** *m.* platform
**ángel** *m.* angel
**animación** *f.* animation
**animado/a** *adj.* lively
**animar** *v.* to cheer up **1**
**animar** *v.* to encourage **3**
**anonadado/a** *adj.* overwhelmed **3**
**anunciar** *v.* to foreshadow **1**
**anuncio (de televisión)** *m.* (TV) commercial **2**
**apagado/a** *adj.* switched off **6**
**aparentar** *v.* to feign **2**
**aparición (de un fantasma)** *f.* apparition (of a ghost) **1**
**aparición** *f.* apparition **1**
**apartado/a** *adj.* isolated
**apartar** *v.* to pull someone away **4**
**apartarse** *v.* to stray **4**
**apasionante** *adj.* exciting; thrilling **1**
**apatía** *f.* apathy, listlessness **3**
**apenas** *adv.* hardly
**aplastar** *v.* to squash **1**
**apoderarse** *v.* to take possession **4**
**apreciar** *v.* to appreciate **2**
**apresurar(se)** *v.* to hurry
**aprovechar** *v.* to take advantage **4**
**araña** *f.* spider **4**
**arena** *f.* sand
**arma de fuego** *f.* firearm **2**
**arma** *f.* gun

**arraigarse** *v.* to take root **6**
**arrastrar** *v.* to drag along **2**
**arrebatar** *v.* to snatch **1**
**arrebato** *m.* fit **3**
**arreglar** *v.* to fix **4**
**arrepentirse** *v.* to regret **2**
**arriesgarse** *v.* to risk; to take a chance
**arrogante** *adj.* arrogant **5**
**arrojar** *v.* to throw **4**
**arzobispo** *m.* archbishop
**asequible** *adj.* attainable **2**
**asesinar** *v.* to murder **4**
**asombrado/a** *adj.* astonished
**asombro** *m.* astonishment
**asombroso/a** *adj.* amazing, astounding **1**
**aspecto** *m.* appearance **1**
**aspirante a** *adj.* aspiring to **3**
**astronauta** *m., f.* astronaut **1**
**astuto/a** *adj.* cunning **5**
**asustar** *v.* to frighten
**asustarse** *v.* to become frightened **1**
**atacar** *v.* to attack **1**
**atasco** *m.* traffic jam **3**
**ataúd** *m.* coffin **4**
**aterrizaje** *m.* landing **1**
**aterrizar** *v.* to land **1**
**atrapar** *v.* to catch
**atrasar** *v.* run behind/slow **1**
**atravesar** *v.* to cross
**atreverse a** *v.* to have the courage to (+ inf.); to dare
**atrofiar** *v.* to atrophy, to degrade **3**
**atropellar** *v.* to run over **2**
**autoestima** *f.* self-esteem **2**
**autopista** *f.* highway **5**
**avance científico** *m.* scientific breakthrough **1**
**aventurarse** *v.* to venture
**avergonzado/a** *adj.* ashamed; embarrassed **3**
**avergonzarse** *v.* to be ashamed **3**
**averiguar** *v.* to find out
**azotea** *f.* flat roof **4**

## B

**banda sonora** *f.* soundtrack
**bandeja** *f.* tray
**barbaridad: ¡Qué barbaridad!** This is incredible! 6
**batería** *f.* drums
**batir** *v.* to beat 4
**batirse en duelo** *v.* to fight a duel 4
**besar** *v.* to kiss 5
**bichos** *pl.* stuff, things (lit. bugs) 1
**bienes** *m. pl.* possessions
**bienestar** *m.* well-being 2
**bigote** *m.* moustache
**bioética** *f.* bioethics 1
**bomba** *f.* bomb
**bombero/a** *m., f.* firefighter 2
**bondadosamente** *adv.* kindly
**bostezar** *v.* to yawn 3
**botín** *m.* loot
**brillo** *m.* sparkle 4
**brote** *m.* outbreak 6
**bruja** *f.* witch 2
**burla** *f.* mockery, joke 5
**burlarse de** *v.* to make fun of 1
**búsqueda** *f.* search
**butaca** *f.* seat 3

## C

**cabro/a** *m., f.* goat 6
**cajón** *m.* drawer 2
**cambiar de opinión** *v.* to change one's mind
**camino: de camino a** *loc.* on the way to 3
**camioneta** *f.* pickup truck 1
**campanilla** *f.* bell
**campaña** *f.* campaign 4
**campesino/a** *m., f.* peasant
**candidato/a** *m., f.* candidate 4
**capítulo** *m.* chapter 1
**capricho** *m.* whim 2
**cárcel** *f.* jail
**cardenal** *m.* bruise
**carecer** *v.* to lack 3
**cargo** *m.* position 5
**cariño** *m.* affection
**carretera** *f.* road 5
**cartera** *f.* wallet (Mex.); bag, briefcase (Arg.) 6
**casco** *m.* helmet 1
**castigar** *v.* to punish
**castigo** *m.* punishment 4
**cásting** *m.* audition 3
**caverna** *f.* cave, cavern
**celoso/a** *adj.* jealous 3
**células madre** *f., pl.* stem cells 1
**censura** *f.* censorship
**cerebro** *m.* brain
**certidumbre** *f.* certainty 5
**chamán** *m.* shaman
**changarro (Méx.)** *m.* stand, small store 5

**chavo/a (Méx.)** *m., f.* young man/woman 5
**chispa** *f.* flicker 3
**chivo/a** *m., f.* goat 6
**chocar** *v.* to crash
**choque** *m.* crash 1
**cicatriz** *f.* scar 1
**cigarra** *f.* cicada 5
**cimentar** *v.* to establish 3
**ciudadano/a** *m., f.* citizen
**clavar** *v.* to drive something into something 3
**clave** *f.* key 2
**clonación** *f.* cloning
**clonar** *v.* to clone 1
**cobertura** *f.* coverage 6
**cobrar** *v.* to gain (importance, etc.) 5
**cohete** *m.* rocket 1
**cola de conejo** *f.* rabitt's foot 3
**colgar (el teléfono)** *v.* to hang up (the phone) 6
**colmillo** *m.* canine (tooth) 5
**combatir** *v.* to fight 2
**comediante** *m., f.* comedian 3
**cometer un crimen** *v.* to commit a crime
**comodín** *m.* joker 6
**complacer** *v.* to please 2
**complicar** *v.* to complicate 2
**cómplice** *m., f.* accomplice 4
**comportamiento** *m.* behavior
**comportarse** *v.* to behave 2
**comprenderse** *v.* to understand each other 2
**comprensión** *f.* understanding 2
**comprensivo/a** *adj.* understanding 5
**compromiso** *m.* obligation 6
**concebir** *v.* to conceive 1
**conciliador(a)** *m., f.* conciliatory
**condenado/a** *adj.* doomed 6
**condenar** *v.* to sentence
**confesar** *v.* to confess 2
**conjeturar** *v.* to conjecture 4
**conmover** *v.* to move (emotionally) 2
**conmovido/a** *adj.* (emotionally) moved 1
**conocerse** *v.* to know each other/oneself 2
**consagración** *f.* professional recognition 3
**consuelo** *m.* consolation 5
**consulta** *f.* question 2
**contentar** *v.* to make happy
**controvertido/a** *adj.* controversial 6
**convencer** *v.* to convince
**copo** *m.* snowflake
**coraje** *m.* courage
**coreografiar** *v.* choreograph
**correrse la voz** *v.* to spread news 1
**criatura** *f.* creature
**crítica** *f.* review
**cruce** *m.* crossroads 2
**cueva** *f.* cave 1

**culpa** *f.* fault 4
**culpable** *m., f.* guilty one 4
**curar** *v.* to cure 1
**curita** *f.* bandage

## D

**dar a luz** *v.* to give birth 4
**dar rabia** *v.* to infuriate 6
**darse cuenta** *v.* to become aware of something, to realize 2
**datos personales** *m. pl.* personal information 2
**de buenas a primeras** *loc.* suddenly 1
**de repente** *adv.* suddenly 6
**debilidad** *f.* weakness 5
**decepción** *f.* disappointment 1
**declaración** *f.* statement 4
**dedicar** *v.* to dedicate 5
**dedicatoria** *f.* dedication 5
**defraudado/a** *adj.* disappointed 3
**defraudar** *v.* to dissapoint, to let down 4
**dejar plantado/a** *v.* to stand someone up 5
**delirar** *v.* to be delirious
**delito** *m.* crime 4
**demora** *f.* delay
**depresión** *f.* depression 2
**deprimido/a** *adj.* depressed
**derecho** *m.* right 1
**derogar (una ley)** *v.* to abolish (a law) 4
**derretirse** *v.* to melt, to disintegrate
**desanimarse** *v.* to get discouraged
**desaparecer** *v.* to disappear 2
**desaparecido/a** *m., f.* missing person 4
**desaprovechar** *v.* to waste 3
**desconfianza** *f.* distrust 5
**descubrimiento** *m.* discovery 1; 2
**descuidado/a** *adj.* careless 1
**desechable** *adj.* disposable 5
**desembarcar** *v.* to disembark
**desembolsar** *v.* to spend (money) 6
**desempleo** *m.* unemployment 6
**desengañado/a** *adj.* disillusioned 3
**desengaño (amoroso)** *m.* heartbreak 5
**desenlace** *m.* ending 3
**desesperar(se)** *v.* to become exasperated 2
**desgraciado/a** *adj.* unhappy, unfortunate 2
**deshabitado/a** *adj.* uninhabited 1
**deshacer** *v.* to disintegrate
**desilusión** *f.* disappointment 5
**desilusionado/a** *adj.* disappointed 3
**desilusionar** *v.* to disappoint 2
**desilusionarse** *v.* to be disappointed, to become disillusioned
**desinterés** *m.* lack of interest 3

**desistir** *v.* to give up **2**
**desorientado/a** *adj.* disoriented **6**
**despegue** *m.* launch, lift-off **1**
**despreciar** *v.* to despise **2**
**desterrar** *v.* to exile **3**
**destrozar** *v.* to ruin **4**
**desvanecerse** *v.* to vanish, to disappear
**desvincular** *v.* to separate **5**
**determinación** *f.* determination, resolution
**detonar** *v.* detonate
**devorar** *v.* to devour **4**
**diablo** *m.* devil
**dibujos animados** *m. pl.* cartoon
**dictadura** *f.* dictatorship **4**
**dilatar** *v.* to prolong **1**
**dinamita** *f.* dynamite
**discurso** *m.* speech **4**
**disecado/a** *adj.* taxidermied
**disiparse** *v.* to clear **1**
**disparar** *v.* to shoot **4**
**dispararse** *v.* to skyrocket **3**
**disparate** *m.* nonsense **3**
**disparo** *m.* shot **4**
**distraer** *v.* to distract; to entertain **3**
**distraído/a** *adj.* absentminded **5**
**DNI (Documento Nacional de Identidad)** *m.* ID **2**
**duelo** *m.* duel **4**
**dulcemente** *adv.* sweetly **2**
**duradero/a** *adj.* lasting **2**
**durar** *v.* to last **5**
**duro/a** *adj.* harsh **4**

### E

**echar de menos** *v.* to miss (someone or something) **6**
**ecuación** *f.* equation **2**
**embarazada** *adj.* pregnant
**embarazarse** *v.* to get pregnant **6**
**embestida** *f.* charge, onslaught **5**
**embotellamiento** *m.* traffic jam **3**
**embrión** *m.* embryo **1**
**empatía** *f.* empathy **2**
**empeñarse en** *v.* to insist **2**
**enamorado/a (de)** *adj.* in love (with) **5**
**encargado/a** *m., f.* supervisor **5**
**encuentro** *m.* meeting **1**
**enfadar** *v.* to anger
**enfermedad** *f.* illness, disease **1**
**enfermedad mental** *f.* mental illness **3**
**enfrentamiento** *m.* confrontation **4**
**enfriar** *v.* to chill **6**
**enfriarse** *v.* to get cold **6**
**engañar** *v.* to cheat **2**; to deceive, to trick
**engañoso/a** *adj.* deceiving **3**
**ensayar** *v.* to rehearse **3**
**ensueño** *m.* daydream, fantasy
**enterarse** *v.* to find out **1**

**enterrar** *v.* to bury
**entierro** *m.* burial, funeral
**entreabierto/a** *adj.* half-open
**entrenamiento** *m.* training **1**
**entristecerse** *v.* to become sad **2**
**entusiasmo** *m.* enthusiasm **2**
**envidia** *f.* envy **3**
**episodio** *m.* episode **3**
**época** *f.* time (period) **2**
**equivocarse** *v.* to make a mistake
**escalera** *f.* stairway **5**
**escalofriante** *adj.* horrifying
**escándalo** *m.* racket **1**
**escéptico/a** *adj.* skeptical **1**; *m., f.* skeptic **1**
**escoba** *f.* broom **1**
**escondido/a** *adj.* hidden
**escribano/a** *m., f.* letter writer **5**
**esfuerzo** *m.* effort
**espectro** *m.* specter **4**
**especulación** *f.* speculation **4**
**esperanza** *f.* hope **2**
**estabilidad** *f.* stability **6**
**establo** *m.* stable
**estar en un dilema** *v.* to have a dilemma
**estar localizable** *v.* to be available **6**
**estrella** *f.* star **3**
**estrenar** *v.* to premiere **3**
**estreno** *m.* premiere **3**
**estupidez** *f.* stupidity **2**
**ético: (no) ser ético** *loc.* to be (not) ethical **1**
**eugenesia** *f.* eugenics **1**
**evadirse** *v.* to escape **2**
**evitar** *v.* to avoid **3**
**exigente** *adj.* demanding
**exigir** *v.* to demand **1**
**exiliado/a** *adj.* exiled, in exile **4**
**exilio** *m.* exile **4**
**éxito** *m.* success
**expectativa** *f.* expectation **2**
**extasiado/a** *adj.* captivated, enraptured
**extinción: en peligro de extinción** *loc.* at risk of extinction **1**
**extrañar** *v.* to miss **2**
**extrañar a alguien o algo** *v.* to miss someone or something **6**
**extraterrestre** *m., f.* alien **1**
**extremista** *m., f.* extremist **3**

### F

**facha** *m., f.* fascist **3**
**facilitar** *v.* to provide **2**
**factura** *f.* bill **2**
**fajo (de billetes)** *m.* wad (of bills)
**falla** *f.* flaw **4**
**fallecer** *v.* to die, to expire
**falsa ilusión** *f.* delusion
**falta de** *f.* lack of
**fama** *f.* fame **3**
**famoso/a** *m., f.* famous person **3**

**fan** *m., f.* fan **3**
**fantasía** *f.* fantasy
**fantasma** *m.* ghost **1**
**farola** *f.* streetlight
**fastuoso/a** *adj.* lavish, ostentatious **4**
**fascinado/a** *adj.* fascinated
**fenómeno** *m.* phenomenon
**fiarse de (alguien)** *v.* to trust (someone) **3**
**filo** *m.* blade
**fingir** *v.* to pretend **2**
**firmar** *v.* to sign
**flojo/a** *adj.* lazy **4**
**flujo de capital** *m.* flow of capital **4**
**fortuito/a** *adj.* fortuitous **3**
**forzar** *v.* to force **4**
**fracaso** *m.* failure **3**
**furor** *m.* fury **2**

### G

**galán** *m.* heartthrob **3**
**gallina** *f.* hen **5**
**gallo** *m.* rooster **5**
**garra** *f.* claw **1**
**generosidad** *f.* generosity **2**
**genético/a** *adj.* genetic **1**
**gobernar** *v.* to govern **4**
**golpear** *v.* to hit
**gorra** *f.* cap **3**
**gotear** *v.* to drip
**gritar** *v.* to shout **5**
**grúa** *f.* tow truck **1**
**gruta** *f.* cave
**guardia de seguridad** *m., f.* security guard **5**
**guardia urbano** *m., f.* city police **3**
**guerra** *f.* war **4**
**güey (Méx.)** *m., f., adj.* pal; idiot **5**
**guiñar** *v.* to wink **5**

### H

**hablador(a)** *adj.* talkative **5**
**hacer caso** *v.* to obey **6**
**hacerse tarde** *v.* to become late **6**
**hechizo** *m.* spell **2**
**helar** *v.* to freeze
**hembra** *f.* female **6**
**hendido/a** *adj.* cleft, split **1**
**herencia** *f.* inheritance **4**
**hierba** *f.* grass **6**
**hipocresía** *f.* hypocrisy **6**
**hito** *m.* milestone **1**
**hogareño/a** *adj.* domestic **3**
**hojarasca** *f.* fallen leaves **4**
**hueco/a** *adj.* hollow **1**; **2**
**huérfano/a** *adj.* orphan **4**
**humildad** *f.* humility **2**
**humor gráfico** *m.* graphic humor (comics) **3**
**humorista** *m., f.* humorist, cartoonist **3**
**hundir (un barco)** *v.* to sink (a ship)

## I

**ignorar** *v.* to be unaware of **3**
**ilusión** *f.* hope; illusion
**imaginario/a** *adj.* imaginary **1**
**impedir** *v.* to impede, to hinder **3**
**impune** *adj.* unpunished **4**
**impunidad** *f.* impunity **4**
**inaudito/a** *adj.* unheard of, unprecedented **1**
**incapacidad** *f.* incompetence **6**
**incomodidad** *f.* discomfort
**incómodo/a** *adj.* uncomfortable; awkward **3**
**incomprensión** *f.* lack of understanding **2**
**indeciso/a** *adj.* undecided
**indefenso/a** *adj.* defenseless **3**
**inercia** *f.* inertia **3**
**infelicidad** *f.* unhappiness **2**
**infertilidad** *f.* infertility **1**
**infidelidad** *f.* infidelity **2**
**informarse** *v.* to get informed **4**
**informe** *m.* report
**injusto/a** *adj.* unfair **4**
**inmaduro/a** *adj.* inmature **2**
**inmortal** *adj.* immortal **1**
**inmortalidad** *f.* immortality
**inmutable** *adj.* unchanging **5**
**innecesario/a** *adj.* unnecessary, needless **6**
**inocencia** *f.* innocence **1**
**inoportuno/a** *adj.* untimely, inopportune **6**
**inquietante** *adj.* disturbing **5**
**inquieto/a** *adj.* restless **5**
**insalvable** *adj.* insurmountable **6**
**inseguro/a** *adj.* uncertain **5**
**insensibilidad** *f.* insensitivity **4**
**insólito/a** *adj.* unusual **1**
**insultar** *v.* to insult **5**
**integridad** *f.* integrity **2**
**internado** *m.* boarding school **3**
**interpretar** *v.* to interpret (a role) **3**
**interrumpir** *v.* to stop **4**
**intransigente** *adj.* unyielding **2**
**intrépido/a** *adj.* intrepid
**intrigado/a** *adj.* in suspense
**intrigar** *v.* to intrigue
**inversión** *f.* reversal **6**; investment
**invertir** *v.* to invert, to reverse **6**
**investigador(a)** *m., f.* researcher **2**
**invitar** *v.* to treat **5**
**ironía** *f.* irony **3**
**irónico/a** *adj.* ironic **4**
**irritante** *adj.* irritating **6**

## J

**jefa (Méx.)** *f.* mother **5**
**jornada** *f.* working day
**jubilación** *f.* retirement **5**
**juez(a)** *m., f.* judge **4**
**jugar al escondite** *v.* to play hide

and seek **6**
**jugar a ser** *v.* to play make-believe **1**
**juicio** *m.* trial **4**
**juntar** *v.* to put together
**justificación** *f.* justification **5**
**justo/a** *adj.* fair **4**
**juzgado** *m.* court house **4**
**juzgado/a** *adj.* tried (legally) **4**
**juzgar** *v.* to judge

## L

**laborioso/a** *adj.* hard-working **5**
**lapso** *m.* lapse (of time) **5**
**largarse** *v.* to scram **6**
**lealtad** *f.* loyalty **2**
**legar** *v.* to bequeath, to leave (in a will)
**lema** *m.* motto
**lengua** *f.* tongue **4**
**lentitud** *f.* slowness **1**
**letargo** *m.* lethargy **3**
**librepensador(a)** *m., f.* freethinker **3**
**linterna** *f.* flashlight **1**
**llamador** *m.* button
**llamativo/a** *adj.* catchy, striking **3**
**llevar a cabo** *v.* to carry out **4**
**llevar razón** *v.* to be right **5**
**loco/a** *m., f.* madman/madwoman
**locura** *f.* madness
**lucha** *f.* fight **2**; struggle **4**
**luchar por** *v.* to fight for **2**
**lujo** *m.* luxury **6**

## M

**machote (Méx.)** *m.* template **5**
**madrugada** *f.* early morning
**maduro/a** *adj.* mature **2**
**magia** *f.* magic **1**
**malbaratar** *v.* to squander **6**
**maldad** *f.* evil **2**
**malhumor** *m.* bad mood
**malvado/a** *adj.* evil **3**
**mancha** *f.* stain
**manejo** *m.* management **6**
**manía** *f.* obsession, peculiar habit
**manifestación** *f.* demonstration **4**
**manipulación genética** *f.* genetic modification **1**
**máquina (de escribir)** *f.* typewriter **5**
**marca** *f.* brand **6**
**marcar** *v.* to dial
**marciano** *m.* Martian **1**
**Marte** Mars **1**
**masajista** *m., f.* massage therapist **6**
**mascullar** *v.* to mumble **3**
**mata** *f.* plant **6**
**matar** *v.* to kill **1**
**materialista** *adj.* materialist **4**
**medias** *f., pl.* stockings, panty-hose (Mex.); socks (Arg.) **6**
**medios** *m. pl.* means, resources
**mejorar** *v.* to improve **5**

**melodioso/a** *adj.* melodious
**menospreciado/a** *adj.* underestimated **6**
**mercado financiero** *m.* financial market **4**
**mercadotecnia** *f.* marketing **5**
**merecer(se)** *v.* to deserve **4**
**mermelada** *f.* marmalade
**meta** *f.* goal **2**
**miedo** *m.* fear **1**
**mimado/a** *adj.* spoiled **5**
**mobiliario** *m.* furniture
**mojado/a** *adj.* wet
**mono/a** *m., f.* monkey **5**; *adj.* cute
**monstruo** *m.* monster **1**
**montón** *m.* pile
**moraleja** *f.* moral of a story **4; 5**
**moribundo/a** *adj.* dying **1**
**mosca** *f.* fly **4**
**(teléfono) móvil (Esp.)** *m.* cell (phone) **2**
**mudarse** *v.* to move **6**
**mueca (de dolor)** *f.* grimace (of pain)
**multa** *f.* fine **3**
**muñeca** *f.* wrist **1**
**muralla** *f.* wall
**murmullo** *m.* murmur
**músico/a** *m., f.* musician

## N

**nada** *f.* nothing **1**
**natalidad** *f.* birthrate **6**
**náufrago/a** *m., f.* castaway
**navaja** *f.* jackknife **6**
**nave** *f.* (space) ship **1**
**negar** *v.* to deny **4**
**nostalgia** *f.* nostalgia **6**
**novelero/a** *adj.* fickle **3**
**nuca** *f.* nape **4**

## O

**obligar** *v.* to oblige, to force **4**
**obsesionado/a** *adj.* obsessed **3**
**ocultar** *v.* to hide **5**
**ocurrirse** *v.* to come to mind
**odiar** *v.* to hate **2**
**oficio** *m.* trade **5**
**oído** *m.* inner ear
**ojeras** *f., pl.* bags under the eyes
**olvido** *m.* oblivion **2**
**oponerse** *v.* to oppose **1**
**ordenador (Esp.)** *m.* computer **2**
**órgano** *m.* organ **1**
**otorgar** *v.* to grant **4**
**oxidado/a** *adj.* rusted
**¡Oye!** *interj.* Hey! **4**

## P

**pantalla** *f.* screen **3**
**papel** *m.* role **3**
**papel moneda** banknotes **4**

**paraguas** *m.* umbrella
**paraíso/a** *m., f.* paradise
**paranormal** *adj.* paranormal
**parecido/a** *adj.* alike **6**
**pareja** *f.* couple, partner **2; 5**
**pariente/a** *m., f.* relative **6**
**parodia** *f.* parody
**pasadizo** *m.* passage **1**
**pasarla bien** *v.* to have a good time **6**
**pasividad** *f.* passiveness **3**
**patio trasero** *m.* backyard **6**
**pedante** *adj.* know-it-all
**pegado/a** *adj.* stuck **6**
**pelearse** *v.* to quarrel
**peligro** *m.* danger
**pensativo/a** *adj.* thoughtful, pensive
**perder(se)** *v.* to miss (out) **1**
**pereza** *f.* laziness **3**
**perezoso/a** *adj.* lazy **3**
**permanecer** *v.* to remain **2**
**permitirse el lujo** *v.* to afford **6**
**perspicaz** *adj.* acute, sagacious
**piar** *v.* to chirp **6**
**pícaro/a** *adj.* cunning **4**
**pisar** *v.* to tread
**planear** *v.* to plan **5**
**platillo volador** *m.* flying saucer **1**
**poblador(a)** *m., f.* settler
**pobreza** *f.* poverty **1**
**poder** *m.* power
**poderoso/a** *adj.* powerful **2**
**podrido/a** *adj.* fed up **1**
**polémica** *f.* polemic, heated debate **1**
**polémico/a** *adj.* controversial **3**
**poner a salvo** *v.* to put in a safe place
**porquería** *f.* filth
**porvenir** *m.* future **6**
**preguntarse** *v.* to wonder **4**
**premio** *m.* award **3**
**prensa** *f.* press
**prensa amarillista** *f.* sensationalist press **3**
**preocupación** *f.* concern, worry **3**
**preocupante** *adj.* worrying, alarming **3**
**presa** *f.* prey **4**
**presagio** *m.* omen **1**
**prescindir** *v.* to do without **6**
**presenciar** *v.* to witness **4**
**preso/a** *m., f.* prisoner, captive **4**
**prestidigitador(a)** *m., f.* conjurer, magician **4**
**presumido/a** *adj.* conceited **5**
**prevalecer** *v.* to prevail **6**
**prevenir** *v.* to prevent **5**
**principiante** *m., f.* beginner **3**
**prohibir** *v.* to prohibit **1**
**prolongado/a** *adj.* long, lengthy **6**
**prometedor(a)** *adj.* promising **1**
**provechoso/a** *adj.* profitable
**psicópata** *m., f.* psychopath

**psiquiatra** *m., f.* psychiatrist
**puñado** *m.* handful **5**
**puñalada** *f.* stab **3**

## Q

**queja** *f.* complaint **4**
**quejarse** *v.* to complain **4**

## R

**rabia** *f.* anger, rage **4**
**rascacielos** *m. sing.* skyscraper **5**
**rasgos** *m. pl.* features
**rasguño** *m.* scratch
**rato(te)** *m.* a (long) while **5**
**ratón, ratona** *m., f.* mouse **1**
**razonable** *adj.* reasonable **6**
**rebaño** *m.* herd **4**
**rebelarse** *v.* to rebel
**rebelde** *adj.* rebellious
**rechazar** *v.* to reject **3**
**rechazo** *m.* rejection **3**
**reciclar** *v.* to recycle **6**
**recogedor** *m.* dustpan **1**
**recompensa** *f.* reward
**reconciliarse** *v.* to reconcile **2**
**recuerdo** *m.* souvenir **1**
**recurrir (a alguien)** *v.* to turn to (someone); to resort to (something)
**régimen** *m.* form of goverment **4**
**registrar** *v.* to search
**regla** *f.* rule **6**
**reglamento** *m.* regulations
**rehén** *m., f.* hostage
**relámpago** *m.* lightning **1**
**remover** *v.* to toss
**rencor** *m.* rancor **2**; resentment **4**
**renombrado/a** *adj.* renowned **3**
**renovar** *v.* to renew **5**
**rentable** *adj.* profitable
**renunciar** *v.* to give up **5**
**repartir** *v.* to distribute, to hand out
**reparto** *m.* cast **3**
**repeler** *v.* repel, resist **2**
**reproche** *m.* reproach
**requisar** *v.* to confiscate **4**
**resignarse** *v.* to resign oneself **5**
**respeto** *m.* respect
**restos** *m. pl.* remains **4**
**retar a duelo** *v.* to challenge to a duel **4**
**retorcido/a** *adj.* twisted, devious
**retorno** *m.* return
**retratar** *v.* to photograph
**retrato** *m.* portrait
**revelar** *v.* to reveal **6**
**riesgo** *m.* risk **1**
**riguroso/a** *adj.* thorough, rigorous **1**
**risueño/a** *adj.* agreeable
**ritmo** *m.* rhythm
**robar** *v.* to rob
**rodar** *v.* to shoot (a film) **3**

**rodear** *v.* to surround **1**
**rollo** *m.* roll **3**
**rostro** *f.* face
**ruidoso/a** *adj.* noisy **5**
**rutina diaria** *f.* daily routine **2**

## S

**sabiduría** *f.* wisdom **4**
**saborear** *v.* to savor **2**
**sala** *f.* movie theater **3**
**salida de emergencia** *f.* emergency exit **5**
**sangre** *f.* blood **1**
**sapo** *m.* toad **4**
**sátira** *f.* satire **3**
**seco/a** *adj.* dry
**secuestrar** *v.* to kidnap **4**
**sedentario/a** *adj.* sedentary **3**
**seguido** *adv.* often **6**
**seguridad** *f.* safety **2**
**selva** *f.* jungle **5**
**sensato/a** *adj.* sensible **6**
**señal** *f.* sign **3**; signal **6**
**sequía** *f.* drought
**ser humano** *m.* human being **1**
**ser** *m.* being
**servir de** *v.* to work as **5**
**sesión (cinematográfica)** *f.* showing **3**
**significado** *m.* meaning **6**
**significativo/a** *adj.* significant **6**
**síndrome de abstinencia** *m.* withdrawal symptoms **6**
**sirena** *f.* mermaid, siren
**sobrenatural** *adj.* supernatural
**sobreponerse** *v.* to overcome **6**
**sobrevivir** *v.* to survive **2**
**socorro** *m.* aid
**soledad** *f.* loneliness **5**
**sombra** *f.* shadow
**sonar** *v.* to ring **6**
**soñar** *v.* to dream **1**
**soportar** *v.* to put up with
**sorber** *v.* to sip, to slurp **4**
**sospechar** *v.* to suspect **2; 5**
**suceso** *m.* incident
**sucumbir** *v.* to succumb **5**
**suelo** *m.* ground **1**
**sueño** *m.* dream **1**
**sufrir** *v.* to suffer **2**
**sumar** *v.* to add **2**
**sumiso/a** *adj.* submissive
**superar** *v.* to exceed **2**
**superar(se)** *v.* to overcome **2**
**superarse** *v.* to better oneself **5**
**superficial** *adj.* shallow **6**
**suplicar** *v.* to plead **2**
**suprimir** *v.* to suppress **5**
**surgir** *v.* to arise **3**
**suspirar** *v.* to sigh
**susurro** *m.* whisper
**susurrar** *v.* to whisper

## T

**tacaño/a** *adj.* miserly, stingy
**tanto** *adj.* so much **2**
**tapa** *f.* lid
**tejado** *m.* roof
**tejido** *m.* tissue **1**
**teleadicto/a** *m., f.* couch potato **3**
**telediario** *m.* television news **4**
**telequinesia** *f.* telekinesis
**telespectador(a)** *m., f.* TV viewer **3**
**temblar** *v.* to shake, to tremble
**temer** *v.* to fear **1**
**tender a** *v.* to tend to **6**
**tener celos** *v.* to be jealous **2**
**terapéutico/a** *adj.* therapeutic **1**
**tercero** *m.* third party **6**
**terco/a** *adj.* stubborn
**terrorista** *m., f.* terrorist
**testamento** *m.* will
**tétrico/a** *adj.* gloomy
**tirar** *v.* to throw **6**
**tiritar** *v.* to shiver
**tolerar** *v.* to tolerate **2**
**tomar por sorpresa** *v.* to take by surprise **4**
**tomarse la molestia** *v.* to bother **3**
**tonterías** *f. pl.* idiocies **3**
**toparse (con alguien)** *v.* to run into (someone) **5**
**tormenta** *f.* storm **1**
**tortilla** *f.* omelet **4**
**tragarse** *v.* to swallow **4**
**transformar(se)** *v.* to transform (oneself) **2**
**transitoriamente** *adv.* temporarily **6**
**transmisión en directo** *f.* live broadcasting
**trasladar** *v.* to move **4**
**trastornado/a** *adj.* disturbed, deranged **3**
**tratar** *v.* to care for, to treat **6**
**tratar a (alguien)** *v.* to treat (someone) **3**
**tregua** *f.* truce **2**
**tribunal** *m.* court **4**
**tristeza** *f.* sadness **5**
**tropezar** *v.* to stumble, to trip; to walk into something
**turbado/a** *adj.* disturbed

## U

**urraca** *f.* magpie **5**
**usuario/a** *m., f.* customer **2**; user **6**

## V

**vaciar** *v.* to empty **2**
**vacilar** *v.* to hesitate **2**
**vago/a** *adj.* lazy **3**
**valer la pena** *v.* to be worth it
**valiente** *adj.* brave
**valor: tener el valor** *v.* to have the courage
**valorar** *v.* to value **2**; **6**
**vanidoso/a** *adj.* vain **5**
**varón** *m.* man **4**
**vela** *f.* candle **6**
**velar por alguien o algo** *v.* to look out for someone or something **6**
**velocidad** *f.* speed **1**
**vencer** *v.* to expire **5**
**venganza** *f.* revenge **1**; **4**
**vengar** *v.* to avenge **4**
**vengarse** *v.* to avenge oneself **4**
**veredicto** *m.* verdict **4**
**vigilante** *m., f.* security guard **6**
**vínculo** *m.* link **5**
**viñeta** *f.* vignette **1**
**volverse** *v.* to become **1**; **2**

## Z

**zapatillas** *f., pl.* ballet shoes (Mex.); sneakers (Arg.) **6**

# Inglés-Español

## A

**abolish (a law)** derogar (una ley) *v.* **4**
**absent-minded** distraído/a *adj.* **5**
**abuse of power** abuso de poder **4**
**accomplice** cómplice *m., f.* **4**
**accused** acusado/a *m., f.* **4**
**achieve** alcanzar *v.* **3**
**acute** perspicaz *adj.*
**add** sumar *v.* **2**; agregar *v.*
**advisable** aconsejable *adj.* **5**
**affection** cariño *m.*
**afford** permitirse el lujo *v.* **6**
**agreeable** risueño/a *adj.*
**aid** socorro *m.*
**alarming** preocupante *adj.* **3**
**alien** extraterrestre *m., f.* **1**
**alike** parecido/a *adj.* **6**
**allude** aludir *v.* **5**
**alone** a solas *adj.*
**amazing** asombroso/a *adj.* **1**
**ambition** ambición *f.* **2**; **4**
**angel** ángel *m.*
**anger** rabia *f.* **4**; enfadar *v.*
**animation** animación *f.*
**apathy** apatía *f.* **3**
**apparition (of a ghost)** aparición
    (de un fantasma) *f.* **1**
**apparition** aparición *f.* **1**
**appearance** aspecto *m.* **1**
**appreciate** apreciar *v.* **2**
**approach** acercarse *v.*
**archbishop** arzobispo *m.*
**arise** surgir *v.* **3**
**around** alrededor *adv.*
**arrogant** arrogante *adj.* **5**
**ashamed** avergonzado/a *adj.* **3**
**ashamed: be ashamed**
    avergonzarse *v.* **3**
**aspiring to** aspirante a *adj.* **3**
**astonished** asombrado/a *adj.*
**astounding** asombroso/a *adj.* **1**
**astronaut** astronauta *m., f.* **1**
**atrophy** atrofiar *v.* **3**
**attack** atacar *v.* **1**
**attainable** asequible *adj.* **2**
**audition** cásting *m.* **3**
**austere** adusto/a *adj.*
**avenge (oneself)** vengar(se) *v.* **4**
**avoid** evitar *v.* **3**
**award** premio *m.* **3**
**aware: become aware of something**
    darse cuenta *v.* **2**
**awkward** incómodo/a *adj.* **3**

## B

**backyard** patio trasero *m.* **6**
**bad mood** malhumor *m.*
**bag** cartera *f.* (Arg.) **6**
**bags under the eyes** ojeras *f., pl.*
**ballet shoes** zapatillas *f., pl.* (Mex.) **6**

**bandage** curita *f.*
**banknotes** papel moneda *m.* **4**
**be available** estar localizable *v.* **6**
**be enough** alcanzar *v.* **5**
**be jealous** tener celos *v.* **2**
**be right** llevar razón *v.* **5**
**be worth it** valer la pena *v.*
**beat** batir *v.* **4**
**become** volverse *v.* **2**; **4**
**become exasperated**
    desesperar(se) *v.* **2**
**become frightened** asustarse *v.* **1**
**become late** hacerse tarde *v.* **6**
**become sad** entristecerse *v.* **2**
**bee** abeja *f.* **4**; **5**
**beginner** principiante *m., f.* **3**
**behave** comportarse *v.* **2**
**behavior** comportamiento *m.*
**being** ser *m.*
**bell** campanilla *f.*
**bequeath** legar *v.*
**bill** factura *f.* **2**
**bioethics** bioética *f.* **1**
**birthrate** natalidad *f.* **6**
**bitterness** amargura *f.* **1**
**blade** filo *m.*
**blood** sangre *f.* **1**
**boarding school** internado *m.* **3**
**bomb** bomba *f.*
**bother** tomarse la molestia *v.* **3**
**brain** cerebro *m.*
**brand** marca *f.* **6**
**brave** valiente *adj.*
**briefcase** cartera *f.* (Arg.) **6**
**bring** alcanzar *v.* **6**
**broom** escoba *f.* **1**
**bruise** cardenal *m.*
**bug** bicho *m.* **1**
**burial** entierro *m.*
**bury** enterrar *v.*
**button** llamador *m.*

## C

**campaign** campaña *f.* **4**
**candidate** candidato/a *m., f.* **4**
**candle** vela *f.* **6**
**canine (tooth)** colmillo *m.* **5**
**cap** gorra *f.* **3**
**captive** preso/a *m., f.* **4**
**care for** tratar *v.* **6**
**careless** descuidado/a *adj.* **1**
**carry out** llevar a cabo *v.* **4**
**cartoon** dibujos animados *m. pl.*
**cartoonist** humorista *m., f.* **3**
**cast** reparto *m.* **3**
**castaway** náufrago/a *m., f.*
**catch** atrapar *v.*
**catchy** llamativo/a *adj.* **3**
**cave** cueva *f.* **1**
**cavern** caverna *f.*
**cell (phone)** (teléfono) móvil
    (Esp.) *m.* **2**
**censorship** censura *f.*

**certainty** certidumbre *f.* **5**
**challenge to a duel** retar a duelo *v.* **4**
**chance: by some chance** acaso *adv.* **4**
**change one's mind** cambiar de
    opinión *v.*
**chapter** capítulo *m.* **1**
**charge** embestida *f.* **5**
**cheat** engañar *v.* **2**
**cheer up** animar *v.* **1**
**chill** enfriar *v.* **6**
**chirp** piar *v.* **6**
**choreograph** coreografiar *v.*
**cicada** cigarra *f.* **5**
**citizen** ciudadano/a *m., f.*
**city police** guardia urbano *m., f.* **3**
**claw** garra *f.* **1**
**clear** disiparse *v.* **1**
**cleft** hendido/a *adj.* **1**
**clone** clonar *v.* **1**
**cloning** clonación *f.*
**coffin** ataúd *m.* **4**
**come to mind** ocurrirse *v.*
**comedian** comediante *m., f.* **3**
**(TV) commercial** anuncio (de
    televisión) *m.* **2**
**commit a crime** cometer un crimen *v.*
**complain** quejarse *v.* **4**
**complaint** queja *f.* **4**
**complicate** complicar *v.* **2**
**computer** ordenador (Esp.) *m.* **2**
**conceited** presumido/a *adj.* **5**
**conceive** concebir *v.* **1**
**concern** preocupación *f.* **3**
**conciliatory** conciliador(a) *m., f.*
**confess** confesar *v.* **2**
**confiscate** requisar *v.* **4**
**(non)conformist** (in)conformista
    *adj.* **4**
**confrontation** enfrentamiento *m.* **4**
**conjecture** conjeturar *v.* **4**
**conjurer** prestidigitador(a) *m., f.* **4**
**consolation** consuelo *m.* **5**
**controversial** polémico/a *adj.* **3**;
    controvertido/a *adj.* **6**
**convince** convencer *v.*
**couch potato** teleadicto/a *m., f.* **3**
**couple** pareja *f.* **2**; **5**
**courage** coraje *m.*
**courage: to have the courage** tener
    el valor *v.*
**court** tribunal *m.* **4**
**courthouse** juzgado *m.* **4**
**coverage** cobertura *f.* **6**
**crash** choque *m.* **1**
**creature** criatura *f.*
**crime** delito *m.* **4**
**crossroads** cruce *m.* **2**
**crouch down** agacharse *v.*
**cunning** pícaro/a *adj.* **4**; astuto/a
    *adj.* **5**
**cure** curar *v.* **1**
**customer** usuario/a *m., f.* **2**
**cut short** acortar *v.* **3**
**cute** mono/a *adj.*

## D

**daily routine** rutina diaria *f.* **2**
**danger** peligro *m.*
**dare** atreverse a [+ inf.] *v.*
**dawn** amanecer *v.*
**daydream** ensueño *m.*
**deathly** mortecino/a *adj.*
**debate: heated debate** polémica *f.* **1**
**deceive** engañar *v.*
**deceiving** engañoso/a *adj.* **3**
**dedicate** dedicar *v.* **5**
**dedication** dedicatoria *f.* **5**
**defenseless** indefenso/a *adj.* **3**
**degrade** atrofiar *v.* **3**
**delay** demora *f.*
**delirious: be delirious** delirar *v.*
**demand** exigir *v.* **1**
**demanding** exigente *adj.*
**demonstration** manifestación *f.* **4**
**deny** negar *v.* **4**
**depressed** deprimido/a *adj.*
**depression** depresión *f.* **2**
**deranged** trastornado/a *adj.* **3**
**deserve** merecer(se) *v.* **4**
**despise** despreciar *v.* **2**
**determination** determinación *f.*
**detest** aborrecer *v.*
**detonate** detonar *v.*
**devil** diablo *m.*
**devious** retorcido/a *adj.*
**devour** devorar *v.* **4**
**dial** marcar *v.*
**dictatorship** dictadura *f.* **4**
**die** fallecer *v.*
**dilemma: to have a dilemma** estar en un dilema *v.*
**dirt** porquería *f.*
**disappear** desaparecer *v.* **2**
**disappoint** desilusionar *v.* **2**; defraudar *v.* **4**
**disappointed** defraudado/a, desilusionado/a *adj.* **3**
**disappointed: to be disappointed** desilusionarse *v.*
**disappointment** decepción *f.* **1**; desilusión *f.* **5**
**discomfort** incomodidad *f.*
**discouraged: to get discouraged** desanimarse *v.*
**discovery** descubrimiento *m.* **1**; **2**
**disease** enfermedad *f.* **1**
**disembark** desembarcar *v.*
**disillusioned** desengañado/a *adj.* **3**
**disillusioned: to become disillusioned** desilusionarse *v.*
**disintegrate** deshacer *v.*
**disoriented** desorientado/a *adj.* **6**
**disposable** desechable *adj.* **5**
**distract** distraer *v.* **3**
**distribute** repartir *v.*
**distrust** desconfianza *f.* **5**
**disturbed** trastornado/a *adj.* **3**; turbado/a *adj.*

**disturbing** inquietante *adj.* **5**
**DNA** ADN *m.* **1**
**do without** prescindir *v.* **6**
**domestic** hogareño/a *adj.* **3**
**doomed** condenado/a *adj.* **6**
**drag along** arrastrar *v.* **2**
**drawer** cajón *m.* **2**
**dream** sueño *m.* **1**
**dream of** soñar con *v.* **1**
**drip** gotear *v.*
**drive something into something** clavar *v.* **3**
**drought** sequía *f.*
**drums** batería *f.*
**dry** seco/a *adj.*
**duel** duelo *m.* **4**
**dustpan** recogedor *m.* **1**
**dying** moribundo/a *adj.* **1**
**dynamite** dinamita *f.*

## E

**early morning** madrugada *f.*
**effort** esfuerzo *m.*
**embarrassed** avergonzado/a *adj.* **3**
**embryo** embrión *m.* **1**
**emergency exit** salida de emergencia *f.* **5**
**empathy** empatía *f.* **2**
**empty** vaciar *v.* **2**
**encourage** animar *v.* **3**
**ending** desenlace *m.* **3**
**enraptured** extasiado/a *adj.*
**entertain** distraer *v.* **3**
**enthusiasm** entusiasmo *m.* **2**
**envy** envidia *f.* **3**
**episode** episodio *m.*
**equation** ecuación *f.* **2**
**escape** evadirse *v.* **2**
**establish** cimentar *v.* **3**
**ethical: to be (not) ethical** (no) ser ético *loc.* **1**
**eugenics** eugenesia *f.* **1**
**event** acontecimiento *m.* **1**
**evil** maldad *f.* **2**; malvado/a *adj.* **3**
**exceed** superar *v.* **2**
**exciting** apasionante *adj.* **1**
**exile** desterrar *v.* **3**
**exile** exilio *m.* **4**; **in exile** exiliado/a *adj.* **4**
**exiled** exiliado/a *adj.* **4**
**expectation** expectativa *f.* **2**
**expire** vencer *v.* **5**
**extinction: at risk of extinction** en peligro de extinción *loc.* **1**
**extremist** extremista *m., f.* **3**

## F

**face** afrontar *v.* **3**
**face** rostro *f.*
**failure** fracaso *m.* **3**
**fair** justo/a *adj.* **4**
**fallen leaves** hojarasca *f.* **4**

**fame** fama *f.* **3**
**fault** culpa *f.* **4**
**famous person** famoso/a *m., f.* **3**
**fan** fan *m., f.* **3**
**fantasy** ensueño *m.*; fantasía *f.*
**farmer** agricultor(a) *m., f.*
**fascinated** fascinado/a *adj.*
**fascist** facha *m., f.* **3**
**fear** miedo *m.* **1**
**fear** temer *v.* **1**
**features** rasgos *m. pl.*
**fed up** podrido/a *adj.* **1**
**feed** alimentar *v.* **2**
**feign** aparentar *v.* **2**
**female** hembra *f.* **6**
**fickle** novelero/a *adj.* **3**
**fight** combatir *v.* **2**; lucha *f.* **2**
**fight a duel** batirse en duelo *v.* **4**
**fight for** luchar por *v.* **2**
**financial market** mercado financiero *m.* **4**
**find out** enterarse *v.* **1**; averiguar *v.*
**fine** multa *f.* **3**
**firearm** arma de fuego *f.* **2**
**firefighter** bombero/a *m., f.* **2**
**fish** pez *m.*
**fit** arrebato *m.* **3**
**fix** arreglar *v.* **4**
**flashlight** linterna *f.* **1**
**flat roof** azotea *f.* **4**
**flattering** adulatorio/a *adj.* **5**
**flaw** falla *f.* **4**
**flicker** chispa *f.* **3**
**flow of capital** flujo de capital *m.* **4**
**fly** mosca *f.* **4**
**flying saucer** platillo volador *m.* **1**
**force** forzar *v.*, obligar *v.* **4**
**foreign** ajeno/a *adj.*
**foreshadow** anunciar *v.* **1**
**form of goverment** régimen *m.* **4**
**fortuitous** fortuito/a *adj.* **3**
**freethinker** librepensador(a) *m., f.* **3**
**freeze** helar *v.*
**frighten** asustar *v.*
**fury** furor *m.* **2**
**future** porvenir *m.* **6**

## G

**gain (importance, etc.)** cobrar *v.* **5**
**generosity** generosidad *f.* **2**
**genetic** genético/a *adj.* **1**
**genetic modification** manipulación genética *f.* **1**
**get** alcanzar *v.* **6**
**get better** componerse *v.*
**get cold** enfriarse *v.* **6**
**get frightened** asustarse *v.*
**get informed** informarse *v.* **4**
**get pregnant** embarazarse *v.* **6**
**get upset** alterarse *v.* **3**
**ghost** fantasma *m.* **1**
**give birth** dar a luz *v.* **4**
**give up** desistir *v.* **2**; renunciar *v.* **5**

**gloomy** tétrico/a *adj.*
**goal** meta *f.* **2**
**goat** cabro/a *m., f.* **6**; chivo/a *m., f.* **6**
**govern** gobernar *v.* **4**
**grab** agarrar *v.*
**grant** otorgar *v.* **4**
**graphic humor (comics)** humor gráfico *m.* **3**
**grass** hierba *f.* **6**
**grateful: be grateful** agradecer *v.*
**grimace (of pain)** mueca (de dolor) *f.*
**ground** suelo *m.* **1**
**guess** adivinar *v.* **2**
**guilty one** culpable *m., f.* **4**
**gun** arma *f.*

## H

**half-open** entreabierto/a *adj.*
**hand out** repartir *v.*
**handful** puñado *m.* **5**
**handle** manosear *v.*
**hang up (the phone)** colgar (el teléfono) *v.* **6**
**hardly** apenas *adv.*
**hard-working** laborioso/a *adj.* **5**
**harsh** duro/a *adj.* **4**
**hate** odiar *v.* **2**
**have the courage to** (+ inf.) atreverse a *v.*
**have a good time** pasarla bien *v.* **6**
**heartbreak** desengaño (amoroso) *m.* **5**
**heartthrob** galán *m.* **3**
**height** altura *f.* **5**
**helmet** casco *m.* **1**
**hen** gallina *f.* **5**
**herd** rebaño *m.* **4**
**hesitate** vacilar *v.* **2**
**Hey!** ¡Oye! *interj.* **4**
**hidden** escondido/a *adj.*
**hide** ocultar *v.* **5**
**highway** autopista *f.* **5**
**hinder** impedir *v.* **3**
**hit** golpear *v.*
**hole** agujero *m.* **4**
**hollow** hueco/a *adj.* **1**; **2**
**hope** esperanza *f.* **2**
**horrifying** escalofriante *adj.*
**hostage** rehén *m., f.*
**human being** ser humano *m.* **1**
**humble** humilde *adj.*
**humility** humildad *f.* **2**
**humorist** humorista *m., f.* **3**
**hypocrisy** hipocresía *f.* **6**

## I

**ID** DNI (Documento Nacional de Identidad) *m.* **2**
**idiocies** tonterías *f. pl.* **3**
**idiot** güey (Méx.) *m., f., adj.* **5**
**illiteracy** analfabetismo *m.* **4**; **5**
**illiterate** analfabeto/a *adj.* **5**

**illness** enfermedad *f.* **1**
**imaginary** imaginario/a *adj.* **1**
**immortal** inmortal *adj.* **1**
**immortality** inmortalidad *f.*
**impede** impedir *v.* **3**
**improve** mejorar *v.* **5**
**impunity** impunidad *f.* **4**
**incident** suceso *m.*
**incompetence** incapacidad *f.* **6**
**incredible: This is incredible!** ¡Qué barbaridad! **6**
**inertia** inercia *f.* **3**
**infertility** infertilidad *f.* **1**
**infidelity** infidelidad *f.* **2**
**infuriate** dar rabia *v.* **6**
**inheritance** herencia *f.* **4**
**inmature** inmaduro/a *adj.* **2**
**inner ear** oído *m.*
**innocence** inocencia *f.* **1**
**inopportune** inoportuno/a *adj.* **6**
**insensitivity** insensibilidad *f.* **4**
**insist** empeñarse en *v.* **2**
**insult** insultar *v.* **5**
**insurmountable** insalvable *adj.* **6**
**integrity** integridad *f.* **2**
**interpret (a role)** interpretar *v.* **3**
**intrepid** intrépido/a *adj.*
**intrigue** intrigar *v.*
**invert** invertir *v.* **6**
**investment** inversión *f.*
**ironic** irónico/a *adj.* **4**
**irony** ironía *f.* **3**
**irritating** irritante *adj.* **6**
**isolated** aislado/a *adj.* **3**; apartado/a *adj.*

## J

**jackknife** navaja *f.* **6**
**jail** cárcel *f.*
**jealous** celoso/a *adj.* **3**
**joke** burla *f.* **5**
**joker** comodín *m.* **6**
**judge** juez(a) *m., f.* **4**; juzgar *v.*
**jungle** selva *f.* **5**
**justification** justificación *f.* **5**

## K

**key** clave *f.* **2**
**kidnap** secuestrar *v.* **4**
**kill** matar *v.* **1**
**kindly** bondadosamente *adv.*
**kindness** amabilidad *f.* **2**
**kiss** besar *v.* **5**
**know: to know each other/oneself** conocerse *v.* **2**
**know-it-all** pedante *adj.*

## L

**lack** carecer *v.* **3**
**lack of** falta de *f.*
**lack of interest** desinterés *m.* **3**

**lack of understanding** incomprensión *f.* **2**
**land** aterrizar *v.* **1**
**landing** aterrizaje *m.* **1**
**lapse (of time)** lapso *m.* **5**
**lasting** duradero/a *adj.* **2**
**last** durar *v.* **5**
**launch** despegue *m.* **1**
**lavish** fastuoso/a *adj.* **4**
**laziness** pereza *f.* **3**
**lazy** perezoso/a *adj.* **3**; vago/a *adj.* **3**; flojo/a *adj.* **4**
**leave (in a will)** legar *v.*
**leave** abandonar *v.* **5**
**lengthy** prolongado/a *adj.* **6**
**let down** defraudar *v.* **4**
**lethargy** letargo *m.* **3**
**letter writer** escribano/a *m., f.* **5**
**lift-off** despegue *m.* **1**
**lightning** relámpago *m.* **1**
**link** vínculo *m.* **5**
**listlessness** apatía *f.* **3**
**literacy campaign** alfabetización *f.* **5**
**live broadcasting** transmisión en directo *f.*
**lively** animado/a *adj.*
**loneliness** soledad *f.* **5**
**long** prolongado/a *adj.* **6**
**look out for someone or something** velar por alguien o algo *v.* **6**
**loot** botín *m.*
**love: in love (with)** enamorado/a (de) *adj.* **5**
**lover** amante *m., f.* **2**
**loyalty** lealtad *f.* **2**
**luxury** lujo *m.* **6**

## M

**madman** loco *m.*
**madness** locura *f.*
**madwoman** loca *f.*
**magic** magia *f.* **1**
**magician** prestidigitador(a) *m., f.* **4**
**magpie** urraca *f.* **5**
**make a mistake** equivocarse *v.*
**make fun of** burlarse de *v.* **1**
**make happy** contentar *v.*
**man** varón *m.* **4**
**management** manejo *m.* **6**
**marketing** mercadotecnia *f.* **5**
**Mars** Marte **1**
**Martian** marciano *m.* **1**
**massage therapist** masajista *m., f.* **6**
**materialist** materialista *adj.* **4**
**mature** maduro/a *adj.* **2**
**meaning** significado *m.* **6**
**means** medios *m. pl.*
**meeting** encuentro *m.* **1**
**melodious** melodioso/a *adj.*
**melt** derretirse *v.*
**memory** recuerdo *m.*

**mental illness** enfermedad mental
   *f.* **3**
**mermaid** sirena *f.*
**milestone** hito *m.* **1**
**miserly** tacaño/a *adj.*
**miss** extrañar *v.* **2**
**miss (out)** perder(se) *v.* **1**
**miss someone or something**
   extrañar a alguien o algo *v.* **6**;
   echar de menos **6**
**missing person** desaparecido/a
   *m., f.* **4**
**mockery** burla *f.* **5**
**monkey** mono/a *m., f.* **5**
**monster** monstruo *m.* **1**
**moral of a story** moraleja *f.* **4**; **5**
**mother** jefa (Méx.) *f.* **5**
**motto** lema *m.*
**mouse** ratón, ratona *m., f.* **1**
**moustache** bigote *m.*
**move** trasladar *v.* **4**; mudarse *v.* **6**
**move (emotionally)** conmover *v.* **2**
**moved (emotionally)** conmovido/a
   *adj.* **1**
**movie theater** sala *f.* **3**
**mumble** mascullar *v.* **3**
**murder** asesinar *v.* **4**
**murmur** murmullo *m.*
**musician** músico/a *adj.*
**mute** mudo/a *adj.*

## N

**nape** nuca *f.* **4**
**needless** innecesario/a *adj.* **6**
**noisy** ruidoso/a *adj.* **5**
**nonsense** disparate *m.* **3**
**nostalgia** nostalgia *f.* **6**
**nothing** nada *f.* **1**

## O

**obey** hacer caso *v.* **6**
**obligation** compromiso *m.* **6**
**oblige** obligar *v.* **4**
**oblivion** olvido *m.* **2**
**obsessed** obsesionado/a *adj.* **3**
**obsession** manía *f.*
**often** seguido *adv.* **6**
**omelet** tortilla *f.* **4**
**omen** presagio *m.* **1**
**onslaught** embestida *f.* **5**
**oppose** oponerse *v.* **1**
**organ** órgano *m.* **1**
**orphan** huérfano/a *adj.* **6**
**ostentatious** fastuoso/a *adj.* **4**
**outbreak** brote *m.* **6**
**overcome** superar(se) *v.* **2**;
   sobreponerse *v.* **6**
**overwhelmed** anonadado/a *adj.* **3**

## P

**pal** güey (Méx.) *m., f., adj.* **5**
**pale** mortecino/a *adj.*
**panty-hose** medias *f., pl.* (Méx.) **6**
**paradise** paraíso *m.*
**paranormal** paranormal *adj.*
**parody** parodia *f.*
**partner** pareja *f.* **2**
**passage** pasadizo *m.* **1**
**passiveness** pasividad *f.* **3**
**peasant** campesino/a *m., f.*
**peculiar habit** manía *f.*
**pensive** pensativo/a *adj.*
**personal information** datos
   personales *m. pl.* **2**
**phenomenon** fenómeno *m.*
**photograph** retratar *v.*
**pickup truck** camioneta *f.* **1**
**pile** montón *m.*
**pile up** amontonar *v.*
**plan** planear *v.* **5**
**plant** mata *f.* **6**
**platform** andén *m.*
**play hide and seek** jugar al
   escondite *v.* **6**
**play make-believe** jugar a ser *v.* **1**
**plead** suplicar *v.* **2**
**please** complacer *v.* **2**
**polemic** polémica *f.* **1**
**portrait** retrato *m.*
**position** cargo *m.* **5**
**possessions** bienes *m. pl.*
**poverty** pobreza *f.* **1**
**power** poder *m.*
**powerful** poderoso/a *adj.* **2**
**praise** alabar *v.*
**pregnant** embarazada *adj.*
**premiere** estrenar *v.* **3**; estreno *m.* **3**
**press** prensa *f.*
**pretend** fingir *v.* **2**
**prevail** prevalecer *v.* **6**
**prevent** prevenir *v.* **5**
**prey** presa *f.* **4**
**priest** cura *m.*
**prisoner** preso/a *m., f.* **4**
**procession** procesión *f.*
**professional recognition**
   consagración *f.* **3**
**profitable** provechoso/a *adj.*;
   rentable *adj.*
**prohibit** prohibir *v.* **1**
**prolong** dilatar *v.* **1**
**promising** prometedor(a) *adj.* **1**
**provide** facilitar *v.* **2**
**psychiatrist** psiquiatra *m.*
**psychopath** psicópata *m., f.*
**pull someone away** apartar *v.* **4**
**punish** castigar *v.*
**punishment** castigo *m.* **4**

**push** empujar *v.* **6**
**put in a safe place** poner a salvo *v.*
**put together** juntar *v.*
**put up with** soportar *v.*

## Q

**quarrel** pelearse *v.*
**question** consulta *f.* **2**

## R

**rabbit's foot** cola de conejo *f.* **3**
**racket** escándalo *m.* **1**
**rage** rabia *f.* **4**
**rancor** rencor *m.* **2**
**razor** navaja *f.*
**realize** darse cuenta *v.* **2**
**reasonable** razonable *adj.* **6**
**rebel** rebelarse *v.*
**rebellious** rebelde *adj.*
**receive (a guest)** agasajar *v.* **5**
**reckless** alocado/a *adj.* **5**
**reconcile** reconciliarse *v.* **2**
**recycle** reciclar *v.* **6**
**refer to** aludir *v.*
**regret** arrepentirse *v.*
**regulations** reglamento *m.*
**rehearse** ensayar *v.* **3**
**rejected** desdeñado/a *adj.* **5**
**rejection** rechazo *m.* **3**
**relative** pariente/a *m., f.* **6**
**relief** alivio *m.* **3**
**reluctantly** *adv.* a regañadientes
**remain** permanecer *v.* **2**
**remains** restos *m. pl.* **4**
**renew** renovar *v.* **5**
**renowned** renombrado/a *adj.* **3**
**repel** repeler *v.* **2**
**reproach** reproche *m.*
**researcher** investigador(a) *m., f.* **2**
**resentment** rencor *m.* **4**
**resign oneself** resignarse *v.* **5**
**resist** repeler *v.* **2**
**resort to something** recurrir a *v.*
**resources** medios *m. pl.*
**respect** respeto *m.*
**rest** reposo *m.*
**restless** inquieto/a *adj.* **5**
**retirement** jubilación *f.* **5**
**return** retorno *m.*
**reveal** revelar *v.* **6**
**revenge** venganza *f.* **1**; **4**
**reversal** inversión *f.* **6**
**reverse** invertir *v.* **6**
**review** crítica *f.*
**reward** recompensa *f.*
**rhythm** ritmo *m.*
**right** derecho *m.* **1**
**rigorous** riguroso/a *adj.* **1**

**ring** sonar *v.* **6**
**risk** riesgo *m.* **1**
**road** carretera *f.* **5**
**rob** robar *v.*
**rocket** cohete *m.* **1**
**role** papel *m.* **3**
**roll** rollo *m.* **3**
**roof** tejado *m.*
**rooster** gallo *m.* **5**
**ruin** destrozar *v.* **4**
**rule** regla *f.* **6**
**run behind/slow** atrasar *v.* **1**
**run into (someone)** toparse (con alguien) *v.* **5**
**run over** atropellar *v.* **2**
**rusted** oxidado/a *adj.*

### S

**sadness** tristeza *f.* **5**
**safety** seguridad *f.* **2**
**sagacious** perspicaz *adj.*
**salary: extra month's salary paid at Christmas** aguinaldo *m.* **6**
**sand** arena *f.*
**satire** sátira *f.* **3**
**satisfied: to be satisfied** contentarse *v.*
**savor** saborear *v.* **2**
**scar** cicatriz *f.* **1**
**scientific breakthrough** avance científico *m.* **1**
**scram** largarse *v.* **6**
**scratch** rasguño *m.*
**screen** pantalla *f.* **3**
**search** búsqueda *f.*; registrar *v.*
**seat** butaca *f.* **3**
**security guard** guardia de seguridad *m., f.* **5**; vigilante *m., f.* **6**
**sedentary** sedentario/a *adj.* **3**
**self-esteem** autoestima *f.* **2**
**sensationalist press** prensa amarillista *f.* **3**
**sensible** sensato/a *adj.* **6**
**sentence** condenar *v.*
**separate** desvincular *v.* **5**
**settler** poblador(a) *m., f.*
**shadow** sombra *f.*
**shake** temblar *v.*
**shallow** superficial *adj.* **6**
**shaman** chamán *m.*
**sharpen** afilar *v.* **6**
**shiver** tiritar *v.*
**shoot** disparar *v.* **4**
**shoot (a film)** rodar *v.* **3**
**shot** disparo *m.* **2**
**shout** gritar *v.* **5**
**showing** sesión (cinematográfica) *f.* **3**
**sigh** suspirar *v.*

**sign** firmar *v.*
**sign** señal *f.* **3**
**signal** señal *f.* **6**
**significant** significativo/a *adj.* **6**
**sink (a ship)** hundir (un barco) *v.*
**sip** sorber *v.* **4**
**skeptic** escéptico/a *m., f.* **1**
**skeptical** escéptico/a *adj.* **1**
**ski mask** pasamontañas *m. pl.*
**skyrocket** dispararse *v.* **3**
**skyscraper** rascacielos *m. sing.* **5**
**slander** injuriar *v.*
**slanderous** injurioso/a *adj.*
**slowness** lentitud *f.* **1**
**slurp** sorber *v.* **4**
**small store** changarro (Méx.) *m.* **5**
**snatch** arrebatar *v.* **1**
**sneakers** zapatillas *f., pl.* (Arg.) **6**
**snowflake** copo *m.*
**so much** tanto *adj.* **2**
**socks** medias *f., pl.* (Arg) **6**
**sorry: to be sorry** arrepentirse *v.*
**soul** alma *f.*
**soundtrack** banda sonora *f.*
**souvenir** recuerdo *m.* **1**
**(space)ship** nave *f.* **1**
**sparkle** brillo *m.* **4**
**specter** espectro *m.* **4**
**speculation** especulación *f.* **4**
**speech** discurso *m.* **4**
**speed** velocidad *f.* **1**
**spell** hechizo *m.* **2**
**spend (money)** desembolsar *v.* **6**
**spider** araña *f.* **4**
**split** hendido/a *adj.* **1**
**spoiled** mimado/a *adj.* **5**
**spread news** correrse la voz *v.* **1**
**squander** malbaratar *v.* **6**
**squash** aplastar *v.* **1**
**stab** puñalada *f.* **3**
**stability** estabilidad *f.* **6**
**stable** establo *m.*
**stain** mancha *f.*
**stairway** escalera *f.* **5**
**stalk** acosar *v.* **3**
**stalker** acosador(a) *m., f.* **3**
**stand** changarro (Méx.) *m.* **5**
**stand someone up** dejar plantado/a *v.* **5**
**star** estrella *f.* **3**
**statement** declaración *f.* **4**
**stem cells** células madre *f. pl.* **1**
**stingy** tacaño/a *adj.*
**stockings** medias *f., pl.* (Mex.) **6**
**stop** interrumpir *v.* **4**
**storm** tormenta *f.* **1**
**stray** apartarse *v.* **4**
**streetlight** farola *f.*
**striking** llamativo/a *adj.* **3**
**struggle** lucha *f.* **4**

**stubborn** terco/a *adj.*
**stuck** pegado/a *adj.* **6**
**stuff** bichos *pl.* **1**
**stumble** tropezar *v.*
**stupidity** estupidez *f.* **2**
**submissive** sumiso/a *adj.*
**success** éxito *m.*
**succumb** sucumbir *v.* **5**
**suddenly** de buenas a primeras *loc.* **1**; a la mera hora *loc.* **6**
**suffer** sufrir *v.* **2**
**supernatural** sobrenatural *adj.*
**supervisor** encargado/a *m., f.* **5**
**surround** rodear *v.* **1**
**survive** sobrevivir *v.* **2**
**suspect** sospechar *v.* **2; 5**
**suspense: in suspense** intrigado/a *adj.*
**swallow** tragarse *v.* **4**
**sweetly** dulcemente *adv.* **2**
**switched off** apagado/a *adj.* **6**

### T

**take advantage** aprovechar *v.* **4**
**take a chance** arriesgarse *v.*
**take possession** apoderarse *v.* **4**
**take root** arraigarse *v.* **6**
**take by surprise** tomar por sorpresa *v.* **4**
**talkative** hablador(a) *adj.* **5**
**tapa** *f.* lid
**taxidermied** disecado/a *adj.*
**telekinesis** telequinesia *f.*
**television news** telediario *m.* **4**
**template** machote (Méx.) *m.* **5**
**temporarily** transitoriamente *adv.* **6**
**tend to** tender a *v.* **6**
**terrorist** terrorista *m., f.*
**therapeutic** terapéutico/a *adj.* **1**
**things** bichos *pl.* **1**
**third party** tercero *m.* **6**
**thorough** riguroso/a *adj.* **1**
**thoughtful** pensativo/a *adj.*
**threaten** amenazar *v.*
**threatening** amenazante *adj.*
**thrilling** apasionante *adj.* **1**
**throw** arrojar *v.* **4**; tirar *v.* **6**
**time (period)** época *f.* **2**
**tissue** tejido *m.* **1**
**toad** sapo *m.* **4**
**tolerate** tolerar *v.* **2**
**tongue** lengua *f.* **4**
**toss** remover *v.*
**tow truck** grúa *f.* **1**
**trade** oficio *m.* **5**
**traffic jam** embotellamiento *m.* **3**
**training** entrenamiento *m.* **1**
**transform (oneself)** transformar(se) *v.* **2**

**tray** bandeja *f.*
**tread** pisar *v.*
**treat** invitar *v.* **5**; tratar *v.* **6**
**treat (someone)** tratar a (alguien)
 *v.* **3**
**tremble** temblar *v.*
**trial** juicio *m.* **4**
**trick** engañar *v.*
**tried (legally)** juzgado/a *adj.* **4**
**trip** tropezar *v.*
**truce** tregua *f.* **2**
**trust (someone)** fiarse de (alguien)
 *v.* **3**
**turn to (someone)** recurrir a
 (alguien) *v.*
**TV viewer** telespectador(a) *m., f.* **3**
**twisted** retorcido/a *adj.*
**typewriter** máquina (de escribir) *f.* **5**

### U

**unaware: be unaware of** ignorar
 *v.* **3**
**uncertain** inseguro/a *adj.* **5**
**unchanging** inmutable *adj.* **5**
**uncomfortable** incómodo/a *adj.* **3**
**undecided** indeciso/a *adj.*
**underestimated** menospreciado/a
 *adj.* **6**
**understand each other**
 comprenderse *v.* **2**
**understanding** comprensión *f.* **2**;
 comprensivo/a *adj.* **5**
**unemployment** desempleo *m.* **6**
**unfair** injusto/a *adj.* **4**
**unfortunate** desgraciado/a *adj.* **2**
**unhappiness** infelicidad *f.* **2**
**unhappy** desgraciado/a *adj.* **2**
**unheard of** inaudito/a *adj.* **1**
**uninhabited** deshabitado/a *adj.* **1**
**unnecessary** innecesario/a *adj.* **6**
**unprecedented** inaudito/a *adj.* **1**
**unpunished** impune *adj.* **4**
**untimely** inoportuno/a *adj.* **6**
**unusual** insólito/a *adj.* **1**
**unyielding** intransigente *adj.* **2**
**user** usuario/a *m., f.* **6**

### V

**vain** vanidoso/a *adj.* **5**
**value** valorar *v.* **2; 6**
**vanish** desvanecerse *v.*
**verdict** veredicto *m.* **4**
**vignette** viñeta *f.* **1**

### W

**wad (of bills)** fajo (de billetes) *m.*
**walk into something** tropezar *v.*
**wall** muralla *f.*
**wallet** cartera *f.* (Mex.) **6**
**war** guerra *f.* **4**
**warn** advertir *v.* **1**
**waste** desaprovechar *v.* **3**
**watercolor** acuarela *f.*
**way: on the way to** de camino
 a *loc.* **3**
**weakness** debilidad *f.* **5**
**well-being** bienestar *m.* **2**
**wet** mojado/a *adj.*
**when push comes to shove** a la
 mera hora *loc.* **6**
**while: a (long) while** rato(te) *m.* **5**
**work as** servir de *v.* **5**
**whim** capricho *m.* **2**
**whisper** susurro *m.*; susurrar *v.*
**wink** guiñar *v.* **5**
**wisdom** sabiduría *f.* **4**
**witch** bruja *f.* **2**
**withdrawal symptoms** síndrome de
 abstinencia *m.* **6**
**witness** presenciar *v.* **4**
**wonder** preguntarse *v.* **4**
**working day** jornada *f.*
**worry** preocupación *f.* **3**
**worrying** preocupante *adj.* **3**
**wrist** muñeca *f.* **1**

### Y

**yawn** bostezar *v.* **3**
**young man/woman** chavo/a (Méx.) **5**

# Text Credits

**13** © Eduardo Hughes Galeano, "Celebración de la fantasía" from *El libro de los abrazos*, 1989. Reprinted by permission of the author.
**22** © Luis R. Santos, "El otro círculo". Reprinted by permission of the author.
**43** "Las cuatro fórmulas de la felicidad". © Reprinted by permission of Revista QUO, editorial Hachette-Filipacchi. Desesperada, Spain.
**48** © Alberto Chimal, "El juego más antiguo" from *El país de los hablistas*. Reprinted by permission of the author.
**52** © Denevi, Marco, *Falsificaciones*, Buenos Aires, Corregidor, 1984, págs. 159–160.
**71** Isabel Piquer, "Benicio del Toro" Madrid, 2001. © Reprinted by permission of Diario El País, SL.
**76** Cristina López Schlichting, "Pocholo es virtual" January 2004. Periódico La Razón. © Reprinted by permission of the author.
**81** © Elena Poniatowska, "Cine Prado" Mexico, 1955. Reprinted by permission of the author.
**101** Manuel Vicent, "La tortilla" July 2003. © Diario El País, SL/Manuel Vicent
**105** Juan Gelman, Carta abierta a mi nieto Brecha, Montevideo, December 1998. © Best efforts made.
**110** © Octavio Paz, "Entre la piedra y la flor". © Best efforts made.
**129** Juan José Millás, "Drácula y los niños" 2001. © Reprinted by permission of Mercedes Casanovas Agencia Literaria.
**133** © Mex Urtizberea, "Lo que dure el amor". Reprinted by permission of Diario La Nación.
**138** © Augusto Monterroso, "El mono que quiso ser escritor satírico". © Reprinted by permission of the heirs of Monterroso.
**157** © Guadalupe Loaeza, "Navidad de una 'rica y famosa'" from El Norte, December 2002. Reprinted by permission of the author.
**162** Gabriel García Márquez, "¿Cuáles son las prioridades de la humanidad?" 1992.
**166** © Bruno Aceves, "Dos vidas". Reprinted by permission of the author.

# Comic Credits

**29** © Joaquín Salvador Lavado (QUINO), Esto No es Todo–Ediciones de La Flor, 2001. Reprinted by permission of the author.
**57** © Ricardo Reyes. Yo le diría, Mexico. Reprinted by permission of the author.
**87** © Forges. Reprinted by permission of the author.
**115** © Patricio Betteo. Reprinted by permission of the author.
**143** © Carlos Loiseau, ¡Alerta roja! Reprinted by permission of the author.
**171** © Maitena Burundarena, Teléfono: Una enfermedad celular. Reprinted by permission of the author.

# Photo Credits

**AGA, Archivo General de la Administración: 100.**

**Corbis Images: Cover** © MM Productions. **2** © John Lund. **13** Salvador Dalí. Soft Watch © Christies Images. **17** © Matthias Kulka/zefa. **28** © Isabel Steva Hernandez (Colita). **32** © Royalty-Free/Colin Anderson. **56** © Royalty-Free. **60** © Lester Lefkowitz. **71** © Frank Trapper. **76** © B. Bird/zefa. **80** © Reuters NewMedia Inc./Jorge Silva. **82** © Stewart Tilger. **90** © William Whitehurst. **101** © Roger Ressmeyer. **105** © AFP Photo/EPA/EFE/Gustavo Cuevas. **110–111** © China Daily/Reuters. **117** © Tom Grill. **118** © Cameron. **128** © Manuel Zambrana. **129** © Patrick Ward. **137** © AFP/Toni Albir. **145** © Chuck Savage. **146** © Randy M. Ury. **157** © Chris Coxwell. **161** © Arici Graciano. **162** © Donna Day. **173** © Bettmann.

**Other: 12** Héctor Zampaglione. **18** © ERproductions Ltd./Getty Images. **21** © Pascual Nuñez. **22** © Lucky Pix/Masterfile. **25** © Frank Siteman/Getty Images. **43** © Anikasalsere/123RF. **47** Reprinted by permission of the author. **48** © Radius Images/Jupiter Images. **51** © GDA/ La Nación/Argentina. **52–53** © Deborah Jaffe/Getty Images. **56** Reprinted by permission of the author. **75** © Cipriano Pastrano. **86** Reprinted by permission of the author. **89** © Trump Prod./Mark Burnett Prod./The Kobal Collection. **109** Reprinted by permission of the author. **114** Reprinted by permission of the author. **132** © La Nación/Argentina. **133** Pixland Image/Jupiter Images. **142** Reprinted by permission of the author. **156** Reprinted by permission of the author. **166** © Michael Koehl/iStock. **170** Urko Suaba.

**Special Thanks:** José Blanco.

# Sobre el autor

**JOSÉ A. BLANCO** es fundador de Vista Higher Learning, compañía que desarrolla programas educativos en español. Nativo de Barranquilla, Colombia, Blanco se graduó en Literatura en la Universidad de California, Santa Cruz, y tiene una maestría en Estudios Hispánicos de la Universidad de Brown. Ha trabajado como escritor, editor y traductor para Houghton Mifflin y D.C. Heath and Company, y ha enseñado español a nivel secundario y universitario. Blanco es coautor de otros siete programas de Vista Higher Learning: **Vistas** y **Panorama** de nivel introductorio, **Ventanas**, **Facetas**, **Enfoques** e **Imagina** de nivel intermedio, y **Revista, Primera Edición** de nivel avanzado.